普通高等教育“十三五”规划教材

汽车类高端技能人才实用教材

汽车保险与理赔

（第2版）

赵颖悟 主编

李 峰 苏 娜 副主编

電子工業出版社

Publishing House of Electronics Industry

北京·BEIJING

内 容 简 介

本书从汽车保险概论出发，系统地阐述了汽车保险基础理论知识，对保险原则、保险合同进行介绍，对我国现行的主要汽车保险种类、汽车保险条款进行了详述，对汽车投保、承保、理赔等有关保险实务给予了介绍，同时专门对现场查勘的程序与方法、事故车辆的损伤评定、消费贷款与分期付款的汽车保险制度进行了介绍，加入了保险相关法规和保险反欺诈的内容，并有针对性地选择典型案例进行分析，重点培养读者运用专业基础知识解决实际问题的能力。

本书可作为高等学校汽车技术服务与营销专业的核心课程教材，也可作为汽车检测与维修专业、汽车电子技术等专业拓展课程教材，还可以供从事汽车保险的财产保险公司、汽车4S店、汽车维修企业等从业人员参考使用，对汽车保险感兴趣的人士也可阅读参考。

图书在版编目（CIP）数据

汽车保险与理赔/赵颖悟主编. —2版. —北京：电子工业出版社，2017.8
汽车类高端技能人才实用教材
ISBN 978-7-121-32323-2

Ⅰ. ①汽…　Ⅱ. ①赵…　Ⅲ. ①汽车保险－理赔－中国－高等学校－教材　Ⅳ. ①F842.634

中国版本图书馆CIP数据核字（2017）第182466号

策划编辑：竺南直
责任编辑：竺南直　　特约编辑：李慧茹
印　　刷：北京虎彩文化传播有限公司
装　　订：北京虎彩文化传播有限公司
出版发行：电子工业出版社
　　　　　北京市海淀区万寿路173信箱　邮编：100036
开　　本：787×1092　1/16　印张：15.75　字数：400千字
版　　次：2013年6月第1版
　　　　　2017年8月第2版
印　　次：2021年12月第7次印刷
定　　价：38.00元

凡所购买电子工业出版社图书有缺损问题，请向购买书店调换。若书店售缺，请与本社发行部联系，联系及邮购电话：（010）88254888，88258888。

质量投诉请发邮件至 zlts@phei.com.cn，盗版侵权举报请发邮件至 dbqq@phei.com.cn。

本书咨询联系方式：davidzhu@phei.com.cn。

出版说明

自 2002 年起，中国汽车行业开始进入爆发式增长阶段。2009 年，中国取代美国成为世界上最大的汽车销售市场，当年中国的汽车产量超过了日本和美国的总和，成为名副其实的汽车产销量双重世界第一。2011 年，平均每月产销量突破 150 万辆，全年汽车销售超过 1850 万辆，再次刷新全球历史纪录。未来十年自主品牌将完成从“中国制造”到“中国创造”的发展过程。预计未来十年，我国汽车市场年均增长率将达到 7.1%，到 2020 年中国汽车市场的销量有望占据全球汽车总销量的一半以上，中国汽车市场前景非常广阔。汽车行业突飞猛进的发展对汽车专业人才特别是高端技能型人才的培养提出了前所未有的高要求：一个是行业的发展和扩张在人才数量上的要求，全国每年汽车专业高端技能型人才的缺口在数十万人；另一个是技术的进步和发展对于人才培养质量的要求，大量新技术、新工艺的应用对于从业技术人员在学科基础理论和职业技能方面提出了更高的要求。

作为全国最大的汽车类高等职业学校，西安汽车科技职业学院近年来根据汽车行业发展的需要，紧贴职业岗位，引进吸收德国奥迪、瑞典沃尔沃、英国捷豹路虎等世界顶尖企业汽车职业教育的先进理念和思想，深入开展教学改革，形成了一套独特的课程体系和教学模式。《汽车类高端技能人才实用教材》就是我们近年来教学改革成果的总结，是课程改革和新的教学模式的具体体现。

这套系列教材具有以下几个特点：

一是实用性。在编写过程中，从企业岗位需求和学生发展空间两个方面考虑编排内容，既注重专业基础和专业理论的系统性，又重点考虑了职业技能训练的需求，对于学习汽车类专业的学生而言，是一套学习效率很高的教材。

二是通俗性。在编写过程中，充分考虑到高职学生文化基础的现实状况，降低对学生文化基础知识的要求，让大多数学生能够学得懂。

三是系统性。从机械和电子技术基础课程，到汽车的基本理论，汽车的各种技术，再到汽车的最新技术的介绍；从基本的电工、机械实验，到专业实习，再到职业技能实训，形成了一整套较为完备的汽车理论教学和实训教学的体系。

四是适度超前性。除了涉及目前已经应用的各种汽车技术和技能知识之外，还在新能源汽车、先进车载网络技术等方面进行了介绍，为学生开拓了视野，为其将来向行业的深度和广度发展具有一定的引导作用。

五是实践性。力图采用项目教学和任务驱动教学等方法进行编排，强调理论验证实验、基本专业技能实习和职业技能实训的重要性，将实践教学环节贯穿于课程教学的始终。

本套教材紧紧把握高职教育的方向和培养目标，严格按照新的国家职业标准对人才的要求编排内容，贯彻以技能训练为主，着重提高学生操作技能的原则。在技能训练的内容安排上富有弹性，在保证教学的前提下积极培养学生的创新能力。

本套教材内容丰富、图文并茂、体例饱满，选材来源于最新的技术手册；难易适中、应用性强，有利于知识的吸收和技能的迅速提高。可作为高等职业技术院校或应用型本科汽车类各专业的必修课教材，也可作为成人高校汽车类各专业的教材，同时可作为相关从业人员的参考用书。

教材编写过程中，由于各种原因，疏漏和不尽如人意之处在所难免，敬请广大师生提出宝贵意见，以便再版时修订完善。

《汽车类高端技能人才实用教材》编委会

前　　言

随着我国社会主义市场经济的不断发展和人民生活水平的不断提高，我国汽车产业规模不断扩大，汽车越来越普遍，并成为人们日常生活中必不可少的交通工具。但随之而来的是人们开始面对由汽车带来的越来越多的事故，尤其是近些年重大恶性事故不断发生，给人们的生命财产和心理造成极大伤害。于是，有关汽车保险方面的问题越来越受到社会各方面的关注。

目前，在我国汽车保险已经成为财产保险公司的第一险种。汽车保险经营，不仅关乎保险公司自身的效益和发展，也影响到保险职能的发挥及社会效益的实现，对保障社会稳定和人民的安居乐业发挥着巨大作用。随着家用汽车的热销和社会汽车保有量的增加，市场对汽车保险的需求迅速增长，对保险专业人才的需求也更加紧迫。汽车保险与理赔人员不仅要懂保险，更要懂汽车，因此培养复合型的汽车保险与理赔专业人才十分必要。目前在我国这种复合型人才相当紧缺，国内许多院校的汽车、交通、保险类专业均开设了汽车保险与理赔这门专业课，甚至有很多院校开设了汽车保险与理赔专业，为社会培养急需的汽车保险与理赔复合型高级人才起到了积极作用。基于此，我们根据多年的教学实践经验编写了本书。

本书从保险的基础知识出发，系统地阐述了汽车保险基础理论知识；对保险原则、保险合同进行了介绍；对我国现行的主要汽车保险种类、汽车保险条款进行了详述；对汽车投保、承保、理赔等有关保险实务给予了介绍；同时专门对现场查勘的程序与方法、事故车辆的损伤评定、消费贷款与分期付款的汽车保险制度进行了介绍；最后附加了保险相关法规。本书配有教学资料包，里面有针对性地选择典型案例进行分析，使读者提升运用专业基础知识解决实际问题的能力。任课教师或读者可以登录华信教育资源网（www.hxedu.com.cn）免费下载本书配套资料。

本书自 2013 年 6 月出版后，经 4 年多的使用积累了更多教学经验，也得到了广大读者和师生的鼓励，并提出了不少好的建议，故今年对教材进行了修订：对教材体系做了更进一步的优化，增加了保险的发展历史、汽车保险市场、汽车保险理赔核损要点及技巧、人伤损失等，将交强险内容纳入保险产品章节，并将汽车费率及影响因素提前到保险基础理论部分，以期望更好地服务于教学活动。

本书由赵颖悟担任主编，李峰、苏娜担任副主编，各章具体编写分工如下：苏娜（第 2、3 章），李峰（第 6、8 章），赵颖悟（第 1、4、5、7、9、10 章）。

在编写过程中，参考了大量国内外相关的论著、教材和报刊杂志，在此谨致谢意！由于编者水平所限，书中难免存在疏漏不妥之处，恳请同行和读者提出宝贵意见，以便在今后的修订中不断完善。

编　　者

目　录

第 1 章　保险概论……1

1.1　风险与风险管理……2

1.1.1　风险概述……2

1.1.2　风险管理……7

1.2　保险概述……10

1.2.1　保险的历史……10

1.2.2　保险的含义……11

1.2.3　保险的要素……12

1.2.4　保险的特征……13

1.2.5　保险的职能……14

1.2.6　保险的分类……15

1.2.7　风险与保险、风险管理与保险的关系……18

1.2.8　有关保险名词的解释……19

1.3　汽车保险……21

1.3.1　汽车保险的发展概况……21

1.3.2　汽车保险的基本理论……25

思考题……28

第 2 章　汽车保险原则……29

2.1　保险与防灾减损相结合的原则……30

2.1.1　保险与防灾相结合的原则……30

2.1.2　保险与减损相结合的原则……30

2.1.3　保险与防灾减损相结合原则在汽车保险实务中的应用……30

2.2　最大诚信原则……30

2.2.1　最大诚信原则的含义……31

2.2.2　最大诚信原则的内容……31

2.2.3　违反最大诚信原则的表现形式……34

2.2.4　违反最大诚信原则的法律后果……34

2.2.5　最大诚信原则在汽车保险实务中的应用……35

2.3　保险利益原则……35

2.3.1　保险利益原则的含义……36

2.3.2　保险利益原则的构成条件……36

2.3.3　保险利益原则对保险经营的意义……36

2.3.4　保险利益的应用……37

2.3.5 保险利益原则在汽车保险实务中的运用……37
2.4 近因原则……38
2.4.1 近因原则的含义……38
2.4.2 近因的认定方法……38
2.4.3 近因的认定与保险责任的确定……39
2.4.4 近因原则在汽车保险实务中的应用……40
2.5 损失补偿原则……40
2.5.1 损失补偿原则的含义……40
2.5.2 影响保险补偿的因素……41
2.5.3 损失补偿原则的意义……42
2.5.4 损失补偿原则的派生原则——保险代位原则……42
2.5.5 损失补偿原则的派生原则——损失分摊原则……44
2.5.6 损失补偿原则的例外情况……45
2.5.7 损失补偿原则在汽车保险实务中的运用……46
思考题……47
第3章 汽车保险合同……48
3.1 汽车保险合同的概述……49
3.1.1 保险合同的定义……49
3.1.2 汽车保险合同的法律特征及分类……49
3.1.3 汽车保险合同的形式……51
3.2 汽车保险合同的主体、客体和内容……53
3.2.1 汽车保险合同的主体……53
3.2.2 汽车保险合同的客体……57
3.2.3 汽车保险合同的内容……57
3.3 汽车保险合同的一般法律性特征……59
3.3.1 汽车保险合同的订立……59
3.3.2 汽车保险合同的变更、终止和转让……61
3.4 保险合同条款的解释原则和争议处理……64
思考题……65
第4章 汽车保险费率……66
4.1 保险费……67
4.1.1 保险费的定义、构成及交纳方式……67
4.1.2 保险费的本质……67
4.1.3 保险费的特性……68
4.1.4 保险费的意义……68
4.2 保险费率厘定……69
4.2.1 保险费率……69
4.2.2 厘定保险费率的原则……70

4.2.3 保险精算……70
4.2.4 保险费率的厘定……71
4.3 汽车保险费率影响因素……72
4.3.1 汽车保险费率确定模式……72
4.3.2 汽车保险风险因素……74
4.4 汽车保险保费率的应用……76
4.4.1 各险别保费计算方法……76
4.4.2 使用费率调整系数表进行费率调整……79
思考题……79
第 5 章 汽车保险产品……80
5.1 汽车保险产品概述……80
5.2 机动车交通事故责任强制保险……81
5.2.1 机动车交通事故责任强制保险的保险责任及解释……81
5.2.2 机动车交通事故责任强制保险的费率……82
5.2.3 机动车交通事故责任强制保险的责任免除……85
5.2.4 机动车交通事故责任强制保险保险人、投保人和被保险人的义务……86
5.3 第三者责任险……88
5.3.1 第三者责任险的保险标的……88
5.3.2 保险责任……88
5.3.3 责任免除……88
5.3.4 责任限额……90
5.3.5 赔偿处理……90
5.3.6 其他方面规定……91
5.3.7 机动车交通事故责任强制保险与商业第三者责任险的区别……91
5.4 汽车损失保险（A 款）……92
5.4.1 保险标的……92
5.4.2 A 款汽车损失保险保险责任及解释……92
5.4.3 A 款条款对免除责任的规定及解释……94
5.4.4 汽车损失保险金额的规定及解释……96
5.4.5 赔偿处理……96
5.4.6 变更、解除、终止……98
5.5 车上人员责任险……100
5.5.1 保险责任……100
5.5.2 责任免除……100
5.5.3 责任限额和保险期间……101
5.5.4 赔偿处理……101
5.5.5 合同变更和终止、争议处理……102
5.6 全车盗抢险……102
5.6.1 保险责任……102

5.6.2 责任免除 ······ 102
5.6.3 保险金额和保险期间 ······ 103
5.6.4 赔偿处理 ······ 103
5.6.5 合同变更和终止、争议处理 ······ 104
5.7 附加险 ······ 105
5.7.1 玻璃单独破碎险条款 ······ 105
5.7.2 火灾、爆炸、自燃损失险条款 ······ 106
5.7.3 自燃损失险条款 ······ 106
5.7.4 车身划痕损失险条款 ······ 107
5.7.5 新增加设备损失保险条款 ······ 107
5.7.6 发动机特别损失险条款 ······ 108
5.7.7 机动车停驶损失险条款 ······ 108
5.7.8 代步机动车服务特约条款 ······ 109
5.7.9 车上货物责任险条款 ······ 109
5.7.10 附加交通事故精神损害赔偿责任保险条款 ······ 110
5.7.11 附加机动车出境保险条款 ······ 111
5.7.12 不计免赔率特约条款 ······ 111
5.7.13 租车人人车失踪险条款 ······ 111
5.8 费率修正方案 ······ 112
5.9 A、B、C 行业条款对比 ······ 113
5.9.1 车损险条款对比 ······ 113
5.9.2 三者险条款对比 ······ 116
思考题 ······ 117
第 6 章 汽车投保实务 ······ 118
6.1 汽车投保的基本原理 ······ 119
6.1.1 汽车投保的含义 ······ 119
6.1.2 汽车投保中对不同使用性质保险标的的基本要求 ······ 119
6.1.3 汽车投保的方式 ······ 120
6.2 投保流程 ······ 121
6.2.1 汽车投保条件 ······ 121
6.2.2 投保步骤 ······ 122
6.2.3 投保注意事项 ······ 123
6.3 投保单填写 ······ 124
6.3.1 投保单样本 ······ 124
6.3.2 投保单内容解析 ······ 125
6.3.3 投保单填写 ······ 127
6.4 展业与汽车投保方案选择 ······ 127
6.4.1 展业 ······ 127
6.4.2 保险方案选择 ······ 128

思考题……130

第7章 汽车保险核保实务……131

7.1 核保的基本理论……132
7.1.1 核保的意义……132
7.1.2 两级核保体制……132
7.1.3 核保人员的等级和权限……132
7.1.4 核保的具体方式……133
7.1.5 核保的主要内容……133
7.2 机动车辆核保的基本要求……134
7.2.1 总体要求……134
7.2.2 基本要求……135
7.3 分险种承保要点……141
7.3.1 家庭自用车承保要点……141
7.3.2 非营业用车承保要点……141
7.3.3 营业用车承保要点……142
7.3.4 特种车承保要点……142
7.3.5 摩托车、拖拉机承保要点……142
7.4 主要险别承保要点……143
7.4.1 汽车盗抢损失险承保要点……143
7.4.2 车体玻璃单独破碎险承保要点……143
7.4.3 新增设备损失险承保要点……143
7.4.4 其他险承保要点……143
7.5 核保权限管理……144
7.5.1 核保分级权限管理……144
7.5.2 审核权限管理……146
7.6 机动车保险验车规定……147
7.6.1 验车目的……147
7.6.2 验车范围……147
7.6.3 验车程序……147
7.6.4 验车内容……148
7.6.5 验车实务处理……148
7.6.6 规范验车照片……149
7.6.7 规范填制验车单……149
7.7 单证管理……149
7.7.1 单证管理的目的……149
7.7.2 重要空白单证的定义与范围……149
7.7.3 单证管理的职责……149
7.7.4 单证管理工作流程……150
思考题……154

第8章　机动车辆保险理赔实务 155
8.1 机动车辆保险理赔概述 156
8.1.1 保险理赔的概念 156
8.1.2 机动车辆保险理赔的意义 156
8.1.3 机动车辆保险理赔的特点 156
8.1.4 理赔工作的基本原则 157
8.1.5 理赔工作人员应具备的条件 158
8.1.6 理赔主要工作内容及流程 159
8.2 接受报案 161
8.2.1 接报案 161
8.2.2 调度 164
8.3 现场查勘 166
8.3.1 现场查勘概述 166
8.3.2 工作要点和技巧 166
8.4 立案 170
8.4.1 立案前的准备 170
8.4.2 立案处理 171
8.4.3 立案处理时限 171
8.4.4 立案状态调整、立案注销、注销恢复、拒赔 172
8.4.5 涉及单证 172
8.5 定损 173
8.5.1 定损工作的内容 173
8.5.2 工作要点和技巧 173
8.5.3 涉及单证 177
8.6 核损 178
8.6.1 核损工作职能 178
8.6.2 工作要点和技巧 178
8.6.3 核损注意事项 184
8.7 报价 184
8.7.1 报价工作内容 184
8.7.2 报价工作要点 184
8.7.3 系统操作要点 184
8.8 资料收集 185
8.8.1 资料收集工作内容 185
8.8.2 资料收集处理 185
8.8.3 发起预赔、支付/垫付任务 185
8.8.4 发起理算任务 185
8.8.5 系统操作要点 185
8.9 赔款理算 186

8.9.1 赔款理算工作内容 186
8.9.2 赔款理算处理流程和系统操作要点 186
8.9.3 赔款理算涉及单证 187
8.9.4 机动车交通事故责任强制保险赔款计算 188
8.9.5 车辆损失险赔款计算 190
8.9.6 第三者责任险赔款计算 191
8.9.7 车辆损失险、第三者责任险赔款计算应注意的问题 191
8.9.8 机动车车上人员责任险赔款计算 192
8.9.9 盗抢险赔款计算 192
8.9.10 附加险赔款计算 193
8.9.11 重复保险处理 196
8.10 核赔 196
8.10.1 工作内容要求 196
8.10.2 核赔处理流程 197
8.11 结案 197
8.11.1 结案处理流程 197
8.11.2 结案注意事项 197
8.12 汽车理赔的注意事项 198
思考题 199
第 9 章 汽车保险欺诈 200
9.1 汽车保险欺诈及其成因 200
9.1.1 保险欺诈的定义 200
9.1.2 汽车保险欺诈的原因 202
9.2 汽车保险欺诈的危害 204
9.2.1 汽车保险欺诈的成本 204
9.2.2 汽车保险欺诈的危害 205
9.3 汽车保险欺诈的特征 206
9.3.1 车险骗赔的特征 206
9.3.2 欺诈案件的共性 207
9.3.3 保险各环节欺诈特征 207
9.4 汽车保险欺诈的手段 208
9.4.1 欺瞒车主——偷梁换柱、以次充好 208
9.4.2 无中生有，故意制造事故 208
9.4.3 出险在先，投保在后 209
9.4.4 夸大损失，超额索赔 209
9.4.5 编造事故索赔 210
9.4.6 一次事故多次索赔 210
9.4.7 提供虚假证明索赔 210
9.4.8 已获赔偿，重复索赔 210

9.4.9 相互勾结、共同骗赔……211
9.5 保险欺诈对策……211
9.5.1 接保险时详细记录出险情况……211
9.5.2 加强各保险公司之间的联系和沟通……211
9.5.3 加强现场查勘，全面深入调查……212
9.5.4 规范代理修理厂……212
9.5.5 加强理赔款透明公开工作……213
9.5.6 全面核实职能部门出具的相关证明……213
9.5.7 保险人加强自身建设……213
9.5.8 严厉打击保险欺诈，形成社会威慑力……214
思考题……214
第 10 章 汽车消费贷款及分期保证保险……215
10.1 汽车消费信贷……215
10.1.1 汽车消费贷款基本介绍……215
10.1.2 汽车消费贷款的申请……216
10.1.3 申请汽车消费贷款注意的四个细节……217
10.1.4 我国汽车消费信贷的两种模式……218
10.1.5 我国汽车消费信贷的贷款类型……218
10.1.6 存在的问题……219
10.2 汽车消费贷款保证保险……219
10.2.1 汽车消费贷款保证保险……219
10.2.2 保险责任与责任免除……220
10.2.3 保险期限和保险金额……220
10.2.4 赔偿处理……220
10.2.5 争议处理……221
10.2.6 费率规章……221
10.3 机动车辆分期付款售车信用保险……221
10.3.1 机动车辆分期付款售车信用保险概述……221
10.3.2 保险责任……222
10.3.3 保险期限和保险金额……222
10.3.4 赔偿处理……222
10.3.5 追偿及处分抵押物……223
思考题……223
附录 A 保险相关法规……224
附录 B 机动车交通事故责任强制保险条例……230
参考文献……235

第1章 保险概论

学习目标

- 理解并掌握风险的定义、构成要素、特征和风险的分类。
- 理解并掌握风险管理的定义、管理程序与技术方法。
- 了解保险的产生与发展；掌握保险的含义、要素、功能与作用。
- 了解汽车保险的产生与发展；掌握汽车保险的含义、特征、功能与作用。
- 了解我国汽车保险的市场发展现状和车险种类。
- 具有分析各类风险和选择风险管理方法的能力。

导入案例

触目惊心的数字

尽管“世界末日”的说法被一再批驳，但不幸的巧合是，2011年确实是全世界自然灾害空前肆虐、损失无比惨重的一年。德国慕尼黑再保险公司的报告显示，2011年前6个月全球自然灾难造成的经济损失已达2650亿美元，超过2005年全年的2220亿美元（该年美国受到卡特里娜飓风袭击）。2011年 成为史上最“昂贵”的灾年，极端天气频发是其主要原因。尽管其频发原因尚无定论，但全球气候变暖增大了极端天气的发生概率，已成为科学界的共识。科学家预测，未来极端天气有增加趋势，地震、火山喷发、旱灾、洪水、海啸、暴雪等各种自然灾害频繁发生。地球仿佛一个得了感冒的病人，一直不停地咳喘，忽冷忽热。地球不舒服，人类就跟着遭殃，这也给各国的应急救援带来极大挑战。

2010年我国将近26万人因各种灾害失去生命，比过去40年来所有恐怖袭击的罹难者总和还多。

2011年我国自然灾害损失情况，经民政部、国家减灾委办公室会同工业和信息化部、国土资源部、交通运输部、铁道部、水利部、农业部、卫生部、统计局、林业局、地震局、气象局、保监会、海洋局、中国红十字会等部门统计、会商分析后核定：2011年各类自然灾害造成全国4.3亿人次受灾，1126人死亡（含失踪112人），939.4万人次紧急转移安置；农作物受灾面积3247.1万公顷，其中绝收289.2万公顷；房屋倒塌93.5万间，损坏331.1万间；直接经济损失3096.4亿元（不含港澳台地区数据）。

面对各种灾难怎么办，是摆在人类面前一道现实的问题。“风险”一词也因此成为人们生活中出现频率很高的词汇。

1.1 风险与风险管理

保险界有一句至理名言："无风险就无保险"。所以要清楚保险是什么，首先必须清楚风险是什么。

1.1.1 风险概述

1. 风险的含义

"风险"一词的由来，最为普遍的一种说法是在远古时期，以打鱼捕捞为生的渔民们，每次出海前都要祈祷，祈求神灵保佑自己在出海时能够风平浪静、收获满载、平安归来。渔民们在长期的捕捞实践中，深深地体会到"风"给他们带来的无法预测、无法确定的危险。他们认识到，在出海捕捞打鱼的生活中，"风"即意味着"险"，因此有了"风险"一词的由来。而另一种学者考察的风险"源出说"称，风险（RISK）一词是舶来品，有人认为来自阿拉伯语，有人认为来源于西班牙语或拉丁语，但比较权威的说法则是来源于意大利语的 RISQUE 一词。在早期的运用中，也被理解为客观的危险，体现为自然现象或航海遇到礁石、风暴等事件。大约到了 19 世纪，在英文的使用中，"风险"一词常常用法文拼写，主要是用于与保险有关的事情上。

现代意义上的"风险"一词，已经大大超越了"遇到危险"的狭义含义，而是"遇到破坏或损失的机会或危险"，可以说，经过几千年的演义，"风险"一词越来越被概念化，并随着人类活动的复杂性和深刻性而逐步深化，并被赋予了从哲学、经济学、社会学、统计学甚至文化艺术领域的更广泛、更深层次的含义，且与人类的决策和行为后果联系得越来越紧密，"风险"一词也成为人们生活中出现频率很高的词汇。

无论如何定义"风险"一词的由来，但其基本的核心含义是"未来结果的不确定性或损失"，也有人进一步定义为"个人和群体在未来遇到伤害的可能性及对这种可能性的判断与认知"。如果采取适当的措施使破坏或损失的概率不会出现，或者说智慧的认知，理性的判断，继而采取及时而有效的防范措施，那么风险则可能带来机会，由此进一步延伸的意义，不仅仅是规避了风险，可能还会带来比例不等的收益，有时风险越大，回报越高、机会越大，如市场经济下的证券类交易。风险在人们的生活中无处不在、无处不有，只要一件事情的发生存在两种或两种以上的可能性，该事件即存在着风险。从这广义的风险含义可知，风险既可以指积极结果——盈利的不确定性，也可以指损失发生的不确定性。因此，如何判断风险、选择风险、规避风险继而运用风险，在风险中寻求机会创造收益，探寻风险的意义将更加深远而重大。

"天有不测风云，人有旦夕祸福。"这句话是人们对前路渺茫的人生命运、对瞬息万变的大自然现象及其规律变化不可预见性的一种哲理性总结。人们在日常生活中，常常会遇到一些难以预料的事故和自然灾害，小到失窃、摔伤、车祸，大到地震、洪涝、雪崩等。意外事故和自然灾害都具有不确定性，不幸事件一旦发生，就会造成人身伤亡、财产毁损的后果。保险理论上的风险专指损失发生的不确定性，即保险标的损失的不确定性，有三层含义：①风险是否发生损失不确定；②风险损失发生的时间不确定；③风险发生后造成的损失程度不确定。

2. 风险的构成要素

一般情况下，风险是由风险因素、风险事故和损失三个要素构成。为准确而全面地理解当代风险的内涵，需要透彻分析这三者的含义和三者之间的关系。

（1）风险因素

风险因素是引起或增加风险事故发生的条件，是造成损失的内在或潜在的原因。根据风险因素的性质不同，通常可将其分为实质风险因素、道德风险因素和心理风险因素三种类型。

① 实质风险因素，指有形的并能直接影响事件的客观因素。比如：自然界的地震、洪涝、旱灾、雪崩；汽车刹车系统的可靠性能等，都属于实质性风险因素。这些人们都“看得见、摸得着”，通过被称为有形风险。在保险实务中，由实质风险因素所引起的损失，大多属于保险责任，是保险公司保障的范围。

② 道德风险因素，指由于人们不诚实、不正直或有不轨企图，故意促使风险事故发生，从而引起财产损失或人身伤亡的风险因素。道德风险因素是与人的主观行为有关的因素，侧重于故意或恶意，如抢道行驶、违规超车、纵火、投毒、伪造事故现场等。由于道德风险因素是我们人类社会坚决打击的不守规、不道德行为，在绝大多数情况下，由道德风险因素引起的损失不属于保险责任，属于保险合同中的责任免除条款。

③ 心理风险因素，指由于人们疏忽或过失及主观上不注意、不关心、心存侥幸，以致增加风险事故发生的机会或加大损失严重性的风险因素。心理风险因素是与人的心理状态有关的因素，侧重于无意、粗心大意、侥幸心理，如疲劳驾驶、酒后驾车、停车忘了锁车门等。在保险实务中，由心理风险因素所引起的损失，是否属于保险公司的保障范围，随保险的险种不同而不同。

道德风险因素和心理风险因素都与人密切相关，可以合并称为人为风险因素，同时这两种风险因素都与人的心理活动和道德品质有关，没有具体形状，所以，相对于有形的实质风险因素，道德风险因素和心理风险因素又可称为无形风险因素。

（2）风险事故

风险事故，也称风险事件，指造成人身伤亡或财产损失的偶然事件，是造成损失直接的或外在的原因，是损失的媒介。如果说风险因素还只是损失发生的可能性，那么风险事故则意味着风险的可能性转化为现实，即风险的发生。

（3）损失

在风险管理中，损失是指非故意的、非预期的、非计划的经济价值的减少或消失，这一定义为狭义的损失。相对于狭义损失，广义损失既包括物质上的损失，也包括精神上的损失。譬如，记忆力减退、智力下降、时间上的损耗、车辆的折旧等。

（4）风险构成要素之间的关系

风险因素、风险事故和损失三者的关系，如图1-1所示，风险因素引发风险事故，而风险事故则导致损失。也就是说，风险因素只是风险事故产生并造成损失的可能性或者使这种可能性增加的条件，并不直接导致损失，只有通过风险事故这个媒介才产生损失。但是，对于某特定事

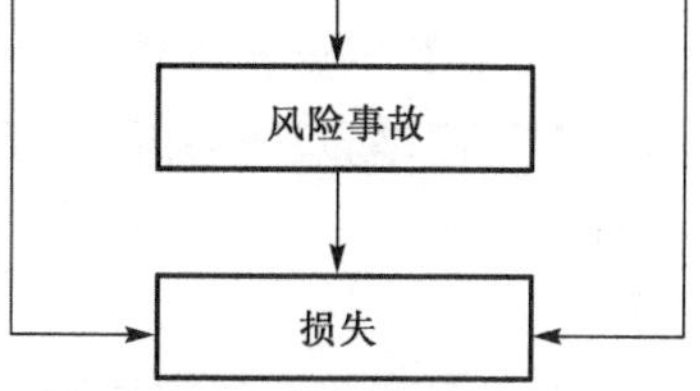

图1-1　风险构成要素之间的关系

件，在一定条件下，风险因素可能是造成损失的直接原因，是引起损失的风险事故。

例如：如果暴风雨造成路面积水、能见度差、道路泥泞，引起连环车祸，导致车毁人伤，那么暴风雨就是主要风险因素，车祸是风险事故，车毁人伤是损失；如果暴风雨直接毁坏了房屋、庄稼等，那么暴风雨就是风险事故。在这里判断的标准：是否直接引起损失。

有风险因素，不一定发生风险事故，有风险事故不一定发生损失，但有损失发生一定有风险事故的发生，一定是有原因的，这为我们对损失追责奠定了基础，因为我们看到的都是损失，结果，由此出发去查找具体导致事故发生的原因。

3. 风险的特性

风险具有普遍性、客观性、不确定性、可测定性和可发展性。

（1）客观性

风险是不以人的意志为转移，独立于人的意识之外的客观存在。因为无论是自然界的物质运动，还是社会发展的规律，都由事物的内部因素所决定，由超过人们主观意识所存在的客观规律所决定，如地震、洪水、雪崩、瘟疫、意外事故等。人们只能在一定的时间和空间内改变风险存在和发生的条件，减少风险发生的频率和降低其损失程度，但是无法杜绝风险的存在和发生。正是由于风险存在的客观性，人们才应认识风险、管理风险，使风险造成的损失降到最低程度。

（2）普遍性

风险渗透到人们日常生活、社会生产、工作和自然界的方方面面，无时不在，无处不有。在当今社会，每个人面临着生、老、病、死、残等风险；企业面临着自然风险、政治风险、市场风险、技术风险等。随着科学技术的发展、社会制度的变化，也会产生新的风险，并且新的风险造成的损失也越来越大。

（3）不确定性

风险的不确定性，指风险是否发生不确定，风险发生的地点不确定，风险发生的时间不确定，风险发生后造成的损失程度大小不确定。从总体上看，风险是客观存在的，普遍存在的，但就具体的某风险而言，风险的发生则是偶然的，是一种随机现象，是不确定的。

① 风险是否发生不确定。风险是肯定存在的，但是是否发生是不确定的。例如，人们出行在外都将会面临车祸风险，但是具体到某人，其是否遇到车祸，在出门之前是无法预知的。

② 风险发生的时间不确定。风险是肯定存在的，但是风险在什么时间发生，人们往往是不可预知的，具有偶然性。有些风险是必然要发生的，但何时发生是不确定的。例如，生命风险中，死亡是必然发生的，这是人生的必然现象，但是具体到某人何时死亡，在其身体健康时是不可能确定的。

③ 风险发生后造成损失的程度大小不确定。每次风险发生后，在经济上给人们带来多大的损失，往往是无法预知的。例如我国每年都有车祸发生，但是我们却无法精确地预知具体车祸将带给人们多大程度的物质与精神损失。

（4）可测定性

人类在长期与自然灾害和自身疾病等风险的抗争中，积累了丰富的生存经验，并且随着科学技术的发展，人们预防风险损失的能力越来越科学和准确。一方面虽然单个风险的发生是偶然的，不可预知的，但通过对大量风险事故的观察发现，其往往呈现出明显的规律性，找到它发展的趋势，由已知、现在去预测未来，进行定性分析。例如，地震科技工作者常年对地壳运动规律的测量，预见可能在某时间段某区域发生地震的可能性。另一方面利用概率论和数理统计的方法，即可测算风险事故发生的概率及其损失程度，进行定量分析。例如，在汽车保险中，精算师们就是根据大量的车祸记录、损失程度，结合车辆运行所面临的众多风险因素及保险公司的运营风险因素，就可以测算出不同车险的费率。

（5）发展性

世间万物都处于运动、变化中，风险也是如此。一方面人类社会自身进步和发展的同时，也创造和发展了风险。例如，核能的发现利用，核电站的建立，在给人类带来新的能源的同时，也带来了核污染及核爆炸的巨大风险。另一方面，造成损失小的风险因素可以发展成造成损失大的风险因素，“千里之堤，毁于蚁穴”，当然通过人们的努力，也可以化解造成损失大的风险因素。

（6）社会性

风险损失要和人类社会紧密相连，要和风险主体利益相关，只有和人类社会，和自己的切身利益相关时，我们才会去关注、处理，例如，“青春痘长在别人脸上不让你担心”，“事不关己，高高挂起”。

4．风险成本

风险成本，指由于风险的客观存在和风险事故发生后人们所必须支出的费用和预期经济利益的减少。风险成本一般可分为：预防成本、经济成本、社会成本。

（1）预防成本是指风险主体为了减少或降低风险损失的频率和程度，采取提前的财务安排或处理措施所花费的费用，包括财务安排和风险控制。其实我们每一个人每天在做的工作都是在预防各种对我们可能造成损失，例如婴幼儿打疫苗等。

（2）经济成本是指各种物质财产因遭受自然灾害和意外事故而引起部分或全部的经济损失，包括直接经济成本和间接经济成本。直接经济成本指风险事故发生造成的财产损失和人员伤亡所必须支付的费用，如车祸造成车辆损失、人员伤害的修复费用。间接经济成本指损失发生后其他方面费用的增加，如车祸后的代步费用，人员误工费等。

（3）社会成本指因为风险损失的不确定性给社会资源配置、经营效率、人的精神造成的影响产生的费用，包括资源配置成本、效率损失成本、精神成本。

资源配置成本是指由于风险的存在及其发生可能导致的经济后果影响社会资源的优化配置，或者配置效率降低引起的社会经济效益损失。比如人们在选择投资方向时大多选择风险损失低的行业，而对创造、发明投资较少，是社会资源浪费；效率损失成本是指为应付风险发生可能造成的损失而提留大量的风险损失准备金，准备金闲置阻碍生产规模和流通规模的扩大，资金不能得到有效的运用，社会生产率受损，高风险行业，资本流入受阻，社会生产率受损，如银行计提高额资本准备金；精神成本是指人的各种对潜在风险损失的忧虑、恐惧。

5．风险的分类

（1）按风险的性质分类

根据风险的性质分类，风险可分为纯粹风险和投机风险。

① 纯粹风险，指只有损失而无获利可能的风险，即造成损害可能性的风险，所致结果有损失和无损失两种。例如，交通事故只有可能给人民的生命财产带来危害，而决不会有利益

可得。在现实生活中，纯粹风险是普遍存在的，如地震、水灾、火灾、疾病、意外事故等都可能导致巨大损害。但是这种灾害事故何时发生，损害后果多大，往往无法事先确定，于是，就成为保险的主要对象。人们通常所称的“危险”，也就是指这种纯粹风险。有人所称的静态风险一般即指纯粹风险。

② 投机风险，是相对于纯粹风险而言的，指既有损失机会又有获利可能的风险。投机风险的后果一般有三种：一是损失；二是盈利；三是没有损失也没有获利。比如，有价证券，证券价格的下跌可使投资者蒙受损失，证券价格不变无损失，但是证券价格的上涨却可使投资者获得利益。又如，赌博、炒股、买彩票等，这种风险都带有一定的诱惑性，可以促使某些人为了获利而甘冒这种损失的风险。所以，“投机”的含义就此而得，有人称其为动态风险。在保险业务中，投机风险一般是不能列入可保风险之列的。

（2）按风险产生的原因分类

根据风险产生的原因分类，风险可分为自然风险、社会风险、政治风险、经济风险和技术风险。

① 自然风险，指由于自然现象或物理现象所导致的社会生产和社会生活等遭受威胁的风险，如洪水、地震、风暴、火灾、泥石流等所致的人身伤亡或财产损失的风险。在各类风险中，自然风险是保险人承保最多的风险。

② 社会风险，是由于个人的异常行为或不可预测的团体的过失、疏忽、侥幸、恶意等不当行为所致的损害风险，如盗窃、抢劫、罢工、暴动等。

③ 政治风险，又称“国家风险”，指由于政治原因，如政局的变化、政权的更替、政府法令和决定的颁布实施，以及种族和宗教冲突、叛乱、战争等引起社会动荡而造成损害的风险。

④ 经济风险，指在产销过程中，由于有关因素变动或估计错误而导致的产量减少或价格涨跌的风险等，如市场预期失误、经营管理不善、消费需求变化、通货膨胀、汇率变动等所致经济损失的风险等。

⑤ 技术风险，指伴随着科学技术的发展、生产方式的改变而发生的风险，如核辐射、空气污染、噪声等风险。

（3）按风险损害的对象分类

根据风险损害的对象分类，风险可分为财产风险、人身风险、责任风险和信用风险。

① 财产风险，是导致财产的毁损、灭失和贬值的风险。财产风险强调的风险事故所作用的对象是有形的财产及预期收益，而非人身。例如，房屋有遭受火灾、地震的风险；又如，机动车有发生车祸的风险，财产价值因经济因素有贬值的风险。

② 人身风险，指因生、老、病、死、残等原因而导致经济损失的风险。例如，因为年老而丧失劳动能力或由于疾病、伤残、死亡、失业等导致个人、家庭经济收入减少，造成经济困难。生、老、病、死虽然是人生的必然现象，但在何时发生并不确定，一旦发生，将给其本人或家属在精神和经济生活上造成困扰。

③ 责任风险，指因侵权或违约，依法对他人遭受的人身伤亡或财产损失应负的赔偿责任的风险。例如，由于驾驶员的过失撞伤了路人，造成路人伤残或死亡，那么按照法律规定，就须对受害人或家属给付赔偿金。又如，根据合同法和劳动法等相关法律法规的规定，雇主对其雇员在从事工作范围内的活动中造成身体伤害的，就应承担其相应的经济给付责任。

④ 信用风险，指在经济交往中，权利人与义务人之间，由于一方违约或犯罪而造成对方经济损失的风险，如银行放贷，按期贷款收不回来的风险。

除以上分类之外，还有其他的风险分类方法。比如，根据风险是否可以被商业保险公司承保，可分为可保风险和不可保风险两类。可保风险是指可用商业保险方式加以管理的风险。静态风险、财产风险、人身风险、责任风险、信用风险等都是可保风险。不可保风险就是商业保险不予以承保的风险。动态风险、投机风险等都是不可保风险。一般而言，可保风险都是可管理风险，但不可保风险却不一定是不可管理风险；不可保风险仅仅指商业保险无法处理的风险，某些不可保风险确实可以通过其他方式加以处理。

1.1.2 风险管理

1. 风险管理的内涵

风险管理，指个人、家庭和各种组织对可能遇到的风险进行风险识别、风险估测、风险评价，并在此基础之上选择与优化组合各种风险管理技术，对风险实施有效控制和妥善处理风险所致损失的后果，从而以最小的成本获得最大的安全保障的决策及其行动的全过程。

2. 风险管理的目标

风险管理目标由两个部分组成：损失发生前的风险管理目标和损失发生后的风险管理目标。对企业而言，前者的目标是避免或减少风险事故形成的机会，包括节约经营成本、减少忧虑心理；后者的目标是努力使损失的标的恢复到损失前的状态，包括维持企业的继续生存、生产服务的持续、稳定的收入、生产的持续增长、社会责任等。二者有效结合，构成完整而系统的风险管理目标。

3. 风险管理的主体

风险管理的主体可分为个人风险管理、家庭风险管理、企业风险管理、国家风险管理和国际风险管理五大类。

个人风险管理，指个人为实现生活稳定和工作的安全，对可能遭遇的种种不测风险，在日常行为和经济上所做的各种准备与处置，如储蓄等。

家庭风险管理，指一个家庭为保障其收入稳定和生活安定，对可能遭受的自然灾害或意外事故等所采取的有效措施，如人身保险、家庭财产保险等。

企业风险管理，指企业为实现生产、经营和财务的稳定与安全，对可能遭受的各种风险损害所采取的有效措施，如建立消防组织、购置消防器材等。

国家风险管理，指一个国家为了应付经济、政治、战争、社会及巨灾风险损害而采取的各种处理措施，如建立国家各级安全、公共卫生预警机制等。

国际风险管理，指跨国公司、国际公司、国际组织等为了应付涉及国际间的各种风险而采取的各种处理措施，如国际金融公司、国际风险投资机构等。

4. 风险管理的程序

风险管理的基本程序包括风险识别、风险估测、风险评价、选择风险处理方法和风险管理效果评估等环节。

（1）风险识别

风险识别，是经济单位和个人对所面临的及潜在的风险加以判断、归类整理，并对风险的性质进行鉴定的过程，是指人们利用各种方法系统地、连续地对所面临的和潜在的风险加以判断、归类整理和鉴定风险性质的过程，并分析产生风险事故的原因、对风险的识别，既可以通过以往经验和直接感知进行判断识别，又可以借助各种客观的经济资料、会计和统计资料及风险记录等进行分析、归纳和管理，从而发现各种风险损害情况，尽可能地把握风险内在的、规律性的东西。风险识别是否全面、深刻，直接影响风险管理决策质量，进而影响整个风险管理的最终结果。

（2）风险估测

风险估测，指在风险识别的基础上，通过对所收集的大量的详细损失资料加以分析，运用概率论和数理统计，估计和预测损失发生的频率和损失程度。风险估测的内容主要包括损失频率和损失程度两个方面。

① 风险损失频率，指在一定的时间内，某风险可能发生的次数。损失频率=损失发生次数/危险单位总量（反映风险发生的可能性的高低）。

② 风险损失程度，指某次特定风险发生的严重程度。损失程度=损失金额/危险标的总价值（损失造成的经济规模的大小）。

一般而言，损失频率和损失程度成反比关系。损失频率高的事件损失程度相对小，损失频率小的事件损失程度相对高。

（3）风险评价

风险评价，是在风险识别和风险估测的基础上，根据公认的安全指标，综合考虑风险发生频率的高低和造成损失程度的大小，通过定性和定量分析，决定是否要采取相应的风险控制措施，以及采取风险控制措施的力度的过程。

风险管理必然需要一定的成本，管理成本和风险损失之间的性价比直接影响风险管理的效益。通过比较来确定风险是否需要处理和处理程度。

（4）选择风险管理技术

当做出风险管理的决策后，为实现风险管理目标，就必须选择合适的风险管理技术并加以实施。

风险管理技术分为控制法和财务法两大类，前者的目的是降低损失频率和减少损失程度，重点在于改变引起风险事故和扩大损失的各种条件；后者则侧重于事先做好吸纳风险成本的财务安排。风险管理技术的结构如图 1-2 所示。

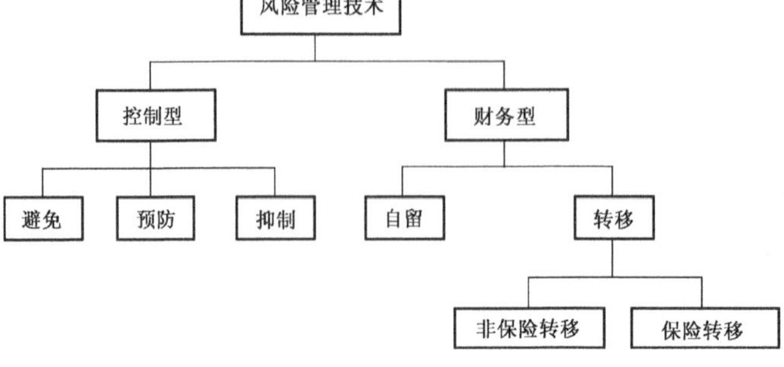

图 1-2　风险管理技术结构图

① 控制型风险管理方法。控制法是指通过预防、避免、消除风险或减少风险发生概率及控制风险损失程度的一种风险管理方法，主要包括避免、预防和抑制，是一种事前、事中处理模式。

预防，指在风险发生前为了消除和减少可能引起损失的各种因素而采取的处理风险的具体措施，通过消除或减少风险因素而达到降低损失。预防风险涉及一个处理成本与潜在损失比较的问题：若潜在损失远大于采取预防措施所支出的成本，就应采用预防风险手段。比如，兴修水利，虽然施工成本很高，但考虑到洪水泛滥可能造成的巨大灾害，又有一定的收益，就极为必要。

避免，指主动避开损失发生的可能性，适用于对付那些损失发生概率高且损失程度大的风险，如考虑到游泳时有溺水的危险就不去游泳。虽然避免风险法能从根本上消除隐患，但这种方法明显具有很大的局限性。其局限性表现在，并不是所有的风险都可以回避或应该进行回避。如人身意外伤害，无论如何小心翼翼，这类风险总是无法彻底消除。再如，因害怕出车祸就拒绝乘车，车祸这类风险虽可由此而完全避免，但将给日常生活带来极大的不便，实际上是不可行的。

抑制，指风险事故发生时或发生后采取的各种防止损失进一步扩大的措施。通常在损失发生可能性高并且风险又无法避免和转嫁的情况下采用。比如，在建筑物上安装火灾警报器和自动喷淋系统等；又如，汽车配置中的安全气囊、防抱死制动系统等。

② 财务型风险管理方法。财务法，是通过提留风险准备金，事后分摊损失的一种财务安排制度。包括自留和转嫁两种。

风险自留是指由个人或单位承担全部风险成本的一种风险管理方法，即对风险的自我承担。自留有主动自留和被动自留之分。采取自留方法，应考虑经济上的合算性和可行性。一般来说，在风险所致损失频率和幅度低、损失短期内可预测，以及最大损失不足以影响自己的财务稳定时，宜采用自留方法。

风险转嫁是指单位或个人为避免承担风险损失而有意识地将风险损失或与风险损失有关的财务后果转嫁给另一单位或个人承担的一种风险管理方式。风险转移分为直接转嫁和间接转嫁两种。直接转嫁是风险管理人将与风险有关的财务或业务直接转嫁给他人；间接转嫁是指风险管理人在不转移财产或业务本身的条件下将财产或业务的风险转移给他人。前者主要包括转让、转包等；后者主要包括租赁、保证、保险等。其中，转移是将可能面临风险的标的通过买卖或赠予的方式将标的所有权让渡给他人；转包是将可能面临风险的标的通过承保的方式将标的经营权或管理权让渡给他人；租赁是通过出租财产或业务的方式将与该项财产或业务有关的风险转移给承租人；保证是保证人和债权人约定，当债务人不履行债务时，保证人按照约定履行债务或承担责任的行为；保险则是通过支付保费购买保险将自身面临的风险转嫁给保险人的行为。通过转移风险而得到保障，是应用范围最广、最有效的风险管理手段。比如，企业通过分包合同将土木建筑工程中水下作业转移出去，将带有较大风险的建筑物出售等。又如，机动车辆所有者可以通过订立保险合同，将其车辆面临的风险转嫁给保险人。

（5）风险管理效果评估

评估风险管理的效果是分析、比较已实施的风险管理方法的结果与预期目标的契合程度，以此来评判管理方案的科学性、适应性和收益性。由于风险性质的可变性，人们对风险认识的阶段性，以及风险管理技术处于不断完善之中，因此，需要对风险的识别、估测、评价及管理方法进行定期检查、修正，以保证风险管理方法适应变化了的新情况。所以，我们把风险管理视为一个周而复始的管理过程。风险管理效益的大小取决于是否能以最小风险成本取得最大安全保障，同时还要考虑与整体管理目标是否一致，以及具体实施的可能性、可操作性和有效性。

1.2 保险概述

1.2.1 保险的历史

1. 原始（古代）保险思想萌芽（公元 14 世纪以前）

保险思想起源于古巴比伦，后传至腓尼基再传入希腊。公元前 2250 年汉漠拉比法典中有对保险思想的描述。

公元前 916 年，共同海损原则的确定是海上保险的萌芽。公元前 916 年的罗地安海商法规定：凡因减轻船只载重投弃入海的货物，如为全体利益而损失的，须由全体分摊归还，即所谓共同海损基本原则。

古代中国的仓储制度，主旨是“积谷防饥”，在一定程度上具备分散风险、互助的保险思想。例如周朝发起的一种仓储制度委积，具有平时扶助，灾时救助的作用；汉朝时设常平仓，由财政出资，具有保障救济和平抑粮价的作用；宋朝时设广惠仓，由官府赋税出资，主要用于平时的扶助，体现大同理想。

2. 近代保险的发展（公元 14～18 世纪）

真正意义上的保险是近代资本主义商品经济的产物，并随近代资本主义商品经济的发展而逐步发展起来。在近代保险制度的形成过程中，海上保险先于陆上保险，财产保险先于人身保险。责任保险和信用保险，是随资本主义国家法律体系的完善和信用经济发展而产生并发展的。

14 世纪，随着社会生产力的发展，地中海沿岸的弗洛伦萨、威尼斯等地出现资本主义萌芽。在 1347 年，由热那亚商人乔治 • 勒克维伦出立了现存世界上第一张保险单（Policy），海上保险诞生了；1666 年 9 月 5 日伦敦地区发生大火，大火后成立的巴蓬的火险营业所，是凤凰火灾保险公司的前身（1705 年），由此产生了火灾保险；1683 年爱德华 • 劳埃德开设的小咖啡馆，成为今天世界上最大的个人保险组织，随后“现代保险之父”巴蓬发表“差别化费率”，慢慢具备了现代保险的雏形。

3. 现代保险制度的形成与发展（公元 18 世纪～ ）

18 世纪是近代保险与现代保险的分界线，是现代保险制度产生、形成的时期。西方现代保险发展的主要标志包括：18 世纪四五十年代，辛普森制成费率表；詹姆斯•道德逊发表自然保费和均衡保险费理论；1762 年英国公平人寿保险公司成立；1774 年英国颁布《1774 年英国人寿保险法》。

中国近代保险主要是洋务运动后，西学东渐开始，西方保险思想在中国的传播。魏源（1794—1857 年）在《海国图志》（1842）一书中介绍西方近代保险及其做法：“宅担保”（火灾保险），“船担保”（海上保险），“命担保”（人寿保险）。太平天国时期，洪仁干（1822—1864 年）在其上书给洪秀全的《资政新篇》中指出：“外国有兴保人物之例，凡屋宇、人命、货物、船等，有防于水火者，先于保人议定，每年纳银若干，有失则保人赔，毋所值，无失则赢其所奉，若失命则父母、妻子有所赖，失物也不致尽亏。”体现了保险理念。义和公司保险行的首创（1865年5月25日），招商局的成立（1872年12月23日）等，标志着我国民族保险业发展进入实践阶段。

旧中国保险业务主要集中在沿海临江城市，保险市场主要被帝国主义列强所垄断，是对中国进行掠夺的工具之一，目的是霸占中国保险市场，民族保险没有独立发展起来。

新中国的保险业开始于建国之初，以中国人民保险公司1949年10月成立为标志，但在1958年的人民公社化化浪潮开始后，中国保险业逐渐进入停办阶段，直到1979年才全面恢复，1996年保险法出台后，中国保险业开始蓬勃发展。

由此我们得出这样结论，原始社会和奴隶社会，都不具备形成保险补偿制度的经济基础；封建社会，商业性保险仅局限于海上保险；资本主义社会，财富被“大量”创造并高度集中，促使保险迅速发展。

最后总结一下保险制度形成的前提条件：自然灾害、意外事故的客观存在；保险制度形成的可能条件，剩余产品的出现，后备物质或基金的形成；保险制度形成的理论条件：以生命表诞生为代表的理论基础。

1.2.2 保险的含义

在保险学中，“保险”一词有其特定的内容和深刻的含义。一般来说，保险有广义和狭义之分。广义的保险指通过建立专门用途的后备基金或保障基金，用于补偿因自然灾害和意外事故造成的损失，是为了社会安定发展而建立物质储备的一种经济补偿制度。为此，广义的保险包括国家政府部门经办的社会保障、按照商业原则经营的商业保险，以及由保险人集资合办的合作保险等，范围比较广泛。社会保障包括社会基本医疗、养老、失业、工伤和生育等保险；而商业保险主要是指上面所说的狭义保险的概念，即按照商业化的运营原则，通过合同的形式，采用科学的计算方法，集合多数单位和个人，收取保险费，建立保险基金，对保险合同规定范围内的灾害事故所造成的损失，进行经济补偿或给付的一种经济保障制度。

1. 保险是一种经济制度

从经济角度讲，保险首先是一种经济制度。保险是为了确保经济生活的安定，对特定危险事故或特定事件的发生所导致的损失，运用多数单位的集体力量，根据合理的计算，共同建立基金，以分摊意外事故损失的一种财务安排。

2. 保险是一种合同行为

从法律角度看，保险是一种合同行为。保险是根据合同约定，一方承担支付保险费的义务，换取另一方为其提供经济补偿或给付的权利，

由此可见，保险乃是经济关系与法律关系的统一。

《中华人民共和国保险法》（以下简称《保险法》）第二条规定：投保人根据合同约定，向保险人支付保险费，保险人对于合同约定的可能发生的事故因其发生所造成的财产损失承担赔偿保险金责任，或者当被保险人死亡、伤残、疾病或者达到合同约定的年龄、期限等条件时承担给付保险金责任的商业保险行为。

1.2.3 保险的要素

保险的要素是指保险得以成立的基本条件，包括以下五个方面的内容。

1．可保风险的存在

可保风险是保险人可接受承保的风险。并非所有破坏物质财富、威胁人身安全的风险，保险人都能承保。保险业经过几百年的经营，各国保险人积累了丰富的承保经验，总结出一套可保风险的条件。

① 可保风险必须是纯粹风险，而不是投机性风险。纯粹风险与投机性风险是性质完全不同的风险，造成的后果是不同的。就保险行业的承保技术和手段而言，保险公司只承担由纯粹风险发生导致的损失。由于投机性风险既有损失机会又有获利可能，其变化往往难以通过大数法则加以测算，发生结果往往是社会财富的转移，所以一般情况下投机性风险不具有可保性。

② 风险的发生必须是意外发生的，具有偶然性。所谓意外，是非人们的故意行为所致。故意行为容易引起道德风险，为法律所禁止，与社会道德相矛盾，因此，故意行为引起风险及必然发生的风险，绝大多数不可能通过保险来转移。譬如，货物在储备过程中的自然损耗、机器设备的折旧等现象就是必然发生的；还有被保险人的故意行为（如故意纵火行为等）造成的火灾损失，均不属于保险人的可保风险的责任范围。但是在实际业务中，对一些必然发生的风险损失（如自然损耗的必然损失），经保险人同意，在收取适当保险费用后，可特约承保。而且保险人也可承保第三人的故意行为或不法行为所引起的风险损失。譬如，在保证保险、信用保险中，保险人对因一方不履行与被保险人约定的义务，而应对被保险人承担的经济赔偿责任给予赔偿。又如，财产保险中的偷盗险，保险人承担的赔偿责任也是由于盗贼的故意行为所造成的风险损失。

③ 风险必须是大量标的均有遭受损失的可能性。可保风险必须是大量保险标的都有可能遭受重大损失的风险。因为，如果一种风险只会导致轻微损失，那就无须通过保险求得保障；再者，保险需要以大数法则作为保险人建立保险基金的数理基础，假如一种风险只是个别或少量标的所具有，那就缺乏这种基础，保险人也就无法利用大数法则计算危险产生的概率和损失程度，从而难以确定保险费率，进行保险经营。

④ 风险不能使大多数的保险标的同时遭受损失。这一条件要求损失的发生具有分散性。因为保险的目的，是以多数人支付的小额保费，赔付少数人遭遇的大额损失。如果大多数保险标的同时遭受重大损失，则保险人通过向投保人收取保险费所建立的保险资金根本无法抵消损失。譬如战争，因为战争会使保险对象同时遭受损失，所以保险公司既不保战争损失，又在一般的保险里面将战争列为除外责任。

⑤ 风险的损失必须是可以用货币计量的。如果风险发生及其所致的损失无法测定，保险人也就无法制定可靠稳定的保险费率，也难于科学经营，这将使保险人面临很大的经营风险。

以上五个可保风险条件是相互联系、相互制约的。

2．大量同质风险的集合与分散

保险的过程，既是风险的集合过程又是风险的分散过程。保险人通过保险将众多投保人所面临的分散风险集合起来，当发生保险责任范围内的损失时，又将少数人发生的损失分摊给全部投保人；也就是通过保险的补偿或给付行为分摊损失，将集合的风险予以分散。保险风险的集合与分散，应具备两个前提条件：① 风险的大量性；② 风险的同质性。

3．保险费率的厘定

保险费率是保险费与保险金额的比例，保险费率又被称为保险价格。通常以每百元或每千元保险金额应缴纳的保险费来表示。

保险人使用保险精算来量化风险。保险人通过数据的编制来估算未来损失(预定损失率)，通常采用合理的近似。保险精算使用统计学和概率来合并分析风险分布状态，保险人运用这种科学原理并附加一定条件来厘定保险费率。这些附加条件包括预定投资收益率、保险单预定利率、预定营业费用和税金，人寿保险公司的附加条件还主要包括预定死亡率等。

保险在形式上是一种经济保障活动，而实质上是一种特殊商品的交换行为，因此，制定保险商品的价格，即厘定保险费率，便构成了保险的基本要素。

4．保险基金的建立

保险基金，指保险人为保证其如约履行保险赔偿或给付义务，根据政府有关法律规定或业务特定需要，从保费收入或盈余中提取的与其所承担的保险责任相对应的一定数量的基金。为了保证保险公司的正常运营，保护被保险人的利益，各国一般都以保险立法的形式规定保险公司应提存保险准备金，以确保保险公司具备与其保险业务规模相适应的赔付能力。

5．保险合同的订立

投保人与保险人之间的经济关系是通过合同的订立来确定的。保险是专门对意外事故和不确定事件造成的经济损失给予赔偿的，但风险是否发生，何时发生，损失程度如何，均有较大的随机性。这一特性要求保险人与投保人应在契约约束下履行各自的权力与义务。假如不具备在法律或合同上规定的权利与义务，那么，保险经济关系就难以成立。因此，订立保险合同是保险得以成立的基本要素，是保险成立的法律保证。

1.2.4　保险的特征

1．互助性

保险体现的是“我为人人、人人为我”的互助精神。通过保险人用多数投保人缴纳的保险费建立的保险基金，对少数受到损失的被保险人提供补偿或给付得以体现，分担了单位和个人所不能承担的风险，从而形成了一种经济互助关系。

2．经济性

保险是通过保险补偿或给付而实现的一种经济保障活动。

3．法律性

从法律的角度看，保险是一种契约行为。

4．商品性

保险体现了一种等价交换的经济关系，也就是商品经济关系。这种商品经济关系直接表现为保险人与个别被保险人之间的不等价交换关系，所以说保险是一种特殊商品。间接表现为在一定时期内全部保险人与全部投保人之间的交换关系，即保险人销售保险产品，投保人购买保险产品的关系。

5. 科学性

保险是处理风险的科学有效措施。现代保险经营以概率论和大数法则等科学的数理理论为基础。保险费率的厘定、保险准备基金的提取等都是以科学的数理计算为依据，保险是一种科学处理风险的经济方法。

6. 发展性

保险保障的对象是人和物，是社会生产力的三要素。随着社会生产力的发展进步，保险也会日新月异。

1.2.5 保险的职能

保险职能是指保险的内在的、固有的功能，是由保险的本质和内容决定的。保险具有经济补偿、资金融通和社会管理功能，这三大功能是一个有机联系的整体。经济补偿功能是基本的功能，也是保险区别于其他行业的最鲜明的特征。资金融通功能是在经济补偿功能的基础上发展起来的，社会管理功能是保险业发展到一定程度并深入到社会生活诸多层面之后产生的一项重要功能，只有在经济补偿功能和资金融通功能实现以后才能发挥作用。

1. 经济补偿

经济补偿功能是保险的立业之基，最能体现保险业的特色和核心竞争力，具体体现为以下两个方面。

（1）财产保险的补偿

保险是在特定灾害事故发生时，在保险的有效期和保险合同约定的责任范围及保险金额内，按其实际损失金额给予补偿。通过补偿使得已经存在的社会财富因灾害事故所致的实际损失在价值上得到补偿，在使用价值上得以恢复，从而使社会再生产过程得以连续进行。这种补偿既包括对被保险人因自然灾害或意外事故造成的经济损失的补偿，也包括对被保险人依法应对第三者承担的经济赔偿责任的经济补偿，还包括对商业信用中违约行为造成经济损失的补偿。

（2）人身保险的给付

人身保险的保险金额是由投保人根据被保险人对人身保险的需要程度和投保人的缴费能力，在法律允许的情况下，与被保险人双方协商后确定的，并按照保险合同约定的责任范围及保险金额内，按其实际损失金额给予补偿或按照约定的期限给付保险金。

2. 资金融通

资金融通，指将形成的保险资金中的闲置的部分重新投入到社会再生产过程中。保险人为了使保险经营稳定，必须保证保险资金的增值与保值，这就要求保险人对保险资金进行运用。保险资金的运用不仅有其必要性，而且也是可能的。一方面，由于保险保费收入与赔付支出之间存在时间差；另一方面，保险事故的发生不都是同时的，保险人收取的保险费不可能一次全部赔付出去，也就是保险人收取的保险费与赔付支出之间存在数量差。这些都为保险资金的融通提供了可能。

3. 社会管理

社会管理功能，指对整个社会及其各个环节进行调节和控制的过程，目的在于正常发挥各系统、各部门、各环节的功能，从而实现社会关系和谐、整个社会良性运行和有效管理。

（1）社会保障管理

保险作为社会保障体系的有效组成部分，在完善社会保障体系方面发挥着重要作用。一方面，保险通过为没有参与社会保险的人群提供保险保障，扩大社会保障的覆盖面；另一方面，保险通过灵活多样的产品，为社会提供多层次的保障服务。

（2）社会风险管理

保险公司具有风险管理的专业知识、大量的风险损失资料，为社会风险管理提供了有力的数据支持。同时，保险公司大力宣传培养投保人的风险防范意识；帮助投保人识别和控制风险，指导其加强风险管理；进行安全检查，督促投保人及时采取措施消除隐患；提取防灾资金，资助防灾设施的添置和灾害防治的研究。

（3）社会关系管理

通过保险应对灾害损失，不仅可以根据保险合同约定对损失进行合理补充，而且可以提高事故处理效率，减少当事人可能出现的事故纠纷。由于保险介入灾害处理的全过程，参与社会关系的管理，改变了社会主体的行为模式，为维护良好的社会关系创造了有利条件。

（4）社会信用管理

保险实质上是一种以信用为基础的承诺，对保险双方当事人而言，信用至关重要。保险合同履行的过程实际上就为社会信用体系的建立和管理提供了大量重要的信息来源，实现社会信息资源的共享。

1.2.6 保险的分类

1. 按保险标的分类

按照保险标的分类，可将保险分为人身保险和财产保险。保险标的即保险对象。从整体上看，保险的标的无非是两种，一是经济生活的主体，即人身；二是经济生活的客体，即财产。所以，不论在理论上还是实践中，保险业务通常被区分为财产保险与人身保险。

（1）人身保险

人身保险是以人的寿命和身体为保险标的的一种保险，包括人寿保险、健康保险和意外伤害保险等。人寿保险是以被保险人的寿命作为保险标的，以被保险人的生存或死亡为给付保险金条件的一种人身保险。健康保险是以被保险人的身体为保险标的，使被保险人在疾病或意外事故所致伤害时，发生的费用或损失获得补偿的一种人身保险。意外伤害保险是以被保险人的身体为保险标的，以意外伤害而致被保险人身故或疾病为给付保险金条件的一种人身保险。

（2）财产保险

财产保险是以财产及其相关利益为保险标的、因保险事故的发生导致财产的损失，以金钱或实物进行补偿的一种保险，包括财产损失保险、财产责任保险、财产信用保险等。财产损失保险是以各类有形财产为保险标的的财产保险。财产责任保险是以被保险人对第三者的财产保险或人身伤害依照法律和契约应负的赔偿责任为保险标的的保险。财产信用保险是以各种信用行为为保险标的的保险。

2．按保险经营性质分类

按照保险经营的性质分类，可将保险分为营利保险和非营利保险。

（1）营利保险

营利保险，又称商业保险，指保险经营者以营利为目的而经营的保险，如我国机动车商业保险。

（2）非营利保险

非营利保险（又称非商业保险），经营此种保险的目的不是为了营利，或者是由政府资助，以保证经济的协调发展和社会经济生活安定为目的的保险，比如，社会保险、政策保险、机动车道路交通事故责任强制保险等；或者是以保证加入保险者的相互利益为目的而办理的保险，如合作类保险。

社会保险是指国家通过立法，对公民在年老、疾病、残废、伤亡、生育、失业等情况下给予物质帮助的一种制度，是每个公民的一项基本权利。世界各国由于政治制度、经济发展水平和文化传统的不同，社会保险所包含的内容也不尽相同，但基本点是一致的，目前包括的险种主要有：养老保险、医疗保险、生育保险、工伤保险及失业保险等。

政策保险即政策性保险，是政府为实现其政治、经济、社会、伦理等方面的政策目的，利用保险形式实施的措施。从保险目的上看，表现为政府政策的贯彻实施；从保险范围上看，具有全面性；从保险形式上看，表现为强制性方式；在保险金的赔偿上，表现为固定金额的特点。政策保险目前包括的险种主要有：出口信用保险、机动车交通事故责任强制保险等。

3．按承保的方式分类

按照承保的方式分类，可将保险分为原保险、再保险、共同保险和重复保险。

（1）原保险

原保险是保险人与投保人之间直接签订保险合同而建立保险关系的一种保险。在原保险关系中，保险需求者将其风险转嫁给保险人，当保险标的遭受保险责任范围内的损失时，保险人直接对被保险人承担赔偿责任。

（2）再保险

再保险（也称分保）是保险人在原保险合同的基础上，通过签订分保合同，将其所承保的部分风险和责任向其他保险人进行保险的行为。

在再保险交易中，分出业务的公司称为原保险人或分出公司，接受业务的公司称为再保险人，或分保接受人或分入公司。再保险转嫁风险责任支付的保费叫做分保费或再保险费；由于分出公司在招揽业务过程中支出了一定的费用，由分入公司支付给分出公司的费用报酬称为分保佣金或分保手续费。如果分保接受人又将其接受的业务再分给其他保险人，这种业务活动称为转分保或再再保险，双方分别称为转分保分出人和转分保接受人。

20 世纪末，世界各国的保险公司，作为一个独立的经济部门，无论规模大小都要将其所承担的风险责任依据大数法则及保险经营财务稳定性的需要，在整个同业中分散风险，再保险已成为保险总体中不可缺少的组成部分。

（3）共同保险

共同保险（也称“共保”）是由几个保险人联合直接承保同一保险标的、同一保险事故、同一保险利益的保险。共同保险的各保险人承保金额的总和等于保险标的的保险价值。在保险业务中，可能是多个保险人分别与投保人签订保险合同，也可能是多个保险人以某一保险人的名义签发一份保险合同。

（4）重复保险

重复保险是投保人对同一保险标的、同一保险利益、同一保险事故，在同一保险时期分别向两个或两个以上的保险人订立保险合同，且各个保险人承保的保险金额总和超过保险价值的保险（各国的保险法对重复保险的定义不同，实际上这句只是定义了重复保险是否为超额保险，据此可以将重复保险分为“超额重复保险”与“未超额重复保险”）。重复保险的界定、构成要件和重复保险人责任分配方式的选择对保护被保险人利益和实现保险人之间责任公平具有重要意义。

4．按保额确定的方式分类

按照保额确定的方式分类，可将保险分为定值保险和不定值保险。

（1）定值保险

定值保险（又称定价保险合同），指保险合同双方当事人事先确定保险标的的价值，并在合同中载明，以确定保险金最高限额的保险，即约定价值保险。

定值保险多适用于某些保险标的的价值不易确定的财产保险，如古玩、字画、船舶等。在货物运输保险中，尤其是海上货物运输保险中，由于运输货物的价值在不同的时间、地点可能差别很大，为了避免出险时在计算保险标的的价值时发生争议，这些合同的当事人也往往采用定值保险的形式。在定值保险合同中，保险价值由双方自愿确定，如果保险人对保险标的缺乏经验或专业知识，投保人就有可能过高地确定保险标的的价值，谋取不正当利益。为避免损失，保险人对订立定值保险合同多持谨慎态度，其适用范围受到一定限制。在美国，有些州的法律禁止订立定值保险合同。

（2）不定值保险

不定值保险指双方当事人在订立合同时只列明保险金额，不预先确定保险标的的价值，须在危险事故发生后，再行估计其价值而确定其损失的保险。不定值保险合同中保险标的的损失额，以保险事故发生之时保险标的的实际价值为计算依据，通常的方法是以保险事故发生时，当地同类财产的市场价格来确定保险标的价值。但无论保险标的的市场价格发生多大的变化，保险人对于标的所遭受的损失的赔偿，均不得超过合同所约定的保险金额。在不易用市场价值确定保险价值时，也可用重置成本减折旧的方法或其他的估价方法来确定保险价值。在实际操作中，大多数财产保险，如企业财产保险、机动车车辆保险等采用不定值保险合同。

我国2009年修订后的《保险法》第55条规定：“投保人和保险人约定保险标的的保险价值并在合同中载明的，保险标的发生损失时，以约定的保险价值为赔偿计算标准。投保人和保险人未约定保险标的的保险价值的，保险标的发生损失时，以保险事故发生时保险标的的实际价值为赔偿计算标准。”即间接规定了定值保险合同，但未明确规定其适用范围。鉴于实践中出现了不少类似纠纷，我国保险业监督管理委员会在颁布的《机动车辆保险条款》中明确规定：“本保险合同为不定值保险合同。”

1.2.7 风险与保险、风险管理与保险的关系

1. 风险与保险的关系

风险与保险关系密切，主要表现为以下几个方面。

① 二者研究的对象都是风险。保险是研究风险中的可保风险。

② 风险是保险产生和存在的前提，无风险则无保险。风险是客观存在的，时时处处威胁着人的生命和物质财产的安全，是不以人的意志为转移的。风险的发生直接影响社会生产过程的继续进行和家庭正常的生活，因而产生了人们对损失进行补偿的需要。保险是一种被社会普遍接受的经济补偿方式，因此，风险是保险产生和存在的前提，风险的存在是保险关系确立的基础。

③ 风险的发展是保险发展的客观依据。社会进步、生产发展、现代科学技术的应用，在给人类社会克服原有风险的同时，也带来了新风险。新风险对保险提出了新的要求，促使保险业不断设计新的险种、开发新业务。从保险的现状和发展趋势看，作为高风险系统的核电站、石油化学工业、航空航天事业、交通运输业的风险，都可以纳入保险的责任范围。

④ 保险是风险处理传统的、有效的措施。人们面临的各种风险损失，一部分可以通过控制的方法消除或减少，一部分依靠自身力量解决，但需要提留与自身财产价值等量的后备基金，这样既造成资金浪费，又难以解决巨额损失的补偿问题，从而，转移就成为风险管理的重要手段。保险作为转移方法之一，长期以来被人们视为传统的处理风险手段。通过保险，把不能自行承担的风险集中转嫁给保险人，以小额的固定支出换取对巨额风险的经济保障，使保险成为处理风险的有效措施。

2. 风险管理与保险的关系

风险管理和保险无论在理论上，还是在实际操作中，都有着密切的联系。从理论起源上看，先出现保险学，后出现风险管理学。保险学中关于保险性质的学说是风险管理理论基础的重要组成部分，且风险管理学的发展在很大程度上得益于对保险研究的深入。同时，风险管理学后来的发展也在不断促进保险理论和实践的发展。从实践看，一方面，保险是风险管理中最重要、最常用的方法之一；另一方面，通过提高风险识别水平，可以更加准确地评估风险，风险管理的发展对促进保险技术水平的提高起到了重要的作用。

第一，风险管理和保险所研究的对象一致。风险的存在是保险得以产生、存在和发展的客观原因与条件，并成为保险经营的对象。但是，保险不是唯一的处置风险的办法，更不是所有的风险都可以保险。从这一点上看，风险管理所管理的风险要比保险的范围广泛得多，其处理风险的手段也比保险多。保险只是风险管理的一种财务手段，它着眼于可保风险事故发生前的防预、发生中的控制和发生后的补偿等综合治理。尽管在处置风险手段上存在这些区别，但它们所管理的共同对象都是风险。

第二，保险是风险管理的基础，风险管理又是保险经济效益的源泉。

① 风险管理源于保险。从风险管理的历史上看，最早形成系统理论并在实践中广泛应用的风险管理手段就是保险。在风险管理理论形成以前的相当长的时间里，人们主要通过保险的方法来管理企业和个人的风险。从 20 世纪 30 年代初期风险管理在美国兴起，到 20 世纪 80 年代形成全球范围内的国际性风险管理运动，保险一直是风险管理的主要工具，并越来越

显示出其重要地位。

② 保险为风险管理提供了丰富的经验和科学资料。由于保险起步早，业务范围广泛，经过长期的经营活动，积累了丰富的识别风险、预测与估价风险和防灾防损的经验和技术资料，掌握了许多风险发生的规律，制定了大量的预防和控制风险的行之有效的措施。所有这些都为风险管理理论和实践的发展奠定了基础。

③ 风险管理是保险经济效益的源泉。保险公司是专门经营风险的企业，同样需要进行风险管理。一个卓越的保险公司并不是通过提高保险费率、惜赔等方法来增加利润的，而是通过承保大量的同质风险，通过自身防灾防损等管理活动，力求降低赔付率，从而获得预期的利润的。作为经营风险的企业，拥有并运用风险管理技术为被保险人提供高水平的风险管理服务，是除展业、理赔、资金运用等环节之外最为重要的一环。

第三，保险业是风险管理的一支主力军。保险业是经营风险的特殊行业，除了不断探索风险的内在规律，积极组织风险分散和经济补偿之外，保险业还造就了一大批熟悉各类风险发生变化特点的风险管理技术队伍。他们为了提高保险公司的经济效益，在直接保险业务之外，还从事有效的防灾防损工作，使大量的社会财富免遭损失。保险公司还通过自身的经营活动和多种形式的宣传，培养国民的风险意识，提高社会的防灾水平。保险公司的风险管理职能，更多的是通过承保其他风险管理手段所无法处置的巨大风险，来为社会提供风险管理服务的。所以，保险是风险管理的一支主力军。

1.2.8 有关保险名词的解释

1. 保险标的

保险标的，即保险的对象，也叫保险标的物，指保险合同双方当事人权利与义务所指向的对象，保险标的可以是财产、与财产有关的利益或责任，也可以是人的寿命和身体。

2. 保险人

保险人，又称“承保人”，指与投保人订立保险合同，并承担赔偿或给付保险金责任的人。保险人以法人经营为主，通常称为保险公司。

3. 投保人

投保人，指与保险人订立保险合同，并按照保险合同负有支付保险费义务的人。投保人可以是自然人，也可以是法人。

4. 被保险人

被保险人，指根据保险合同的约定，其财产利益或人身受保险合同保障，在保险事故发生后，享有保险金请求权的人。投保人往往同时可以为被保险人。

5. 保险金额

保险金额，指保险人承担赔偿或给付保险金责任的最高限额。

6. 保险利益

保险利益，指投保人对保险标的具有法律上承认的经济利益。

7. 保险费

保险费，是投保人为转移风险、取得保险人在约定责任范围内所承担的赔偿（或给付）责任而交付的费用；也是保险人为承担约定的保险责任而向投保人收取的费用。保险费是建立保险基金的主要来源，也是保险人履行义务的经济基础。

8. 保险费率

保险费率，是应缴纳保险费与保险金额的比率。保险费率又被称为保险价格。保险费率是保险人按单位保险金额向投保人收取保险费的标准。保险金额单位一般为 1000 元，所以保险费率通常用千分率。

阅读资料

泰国国王的失业保险

曾任泰国国王的帕拉贾德希波克一生中最值得称道的事情之一，就是他在地位声望达到巅峰的时候，对自己命运的清醒预测。1925 年，帕拉贾德希波克登基，当上了泰国国王。执政之后，政绩平平，无所建树，他终日担心害怕有朝一日被政敌废黜，成为一个一贫如洗的贫民。为防不测，他同时向英国和法国的两家保险公司投保失业保险，那两家保险公司虽然都从未办理过以国王作为被保险人的失业保险，但谁也不愿意错过这一扩大公司影响的机会，欣然接受了投保，开出了保险金额可观的保险单。事实证明，帕拉贾德希波克并非杞人忧天，1935 年他被迫放弃了王位，成为平民的前国王虽不能再享受一国之君的荣华富贵，但也无穷困潦倒之忧虑，靠着两家保险公司为他支付的丰厚失业保险金，他安然度过了退位后的 6 年余生。

保 险 常 识

在国际上，保险业有一项数据说明：人均收入超过 3000 美元后，是保险行业的一个飞跃发展期。目前，我国不少省份的人均 GDP 超越 3000 美元，对于越来越多的国民来说，保险，今后将越来越多地进入我们的生活。多了解一些保险知识，特别是常识，既是一种可能，更是一种必需。

常识一，保险的保障功能重于投资功能。有些用户不明白保险和投资的区别，误以为买保险就是买投资。实际上，保险就是一种风险管理，买保险就是把自己的风险转移出去，而接受风险的机构就是保险公司。转移风险就是借助众人的财力，给遭灾受损的少数人补偿经济损失，这实际上是一种社会风险管理的工具。因此，保险功能更是保障重于投资。社会上个别不良保险营销员为了拉业绩和多拿提成，有意无意地对公众实行误导，导致一些收入低的用户误买入分红险，不仅分红受市场波动影响，每年续交的保费又是一笔不小的开支，给其带来不该有的投资烦恼与理财尬尴。

常识二，保险应先保家长。有些保险营销员常常借亲情作为突破口来打动家长，保险先保孩子。其实，从正确的保险观念讲，首先该买保险的是家长而不是孩子，因为往往家长是一个家庭中收入较高的家庭经济支柱，对家庭的经济贡献也最大，也由此承担了更多的经济支付压力，一旦家长出现风险事故，家庭收入将急剧减少，家庭原有的生活方式必然会发生变化。

常识三，购买保险应根据自身收入分清轻重缓急。例如，首先应考虑意外险，因为意外险和意外医疗很便宜，是保障性最强的保险，只需几百元，就可解决十几万元的意外保障和几万元的住院报销；另外，对于有车的家庭，其中交通强制险是必不可少的一项开支。考虑完这些，才需要再着眼于子女教育保险和养老保险，之后如果还有余钱，可以买一些分红或万能险。

常识四，购买前务必准确理解保险条款等。比如，着眼于当下看病难、看病贵，那就应该多买重大疾病险，同时，要明白重大疾病险也不是所有疾病都保的，而且保险公司也对重大疾病做出了严格的限制和规定，即便得了一种大病，也未见得全部报销医疗费用，所以，购买保险前务必准确理解保险条款等。

1.3 汽车保险

世界上最早的一份汽车保险出现在 1898 年的美国。美国的旅行者保险有限公司在 1898 年给纽约布法罗的杜鲁门马丁上了第一份汽车保险。马丁非常担心自己的爱车会被马冲撞。当时美国全国只有 4000 多辆汽车，而马的数量却达到了 2000 万匹，马车仍然是主要的交通工具。在 100 多年之后，如今的美国有 2.2 亿辆汽车，而马的数量已经减少到 200 万匹。一个多世纪前还被视为新鲜事物的汽车保险如今已经成为再平常不过的事情。

自 20 世纪 50 年代以来，随着欧、美、日等地区和国家汽车制造业的迅速扩张，机动车辆保险也得到了广泛的发展，到 20 世纪 70 年代末期，汽车保险已占整个财产险的 50%以上，成为各国财产保险中最重要的业务险种。

1.3.1 汽车保险的发展概况

1. 汽车保险的起源

（1）近现代保险分界的标志之一——汽车第三者责任险

汽车保险起源于 19 世纪中后期。当时，随着汽车在欧洲一些国家的出现与发展，因交通事故而导致的意外伤害和财产损失随之增加。尽管各国都采取了一些管制办法和措施，汽车的使用仍对人们的生命和财产安全构成了严重威胁。因此引起了一些精明的保险人对汽车保险的关注。

汽车保险晚于水险、火险、盗窃险和综合险。保险公司承保机动车辆的保险基础是根据水险、火险、盗窃险和综合责任险的实践经验而来的。汽车保险的发展异常迅速，如今已成为世界保险业的主要业务险种之一，甚至超过了火灾保险。目前，大多数国家均采用强制或法定保险方式承保的汽车第三者责任保险，始于 19 世纪末，并与工业保险一起成为近代保险与现代保险分界的重要标志。

（2）汽车保险的发源地——英国

① 英国法律事故保险公司于 1896 年首先开办了汽车保险，成为汽车保险“第一人”。当

时，签发了保费为 10 英镑、100 英镑的第三者责任保险单，汽车火险可以加保，但要增加保险费。1899 年，汽车保险责任扩展到与其他车辆发生碰撞所造成的损失。这些保险单是由意外险部的综合第三者责任险组签发的。1901 年开始，保险公司提供的汽车险保单，已具备了现在综合责任险的条件，在上述承保的责任险范围内，增加了碰撞、盗窃和火灾。1906 年，英国成立了汽车保险有限公司，每年该公司的工程技术人员免费检查保险车辆一次，其防灾防损意识领先于其他保险大国。

② 实施第三者强制责任保险。第一次世界大战后，英国机动车辆的流行加重了公路运输的负担，交通事故层出不穷，有些事故中受害的第三者不知道应找哪一方赔偿损失。针对这种情况，政府发起了机动车辆第三者强制保险的宣传，并在《1930 年公路交通法令》中纳入强制保险条款。在实施机动车辆第三者责任强制保险的过程中，政府又针对实际情况对规定做了许多修改，如颁发保险许可证，取消保险费缓付期限，修改保险合同款式等，以期强制保险业务与法令完全吻合。强制保险的实施使在车祸中死亡或受到伤害的第三方可以得到一笔数额不定的赔偿金。

③ 1945 年，英国成立了汽车保险局。汽车保险局依协议运作，其基金由各保险人按年度汽车保费收入的比例分担。当肇事者没有依法投保强制汽车责任保险或保单失效，受害者无法获得赔偿时，由汽车保险局承担保险责任，该局支付赔偿后，可依法向肇事者追偿。

英国现在是世界保险业第三大国，仅次于美国和日本。据英国承保人协会统计，1998 年在普通保险业务中，汽车保险业务首次超过了财产保险业务，保险费达到了 81 亿英镑，汽车保险费占每个家庭支出的 9%，足见其重要地位。

2. 汽车保险的发展成熟

（1）汽车保险的发展成熟地——美国

美国被称为是“轮子上的国家”，汽车已经成为人们生活的必需品。与此相随，美国汽车保险发展迅速，在短短的近百年的时间内，汽车保险业务量已居世界第一。2000 年美国汽车保险保费总量为 1360 亿美元，车险保费收入占财险保费收入的 45.12%。其中，机动车辆责任保险保费收入为 820 亿美元，占 60.3%，机动车辆财产损失保险保费收入为 540 亿美元，占 39.7%。机动车辆保险的综合赔付率为 105.4%，其中，净赔付率为 79.3%，费用率为 26.1%。美国车险市场准入和市场退出都相对自由，激烈的市场竞争，较为完善的法律法规，使美国成为世界上最发达的车险市场。

（2）美国汽车保险发展的四个阶段

① 汽车保险问世。美国最早开始承保汽车第三者责任险是在 1898 年，由美国旅行者保险公司签发了第一份汽车人身伤害责任保险。1899 年汽车碰撞损失险保单问世，1902 年开办汽车车身保险业务。

② 通过《赔偿能力担保法》和《强制汽车保险法》建立了未保险判决基金。1919 年，马萨诸塞州率先立法规定汽车所有人必须于汽车注册登记时，提出保险单或以债券作为车辆发生意外事故时赔偿能力的担保，该法案被称为《赔偿能力担保法》。该法实施的目的在于要求汽车驾驶人对未来发生事故产生的民事赔偿履行赔偿义务，但车祸受害者求偿仍然困难重重。为了改进这一做法，1925 年，马萨诸塞州通过了汽车强制保险法，并于 1927 年正式生效，成为美国第一个颁布汽车强制保险法的州。该法律要求本州所有的车主都应持有汽车责

任保险单或拥有付款保证书。一旦发生交通事故，可以保证受害者及时得到经济补偿，并以此作为汽车注册的先决条件。以后，美国的其他州也相继通过了这一法令。

③ 保险公司推出未保险驾驶人保险。由于未保险判决基金由州政府管理，因此被各保险公司指责为政府过多的干预保险业。为了阻止政府的这一行为，许多保险公司开始采取措施进行自发的抵制。保险公司推出了未保险驾驶人保险，提供给被保险人在汽车意外事故中遭受身体伤害，而驾车人是事故责任人，但是驾车人可能：一是没有购买汽车保险；二是虽有汽车保险，但是其责任限额低于该州要求的最低限额；三是肇事后逃跑；四是虽有汽车保险，但其保险公司由于某种原因拒赔或破产。目前，美国大多数州保险监管部门已要求销售汽车保险的保险公司提供未保险驾驶人保险。

④ 无过失汽车保险。美国的《赔偿能力担保法》、《强制汽车保险》、未得到赔偿的判决基金和未保险驾车人保险虽然减少了在汽车事故中未得到经济补偿或不能得到充分经济补偿的受害者，但仍然无法解决如下一些问题：一是受害人的索赔过程既费时又费力，常常需要很长时间的调查取证，而且最终也很难确保这些证据能证明对方驾驶人确有过失；二是律师的费用和其他审查费用均来自于最后受害人补偿到的赔偿金，因此受害人即使获赔，得到的赔偿金也已大打折扣；三是虽然轻微受伤者得到的赔偿一般还能弥补其经济损失，但严重的受害人得到的补偿却平均不到其经济损失的30%，甚至许多最终根本得不到赔偿。因此，一些汽车保险制度的改革者们在20世纪70年代提出了将无过失责任的法律制度推及到汽车保险中。

所谓无过失责任法律制度，指无论当事人有无过失，都要承担一定的法律后果。一个“纯”无过失汽车保险将完全取消受害人起诉肇事者的权利，而且将提供一系列的综合保险给予受害人全面的经济损失赔偿。当然，这种“纯”无过失保险并不存在，各州的无过失汽车保险仅部分地限制受害人起诉肇事者的权利。一旦人身伤害损失超过了某个界限，被保险人仍可通过起诉的方式要求对方赔偿。通过无过失汽车保险，汽车事故的受害人获赔更迅速、更方便。

（3）美国车险科学的费率厘定和多元化的销售方式

① 美国形成了一套复杂但又相当科学的费率计算方法。经过多年的发展，美国形成了一套复杂但又相当科学的费率计算方法，这套方法代表了国际车险市场上的最高水平。尽管美国各州车险费率的计算方法有差异，但是有一个共同点，就是绝大多数的州都采用161级计划作为确定车险费率的基础。在161级计划下决定车险费率水平高低的因素有两个：主要因素和次要因素。主要因素包括被保险人的年龄、性别、婚姻状况及机动车辆的使用状况。次要因素包括机动车的型号、车况、最高车速、使用地区、数量及被保险人驾驶记录等。这两个因素加在一起决定被保险人所承担的费率水平。

② 美国形成了多元化的销售方式。除了传统的汽车销售商代理保险方式以外，直销方式在美国已很普遍。现在美国主要有以下三种直销方式。

第一，利用互联网发展车险市场的B2C模式。美国车险业务约有30%都是通过这种网络直销方式取得的。绕过了车行代理这一鸿沟，交易费用减少了，保险费率自然就下来了，同时这也促进了保险公司的业务扩张。

第二，利用电话预约投保的直销模式。这种模式的优点在于成本较低，不需要大量的投入去构建网络平台。

第三，由保险公司向客户直销保险。保险公司的业务人员可以直接到车市或以其他的方式，把车险产品直接送到客户的面前。这种方式的优点是省去客户的很多时间，业务人员能够面对面地解答客户对于车险产品提出的问题，挖掘市场潜力。

3．其他发达国家和地区的汽车保险市场的发展现状

（1）德国：投保人承担部分损失

与中国相似，车险业务也是德国非寿险业务的核心。2002 年，德国车险保费收入 219.7 亿欧元，占整个非寿险保费收入的 42.7%。德国保险市场开放度较高，有 120 多家经营非寿险的保险公司，竞争非常激烈。特别是车险方面，市场集中度很低，接近完全竞争状态。车险市场份额最大的安联集团，2002 年其保费收入仅占整个车险市场的 17.8%。车险排名前 10 名的公司市场份额之和也只为 63.6%，其中有两家还是外国公司（苏黎世保险集团和安盛保险集团）。

德国车险营销渠道主要靠代理机构。代理机构又可分为只为一家公司代理（A）和同时为多家公司代理（B）两类。其中，通过 A 类机构销售的保单占整个保单总量的 74.4%，通过 B 类机构销售的保单占 13.0%。A 类机构销售的保单比重较大与德国车险经营的传统有关。在德国，如果投保人和保险人无异议的话，车险保单到期后可自动续保。由于德国车辆出险率很低，因此 A 类机构的客源比较稳定，与保险公司合作基础非常牢固。

德国的保险公司在理赔时实行“责任处罚”原则，即每次理赔不论赔偿额多少，投保人自己都必须承担 325 欧元。这种做法的目的是提醒投保人要尽量避免事故。德国的汽车保险费还实行奖优罚劣政策。如果一年不出需要保险公司理赔的事故，第二年这辆汽车的保险费就会调低 1 个档位；然而，一旦出了事故并由保险公司进行赔偿，那么次年的保险费就会上调 3 个档位。而且保费的档位越高，档位之间的差额就越大。

（2）法国：汽车保险业的社会管理功能突出

法国车险市场是个较为成熟和规范的市场，竞争充分，产品丰富，市场细分度高，保险公司管理费用率约为 28%（最好的公司可以达到 22%）。法国有 146 家财产险公司和相互保险公司经营车辆保险。 2002 年法国车险保费收入 163 亿欧元，占财产险保费的 44%，相当于当年法国 GDP 的 1%。调查表明，在法国 100%的车辆购买了第三者责任险，58%的车辆购买了车损险，82%的车辆投保了盗抢和火灾险，87%的车辆投保了玻璃破碎险。就赔付额而言，2002 年全法国发生的 400 万起事故中，责任险赔款最高，占总赔款的 50.3%，车损险占 33.9%，其他险种占 16.8%。在责任险赔案中，涉及人伤的赔案占总赔案数的 10.5%，但赔款额却占总赔款的 59%。这主要是因为法国法律对涉及人身伤害的第三者责任赔款不设上限的缘故。

法国汽车保险业的经营区域和范围已经大大超越传统保险的内涵，汽车保险业的社会管理功能愈加突出。比如，保险公司为减少酒后驾车事故发生率，允许客户在因饮酒而不能驾车时，可在保险公司报销一次交通费用；在重大节假日，保险公司会适时在大的娱乐场所进行查验，并对因饮酒不能驾车的客户提供交通服务；有的保险公司内部设立汽车修理研究中心，为保户提供修车价格指导或为汽车修理厂提供技术培训等。

4．我国汽车保险的发展历程

（1）萌芽时期

我国汽车保险业务的发展经历了一个曲折的历程。汽车保险进入我国是在鸦片战争以后，但由于我国保险市场处于外国保险公司的垄断与控制之下，加之旧中国的工业不发达，我国

的汽车保险实质上处于萌芽状态，其作用与地位十分有限。

（2）试办时期

新中国成立以后的1950年，创建不久的中国人民保险公司就开办了汽车保险。但是，因宣传不够和认识的偏颇，不久就出现对此项保险的争议，有人认为汽车保险及第三者责任保险对于肇事者予以经济补偿，会导致交通事故的增加，对社会产生负面影响。于是，中国人民保险公司于1955年停止了汽车保险业务。直到20世纪70年代中期，为了满足各国驻华使领馆等外国人拥有的汽车保险的需要，开始办理以涉外业务为主的汽车保险业务。

（3）发展时期

我国保险业恢复之初的1980年，中国人民保险公司逐步全面恢复中断近25年之久的汽车保险业务，以适应国内企业和单位对于汽车保险的需要，适应公路交通运输业迅速发展、事故日益频繁的客观需要，但当时汽车保险仅占财产保险市场份额的2%。

随着改革开放形势的发展，社会经济和人民生活也发生了巨大的变化，机动车辆迅速普及和发展，机动车辆保险业务也随之得到了迅速发展。1983年将汽车保险改为机动车辆保险使其具有更广泛的适应性，在此后的近20年中，机动车辆保险在我国保险市场，尤其在财产保险市场中始终发挥着重要作用。到1988年，汽车保险的保费收入超过了20亿元，占财产保险份额的37.6%，第一次超过了企业财产险（35.99%）。从此以后，汽车保险一直是财产保险的第一大险种，并保持高增长率，我国的汽车保险业务进入了高速发展的时期。

与此同时，机动车辆保险条款、费率及管理也日趋完善，尤其是中国保监会的成立，进一步完善了机动车辆保险的条款，加大了对于费率、保险单证及保险人经营活动的监管力度，加速建设并完善了机动车辆保险中介市场，对全面规范市场，促进机动车辆保险业务的发展起到了积极的作用。

1.3.2 汽车保险的基本理论

1. 汽车保险的含义

汽车保险是以汽车本身及其相关经济利益为保险标的的一种不定值财产保险。这里的汽车是指经交通管理部门检验合格、核发有效行驶证和号牌的机动车，包括汽车、电车、电瓶车、摩托车、拖拉机、各种专用机械车、特种车。

从汽车保险的含义可知：汽车保险的保险对象为汽车本身及其相关经济责任，所以汽车保险既属于财产保险又属于责任保险。

在财产保险领域中，汽车保险属于一个相对年轻的险种，这是由于汽车保险是伴随着汽车的出现和普及而产生和发展的。随着汽车保险业蓬勃发展，其保险标的除了最初的汽车以外，已经扩展到所有的机动车辆。世界上许多国家仍沿用汽车保险的名称，而我国已经明确定义为机动车辆保险，汽车保险只是机动车辆保险的一部分。机动车辆保险为不定值保险。

2. 汽车保险的要素

汽车保险的要素和保险的要素基本相同，也包括五大要素，分别为：① 车祸风险的存在；② 大量同质车祸风险的分散与集合；③ 汽车保险费率的厘定；④ 汽车保险基金的建立；⑤ 汽车保险合同的订立。

3. 汽车保险的特征

汽车保险是一种财产保险，与其他险种相比，特征可以概括为以下几点。

（1）保险标的出险率较高

汽车是陆地的主要交通工具，由于其经常处于运动状态，总是载着人或货物不断地从一个地方开往另一个地方，很容易发生碰撞及其意外事故，造成人身伤亡或财产损失。由于车辆数量的迅速增加，一些国家交通设施及管理水平跟不上车辆的发展速度，再加上驾驶人的疏忽、过失等人为原因，交通事故发生频繁，汽车出险率较高。

（2）业务量大，投保率高

由于汽车出险率较高，汽车的所有者需要以保险方式转嫁风险。保险人为适应投保人转嫁风险的不同需要，为被保险人提供了更全面的保障，使得汽车保险成为财产保险中业务量较大、投保率较高的一个险种。

（3）扩大保险利益

针对汽车的所有者与使用者不同的特点，汽车保险条款一般规定：不仅被保险人本人使用车辆时发生保险事故保险人要承担赔偿责任，而且凡是被保险人允许的驾驶人使用车辆时，也视为其对保险标的具有保险利益，如果发生保险责任事故，保险人同样要承担事故造成的损失。此规定是为了对被保险人提供更充分的保障，并非违背保险利益原则。但如果在保险合同有效期内，被保险人将保险车辆转卖、转让、赠送他人，被保险人应当书面通知保险人并申请办理批改。否则，保险事故发生时，保险人对被保险人不承担赔偿责任。

4. 汽车保险的功能

汽车保险是保险大家族的一个分支，保险的功能也完全体现了汽车保险的功能，即具有经济补偿、资金融通和社会管理三大功能。这三大功能是一个有机联系的整体。经济补偿功能是基本的功能，资金融通功能是在经济补偿功能的基础上发展起来的，社会管理功能是汽车保险在经济补偿功能和资金融通功能实现以后体现发挥的功能。

5. 汽车保险的作用

我国的汽车保险自 1980 年国内保险业务恢复以来，汽车保险业务已经取得了长足的进步，尤其是伴随着汽车进入百姓的日常生活，汽车保险正逐步成为与人们生活密切相关的经济活动，其重要性和社会性也正逐步突现，作用越加明显。

（1）促进汽车工业的发展，扩大对汽车的需求

从目前经济发展情况看，汽车工业已成为中国经济健康、稳定发展的重要动力之一，汽车产业政策在国家产业政策中的地位越来越重要，汽车产业政策要产生社会效益和经济效益，要成为中国经济发展的原动力，离不开汽车保险与之配套服务。汽车保险业务自身的发展对于汽车工业的发展起到了有力的推动作用，汽车保险的出现，解除了企业与个人对使用汽车过程中可能出现的风险的担心，一定程度上提高了消费者购买汽车的欲望，扩大了普通百姓对汽车的需求。

（2）稳定社会公共秩序

随着中国经济的发展和人民生活水平的提高，汽车作为重要的生产运输和代步工具，成

为社会经济及人民生活中不可缺少的一部分，其作用越来越重要。汽车作为一种保险标的，虽然单位保险金不是很高，但数量多而且分散，车辆所有者既有党政部门，也有工商企业和个人。车辆所有者为了转嫁使用汽车带来的风险，愿意支付一定的保险费投保。在汽车出险后，从保险公司获得经济补偿。由此可以看出，开展汽车保险既有利于社会稳定，又有利于保障保险合同当事人的合法权益。

（3）促进汽车安全性能的提高

在汽车保险业务中，保险公司的经营管理与汽车维修行业及其价格水平密切相关，原因是在汽车保险的经营成本中，事故车辆的维修费用是其中重要的组成部分，同时车辆的维修质量在一定程度上体现了汽车保险产品的质量。保险公司出于有效控制经营成本和风险的需要，除了加强自身的经营业务管理外，必然会加大事故车辆修复工作的管理，一定程度上提高了汽车维修质量管理的水平。同时，汽车保险的保险人从自身和社会效益的角度出发，联合汽车生产厂家、汽车维修企业开展汽车事故原因的统计分析，研究汽车安全设计新技术，并为此投入大量的人力和财力，从而促进了汽车安全性能的提高。

（4）汽车保险业务在财产保险中占有重要的地位

目前，大多数发达国家的汽车保险业务在整个财产保险业务中占有十分重要的地位。美国汽车保险保费收入，占财产保险总保费的45%左右，占全部保费的20%左右。亚洲地区的日本和我国台湾汽车保险的保费占整个财产保险总保费的比例更是高达58%左右。

从我国目前车险的发展情况来看，随着积极的财政政策的实施，道路交通建设的投入越来越多，汽车保有量逐年递增。在过去的20年，汽车保险业务保费收入每年都以较快的速度增长。在国内各保险公司中，汽车保险业务保费收入占其财产保险业务总保费收入的50%以上，部分公司的汽车保险业务保费收入占其财产保险业务总保费收入的60%以上。汽车保险业务已经成为财产保险公司的“吃饭险种”。其经营的盈亏，直接关系到整个财产保险行业的经济效益。可以说，汽车保险业务的效益已成为财产保险公司效益的“晴雨表”。

改革开放以来，随着我国保险业不断发展壮大，保险在经济社会中发挥的功能和作用越来越突出，尤其是汽车保险在30多年间更是得到了迅速发展，为社会经济发展和人民生活稳定提供了重要保障。

1988年，汽车保险的保费收入超过20亿元，占财产保险份额的37.6%，首次超过了企业财产险，成为财产保险的第一大险种。此后，汽车保险一直保持高增长率。2010年车险保费增长超过40%，总保费量达3060亿元，而同期赔付率则降至46%；2011年1～11月，车险全行业实现保费收入3142亿元，同比增长16.35%。

进入21世纪以来，中国汽车工业增长迅猛，已成为世界汽车产销大国。中国汽车以平均每年40%的速度实现高速增长，销量增长63倍（其中轿车销量增长1849倍）。2011年，我国汽车市场产销量月月超过120万辆，平均每月产销突破150万辆，全年汽车销售超过1850万辆，再次刷新全球历史纪录。作为汽车保险产业链的源头，我国汽车工业的蓬勃发展预示着汽车保险和汽车保险产业链相关主体都将获得更加广阔的发展空间。随着我国私家车的数量越来越多，汽车逐渐成为城市居民家庭财产的主要部分，如何更好地保护自己的财产已经成为各个家庭的主要任务，中国将是世界上最大、最有潜力的汽车保险市场。

车险业正在探索建立与汽车产业链中各主体利益共享、协同发展的长效机制，实现以汽车保险为纽带的“产业链”效应。 随着我国经济体制改革的不断深化和社会主义市场经济体系的建立与发展，中国保险业迎来了前所未有的发展机遇与市场挑战。纵观中国汽车保险市场现状虽然前景美好，但也存在着诸多的问题。特别是，按照入世协议我国将逐步开放保险市场，中国汽车保险业将面临严峻的挑战，如何应对这一挑战，成为我国汽车保险业不容忽视的问题。

思考题

1. 什么是风险？风险有哪些基本特征？
2. 什么是风险管理？风险管理的基本方法有哪些？
3. 什么是可保风险？可保风险应具备哪些条件？
4. 简述风险的构成要素及其相互之间的关系。
5. 简述风险管理与保险的关系。
6. 简述我国汽车保险的发展历程及目前汽车保险市场的营销模式。
7. 简述我国汽车保险的作用。
8. 简述我国汽车保险业务的分类及汽车保险产品。

第 2 章　汽车保险原则

学习目标

- 理解掌握保险与防灾减损相结合原则的含义、内容及其在汽车保险实务中的应用。
- 理解掌握最大诚信原则的含义、内容及违反该原则的表现形式与法律后果。
- 理解掌握保险利益的含义及种类；理解掌握保险利益原则的含义、构成条件及对保险经营的意义。
- 理解掌握近因的含义及近因的认定；理解掌握近因原则的含义及对保险经营的意义。
- 理解掌握损失补偿原则的含义、影响因素及派生原则的含义与意义。
- 能够向客户解释和说明保险原则；能够在承保、理赔实务中熟练应用保险原则。

导入案例

机动车辆骗保猖獗

近年来，我国机动车辆产销量跃居全球首位，随着机动车辆保有量的增加，交通事故发生率逐年提高。根据我国公安部的统计数据显示，从 2001 年至 2010 年这 10 年里，我国已经有近 90 万人死于各类道路交通事故，平均每 7 分钟就有一个人命丧车轮，即每天有 200 多人因此而生死两别，面对如此之高的车祸事故发生率，汽车保险发挥了十分积极的作用和影响，但同时也伴随着比较严重的保险欺诈，车险市场骗保猖獗。

车险市场的现状是各保险公司业务人员素质较低，查勘队伍人才紧缺，法律规范缺失，加之道德舆论对骗保对象缺乏行之有效的约束力，致使一部分别有用心的人，乘机以不法手段进行骗保。据保守估计，约有 25%的赔款属于骗保欺诈，有人甚至为了现场逼真头破血流，骗保行为猖獗程度令人触目惊心。

保险骗赔不仅违背了保险经营的公平诚信原则，甚至威胁到保险事业的生存与发展，严重影响了国家经济、金融秩序。当然减少或者杜绝保险骗赔也是保险公司经营的内在要求，保证保险市场的良性发展，维护消费者根本利益的有力举措。

要防范骗赔案件的发生，保险公司必须强化承保、理赔机制，完善理赔管理环节。加大对保险行为准则的宣传力度，为投保人和被保险人树立正确的参保观念。我国在利用保险手段进行交通风险管理方面进行了大量有益的探索，并取得了突破性进展。比如，通过国家立法形式将保险行业的行为准则广泛普及；推行的交强险制度与国家救济金制度一起构成了一个较为完整的保障体系等。

在本章的学习中，我们将了解我国汽车保险的基本原则，主要包括保险与防灾减损相结合原则、最大诚信原则、保险利益原则、近因原则、损失补偿原则及损失补偿原则的派生原则。汽车保险的原则是在保险发展的过程中逐渐形成并被人们公认的基本原则。这些原则作为人们进行汽车保险活动的准则，始终贯穿于保险业务的全过程。坚持这些基本原则有利于维护汽车保险双方的合法权益，更好地发挥保险的职能和作用，有利于保障人们的生活安定、社会进步。所以汽车保险的基本原则集中体现了《保险法》的本质与精神，既是保险立法的依据，又是汽车保险活动中必须遵循的行动指南。

2.1 保险与防灾减损相结合的原则

保险从根本上说，是一种风险管理制度，目的是通过风险管理来防止或减少风险事故发生的机会，把风险事故造成的损失缩小到最低程度，由此产生了保险与防灾减损相结合的原则。

2.1.1 保险与防灾相结合的原则

保险与防灾相结合的原则主要适用于保险事故发生前的事先预防。根据这一原则，保险人应对承保的风险责任进行管理，其具体内容包括：调查和分析保险标的的风险情况，据此向投保方提出合理建议，促使投保人采取防范措施，并进行监督检查；向投保人提供必要的技术支持，共同完善防范措施和设备；对不同的投保人采取差别费率制，以促使其加强对风险事故的管理，即对事故少、信誉好的投保人给予降低保费的优惠，反之，则提高保费等。

遵循这一原则，投保人应遵守国家有关消防、安全、生产操作、劳动保护等方面的规定，主动维护保险标的的安全，履行所有人、管理人应尽的义务；同时，按照保险合同的规定，履行风险增加通知义务。

2.1.2 保险与减损相结合的原则

保险与减损相结合的原则主要适用于保险事故发生后的事后减损。根据这一原则，如果发生保险事故，投保人应尽最大努力积极抢险，避免事故蔓延、损失扩大，并保护出险现场，及时向保险人报案，而保险人则通过承担施救及其他合理费用来履行义务。

2.1.3 保险与防灾减损相结合原则在汽车保险实务中的应用

在汽车保险实务中，保险公司所制定的无赔款优待正是保险与防灾相结合原则的具体体现，对于续保的被保险人，如果上一年没有发生交通事故或没有因交通事故得到保险公司的理赔，那么在下一年即可享受续保险种一定比例的减免优惠，此项规定的实施，调动了广大车主积极防范车险事故的积极性。

在机动车辆保险条款中对于被保险人的义务，要求其遵守国家有关消防、安全、生产操作、劳动保护等方面的规定，主动维护保险标的的安全，履行所有人、管理人应尽的义务，这也是保险与防灾相结合的原则的具体体现。根据保险条例的规定，当车辆发生事故之后，参加汽车保险的车主有义务积极采取合理必要的施救措施，避免事故蔓延、损失扩大，保险公司承担所产生的合理施救费用。这正是保险与减损相结合的原则的具体体现。

2.2 最大诚信原则

诚实信用原则是我国民法的一项基本原则。保险合同行为作为一项民事行为，合同双方应受该原则拘束。而且，由于保险经营和保险合同的特殊性，合同双方还必须具有超出一般合同的诚信度，即“最大诚信”。这体现在法律原则上即为最大诚信原则。

2.2.1　最大诚信原则的含义

诚实信用原则本质上是一种上升为法律规范的市场交易道德；是任何一方当事人对他方不得隐瞒欺诈，而应当善意地、全面地履行各自的义务，在不损害他人利益和社会利益的前提下追求自己的利益；其宗旨和作用在于实现当事人之间及当事人与社会之间利益关系的平衡。最大诚信原则指保险合同当事人应真诚地向对方充分而准确地告知有关保险的所有重要事项，不允许存在任何虚伪、欺骗、隐瞒等行为，而且从保险合同订立到合同履行的整个过程都要求当事人具有“最大诚信”。否则，受到损害的一方，按照民事立法原则，可以以此为由宣布合同无效，或者解除合同，或者不履行合同约定的义务与责任，甚至对因此受到的损害还可以要求对方予以赔偿。

最大诚信原则的确立最大诚信原则运用于保险合同中，可追溯到海上保险的初起时代。当时通讯工具落后，承保人往往远离保险标的，仅凭投保人提供的资料，决定是否承保及如何承保，所以特别要求投保人诚实可靠。英国１９０６年的《海上保险法》率先对最大诚信原则加以规定，后来各国保险立法相继对其做出规定，该原则的适用范围也逐步从海上扩展到所有保险。我国《保险法》第四条也对 该原则做出了明确规定规定：“从事保险活动必须遵守法律、行政法规，遵循自愿和诚实信用的原则。”

2.2.2　最大诚信原则的内容

最大诚信原则的内容主要通过保险合同双方的诚信义务来体现，具体包括投保人或被保险人履行如实告知义务和保证义务，保险人履行说明义务及弃权和禁止反言的行为约束规定。

1. 履行如实告知义务

最大诚信原则要求投保人如实地履行告知义务。对于数量繁多的保险业务，保险人不可能一一去了解保险标的的各种情况，因此，投保人在订立保险合同过程中，应当将足以影响保险人决定是否承保、足以影响保险人确定保险费率或增加特别条款的实质性重要事项，向保险人如实地口头或书面告知。

告知形式有无限告知和询问回答告知两种。

① 无限告知，指法律或保险人对告知的内容没有明确性的规定，投保人应将保险标的的危险状况及有关重要事实如实告知保险人。这种告知要求非常苛刻，它只强调告知义务的严格履行，却完全不考虑投保人或被保险人的主观动机和客观情况，即使是善意的、非故意的不告知也视为违反告知义务，保险人在法律上可以主张保险合同无效，至今英国海上保险仍然遵循这种严格遵守的原则。

② 询问回答告知，指投保人只对保险人所询问的问题必须如实回答，而对询问以外的问题投保人可无须告知。在我国，保险立法要求投保人采取询问回答的形式履行其告知义务。比如，我国在汽车保险实务中一般以投保单为限，即投保单中询问的内容投保人必须如实填写，告知的内容通常包括车辆情况、使用情况、驾驶员情况等，除此之外，投保人不必告知。

实践中，有以下几个问题值得注意：

① 告知义务主体。我国《保险法》只是规定投保人有如实告知的义务，未就被保险人是否告知义务主体做出明确规定。这对于投保人和被保险人高度统一的财产保险来说可能不存

在问题，但在人身保险实务中就有发生争议的可能。在一些实例中，投保人和被保险人不是同一人，且被保险人对保险标的之危险事项有比保险人更为透彻的了解，特别是有关被保险人个人或者隐秘事项，投保人难以知晓。若被保险人不负如实告知义务，对保险人估计危险难免会有妨碍，对保险人不公平，所以建议法律对被保险人的主体地位加以明确。

② 告知的内容。对此，《保险法》规定的是“足以影响保险人决定是否承保或者提高保险费率”的事项。这一规定过分抽象，当事人往往会有不同解释，在实务中需要对此标准加以明确。对于重要事实的判断可以引入一条较为客观的标准———合理的保险人标准，即在该种情况下大多数保险人会如何运作，是接受承保，还是拒绝承保以及何种费率。这样既有利于投保人明确告知义务，也有利于防止法官片面做出有利于投保人的解释而对保险人不利。在保险实践中，告知事项一般有：有关投保人和被保险人的详细情况；有关标的的详细情况；危险因素或危险增加的情况；损失期望值高出一般的情况；以往损失赔付情况；以往遭到其他保险人拒绝承保的事实等。而以下事项则无须告知：人人皆知的常识；危险减少的情况；保险单条款中已包括的情况。法律可以对告知内容做示范性列举，以增强可操作性，减少争议。

2. 履行保证义务

一般意义上的保证为允诺、担保。这里的保证是指保险人和投保人在保险合同中约定，投保人或被保险人在保险期限内保证对某种特定事项的作为或不作为的某些规则，或保证某些事项的真实性。可见，保险合同保证义务的履行主体是投保人或被保险人。

保证是保险人接受承保或承担保险责任所需投保人或被保险人履行某种义务的条件。由于保险合同的生效是以某种促使风险增加的事实不能存在为先决条件的，保险人所收取的保险费也是以被保险风险不能增加为前提的，或不能存在其他风险标的为前提的，如果被保险人未经保险人同意而进行风险较大的活动，必然会影响保险双方事先确定的等价地位。比如，某商店在投保企业财产险时，在合同内承诺不在店内放置危险品，此项承诺即保证。如果没有此项保证，则保险人将不接受承保，或将调整保单所适用的费率。又如，配备 ABS 系统（防抱死刹车系统）的汽车发生保险事故的概率有所降低，从而享受较优惠的费率，因此被保险人应该保证在保险期内 ABS 系统处于良好状态，否则就违反了保证义务。因此，保证是影响保险合同效力的重要因素，保险保证的内容是合同的组成部分。保证通常分为明示保证和默示保证两种。

① 明示保证，是在保险单中载明的保证。明示保证作为一种保证条款，必须写入保险合同或写入与保险合同一起的其他文件内，如批单等。明示保证通常用文字来表示，以文字的规定为依据。明示保证又可分为确认保证和承诺保证。确认保证事项涉及过去与现在，是投保人或被保险人对过去或现在某特定事实存在或不存在的保证。比如，某人确认他从未得过重病，意指他在此事项认定以前与认定时他从未得过重病，但并不涉及今后他是否会患重病。承诺保证是指投保人对将来某特定事项的作为或不作为，其保证事项涉及现在与将来，但不包括过去。比如，机动车辆保险条款中列明：“被保险人及驾驶员应当做好保险车辆的维护、保养工作，保险车辆装载必须符合规定，使其保持安全行驶技术状态。”这就是承诺保证，意为他保证从现在开始按照所列保险条款执行，但在此之前他是否按照所列保险条款执行则不予追究。

② 默示保证，则指一些重要保证并未在保单中载明，但却为双方在订约时都清楚的保证。与明示保证不同，默示保证不通过文字来说明，而是根据有关的法律、惯例及行业习惯来决

定。虽然没有文字规定，但是被保险人应按照习惯保证作为或不作为。默示保证实际上是法庭判例影响的结果，也是某行业习惯的合法化。因此，默示保证与明示保证具有同等的法律效力，对被保险人具有同等的约束力。例如，在海上保险合同中通常有三项默示保证，即：船舶的适航保证、不改变航道的保证和航行合法的保证。

3．履行说明义务

最大诚信原则要求保险人认真地履行说明义务。保险人应当就保险合同利害关系条款，特别是免除责任条款向投保人明确说明。保险人的说明义务是由保险合同的性质决定的。

① 保证保险合同的公平性。保险合同为附和性合同，其内容由保险人单方拟定，投保人或被保险人几乎没有参与的机会，只能对保险条款表示同意与不同意，而无修改的权力，投保人在订立保险合同时处于弱势地位。

② 保证保险合同的合法性。保险条款集专业性、技术性及科学性为一体，未经专门研习，也难以理解。

③ 保证保险合同的合意性。合同既然是双方当事人意思表示一致的结果，如果一方不明白合同内容就做出承诺，应视为合同当事人意思未达成一致，未达成合意的条款不能产生法律效力；如果构成重大误解或显失公平，当事人可以请求撤销合同。

所以在订立保险合同时，保险人应就保险合同的内容向投保人进行明确说明和必要的解释。如果保险人在订立保险合同时，没有就一些重要事项条款进行明确说明和明确列明，保险人应承担一定的法律后果。

我国《保险法》第十七条规定：“订立保险合同，采用保险人提供的格式条款的，保险人向投保人提供的投保单应当附格式条款，保险人应当向投保人说明合同的内容。对保险合同中免除保险人责任的条款，保险人在订立合同时应当在投保单、保险单或其他保险凭证上做出足以引起投保人注意的提示，并对该条款的内容以书面或口头形式向投保人做出明确说明；未作提示或明确说明的，该条款不产生效力。”

在国际保险市场上，一般只要求保险人做到明确列明保险合同的主要内容。我国则对保险人履行说明义务采用明确列明与明确说明相结合的方式，要求保险人对保险合同的主要条款尤其是责任免责条款不仅要明确列明，还要明确说明。

4．弃权与禁止反言

弃权与禁止反言是最大诚信原则对保险人的一种行为限制要求。

① 弃权，指保险人放弃法律或他在保险合同中规定的某种权利，通常指保险人拒绝承保的权利、放弃合同解除权等。构成弃权必须具备两个要件：首先，保险人须有弃权的意思表示，这种意思表示可以是明示的，也可是默示的；其次，保险人必须知道有权利存在。

② 禁止反言也称“禁止抗辩”，是保险合同一方既然已放弃他在合同中的某种权利，将来不得再向他方主张这种权利。事实上，无论是保险人还是投保人，如果弃权，将来均不得重新主张，但在保险实践中，主要用于约束保险人。

弃权与禁止反言常因保险代理人的原因产生。保险代理人出于增加保费收入以获得更多佣金的需要，可能不会认真审核标的的情况，而以保险人的名义对投保人做出承诺并收取保险费。一旦保险合同生效，即使发现投保人违背了保险条款，也不得解除合同。因为保险代理人放弃了本可以拒保或附加条件承保的权利。从保险代理关系看，保险代理人是以保险人的名义从事保险活动的，其在授权范围内的行为所产生的一切后果应由保险人来承担。所以，保险代理人的弃权行为即视为保险人的弃权行为，保险人不得为此拒绝承担责任。

弃权与禁止反言的限定，不仅可以约束保险人的行为，要求保险人为其行为及其代理人的行为负责，同时也维护了被保险人的权益，有利于保险双方权利、义务关系的平衡。

2.2.3 违反最大诚信原则的表现形式

在保险经营活动中，投保人或被保险人违反告知义务情况有：告知不实，即误告；不予告知，即漏报；有意不报，即隐瞒；虚假告知，即欺骗等。保险人未尽说明义务的情况主要有未对责任免除条款予以明确说明；隐瞒与保险合同有关的重要情况，欺骗投保人，或者拒不履行保险赔付义务；阻碍投保人履行如实告知义务，或者诱导其不履行如实告知义务，等等。

2.2.4 违反最大诚信原则的法律后果

1. 投保人违反告知义务的法律后果

《保险法》第十七条针对故意和过失，规定了不同的法律后果。投保人故意隐瞒事实，不如实履行告知义务，保险人有权解除合同，对解除前发生的保险事故不承担赔偿或给付保险金的责任，且不退还保费；投保人因过失未履行如实告知义务的，足以影响保险人决定是否同意承保或提高保险费率的，保险人有权解除，投保人因过失未履行如实告知义务，对保险事故发生有严重影响的，保险人对解除前发生的保险事故不承担赔偿或给付保险金的责任，但可以退还保险费。从上述规定中可以看出，《保险法》对投保人在故意和过失两种心态下违反如实告知义务的法律后果作了不同规定。因此，确认投保人违反义务的主观心态对确定其所应承当的法律后果非常重要。在实务中，这常成为引发纠纷的原因之一。解决此问题的关键在于举证责任的合理配置。针对投保人违反如实告知义务的行为不宜采用“谁主张谁举证”的原则，而应将举证责任倒置，即推定违约投保人的主观心态为故意，除非其能举反证推翻。因为保险合同是最大诚信合同，保险人是基于对投保人告知内容的信赖与之订立合同的，没有理由让其对投保人的主观心态负担额外的注意义务（事实上，投保人的主观心态也只有自己最清楚，他人往往不可能知晓）。相反，违约的投保人为了减轻或免除自己的责任，理应承担举证责任。

（1）投保人故意或因过失不履行告知义务，保险人有权解除保险合同。

我国《保险法》第十七条第二款规定：“投保人故意隐瞒事实，不履行如实告知义务的，或者因过失未履行如实告知义务的，足以影响保险人决定是否同意承保或者提高保险费率的，保险人有权解除保险合同。”投保人违反告知义务由如下两个要件构成：一是投保人主观上存在故意或过失；二是未告知的事项足以影响保险人决定是否同意承保或调整保险费率。两个要件必须同时满足，才能判定投保人是否违反了告知义务。

（2）投保人故意不履行告知义务，保险人除了有权解除保险合同外，同时对于保险合同解除前发生的保险事故，不承担赔偿或给付保险金的责任，且不退还保险费。

投保人因过失不履行告知义务，对保险事故的发生有严重影响的，保险人对于保险合同解除前发生的保险事故，不承担赔偿或给付保险金的责任，但可以退还保险费。

（3）未就保险标的危险程度增加的情况通知保险人。

在财产保险中，被保险人未按保险合同约定，将财产保险的保险标的危险增加的情况及时通知保险人，对因保险标的危险程度增加而发生的保险事故，保险人不承担赔偿责任。

2．投保人违反保证义务的法律后果

投保人或被保险人任何不遵守保证条款或保证约定、不信守合同约定的承诺或担保的行为，均属于违反保证义务。保险合同涉及的所有保证内容都是重要的，无须判定其重要性，投保人与被保险人都必须严格遵守无误。如有所违背与破坏，其后果一般有两种情况：一是保险人不承担赔偿或给付保险金的责任；二是保险人解除保险合同。

与告知不同，保证是对某特定事项的作为与不作为的保证，不是对整个保险合同的保证，因此，在某种情况下，违反保证条件只部分地损害了保险人的利益，保险人只应就违反保证部分解除保险责任，拒绝承担履行赔偿义务。比如，保险合同中订有要求被保险人外出时必须将门窗关闭和锁闭的保证条款，某被保险人违反了该项保证条款致使保险事故发生。对此，保险人应仅就此次违反的保证事项而拒绝赔偿被保险人的损失，但不能就此解除保险合同。被保险人破坏保证而使合同无效时，保险人无须退还保费。

3．保险人未尽说明告知义务的法律后果

（1）未尽责任免除条款明确说明义务

如果保险人在订立合同时未履行责任免除条款的明确说明义务，则该责任免除条款无效。我国《保险法》第十七条规定："订立保险合同，采用保险人提供的格式条款的，保险人向投保人提供的投保单应当附格式条款，保险人应当向投保人说明合同的内容。对保险合同中免除保险人责任的条款，保险人在订立合同时应当在投保单、保险单或者其他保险凭证上做出足以引起投保人注意的提示，并对该条款的内容以书面或者口头形式向投保人做出明确说明；未作提示或者明确说明的，该条款不产生效力。"

（2）隐瞒与保险合同有关的重要情况

我国《保险法》第一百一十六条规定："保险公司及其工作人员在保险业务活动中不得有下列行为：（一）欺骗投保人、被保险人或者受益人；（二）对投保人隐瞒与保险合同有关的重要情况；（三）阻碍投保人履行本法规定的如实告知义务，或者诱导其不履行本法规定的如实告知义务；（四）给予或者承诺给予投保人、被保险人、受益人保险合同约定以外的保险费回扣或者其他利益。"《保险法》第一百六十二条规定："保险公司有本法第一百一十六条规定行为之一的，由保险监督管理机构责令改正，处 5 万元以上 30 万元以下的罚款；情节严重的，限制其业务范围、责令停止接受新业务或者吊销业务许可证。"

2.2.5　最大诚信原则在汽车保险实务中的应用

在目前保险市场中，尤其在汽车保险业务中保险欺骗的现象日益严重，违背最大诚信原则、恶意违法行为很多。保险人应在经营汽车保险时，加强对汽车风险及理赔风险的全面认识，最大限度地限制和打击保险欺诈活动。同时投保人应自觉地认真遵守最大诚信原则，以免给自己带来不必要的损失。

2.3　保险利益原则

保险利益一词源于英文 insurable interest，为英国海商法学者首创。我国学者译为保险利益，也称"可保利益"或"可保权益"。

所谓保险利益，指投保人或被保险人对其所保标的具有法律所承认的权益或利害关系。即在保险事故发生时，可能遭受的损失或失去的利益。我国《保险法》第十二条规定：“保险利益是指投保人对保险标的具有法律上承认的经济利益。财产保险的被保险人在保险事故发生时，对保险标的应当具有保险利益。”

2.3.1 保险利益原则的含义

保险利益原则，指在签订和履行保险合同的过程中投保人对保险标的应当具有保险利益。投保人对保险标的不具有保险利益的，则保险合同无效。如果保险合同生效后，投保人对保险标的失去保险利益，也可能导致保险合同随之失效。

2.3.2 保险利益原则的构成条件

从法学的角度看，保险利益作为保险合同的效力要件，投保人或被保险人对保险标的不具有保险利益的，保险合同不具有法律效力，主要有以下两层具体含义。

① 只有对保险标的有保险利益的人才具有投保的资格。

② 是否具有保险利益是判断保险合同能否生效或有效的依据，这是保险利益原则的内涵，具体构成需满足以下 3 个要件。

a. 可保利益必须是合法利益（合法性）。在英国一般称为“被保险人与保险标的物之间的关系是法律所承认的。”保险利益作为投保人或被保险人享有的利益，必须是符合法律法规，符合社会公共利益，为法律认可并受到法律保护的利益，对不法利益，如以违反善良、风俗等所产生的利益，不论投保人是善意还是恶意，任何人对贪污、盗窃、诈骗等非法手段取得的财产，均无可保利益，因为这些利益是违反法律和公共利益的，虽然签订了合同，但合同一律无效。

b. 可保利益必须是有经济价值的利益（可计算性），这样才能使计算做到基本合理。如果损失不是经济上的利益，便无法计算，如所有权、债权、担保物权等，还有精神创伤、政治打击等，难以用货币衡量，因而不构成保险利益。

c. 可保利益必须是可以确定的和能够实现的利益（确定性）。“确定利益”指被保险人对保险标的的现有利益或因现有利益而产生之期待利益已经确定。所谓“能够实现”，指它是事实上的经济利益或客观的利益。保险利益可以是现有利益和直接利益，也可以是预期利益和间接利益，现有利益较容易确定，期待利益则往往引起争议。

2.3.3 保险利益原则对保险经营的意义

保险利益原则的确定是为了通过法律防止保险活动成为一些人获取不正当利益的手段，从而确保保险活动可以发挥分散风险减少损失的作用，因此保险利益原则的重要作用不可偏废。

① 保险利益是保险合同成立的要件。保险合同所承保的就是特定的可保利益。没有特定的可保利益，合同无从成立、生效。

② 遏制赌博行为的发生。保险与赌博行为都具有侥幸性，不同的根本之处就在于前者具有保险利益。如果主张保险合同的客体即为保险标的，允许投保人对保险标的不具有保险利益，则意味着投保人可随便以他人的财产或身体投保，一旦发生保险事故投保人就可获得相当于其所缴保费的千百倍的巨额赔款，这样，保险就失去补偿损失的意义而与赌博无异。人们像在赛马场上下赌注一样买保险，这会严重影响社会秩序和安定。

③ 防止道德风险的发生。道德风险是保险理论中的固有名词，这里所谓的道德风险是指投保人或被保险人为了索取保险人的赔款而违反道德，故意促使保险事故发生或在保险事故发生时放任损失的扩大。投保人若可不具有相应保险利益而订立保险合同，将很容易诱发道德风险的发生。比如，投保人以他人所有且与自己无任何利害关系的房屋投保，将诱发投保人为牟取保险赔款而故意损坏或唆使他人烧毁房屋的犯罪动机或行为。

④ 限定保险补偿的最高限额。保险利益是确定保险金额的基础，在发生保险事故、投保人或被保险人受到损失时，保险人的赔偿金额虽然以投保人申报的实际损失为依据，但补偿的限额不得超过合同确定的保险金额，即不能超过原有利益，这原有利益实际就是保险利益。签订保险合同时必须明确保险利益，使保险人的赔偿有一个客观标准，其目的在于令投保人或被保险人不能因保险事故的发生而得到额外的利益。

2.3.4　保险利益的应用

（1）财产保险利益

财产保险的保险标的是财产及其相关利益。财产保险利益，指投保人对保险标的具有法律认可的经济利益。在财产保险实务中，下列人员在法律上享有财产保险利益：所有权人对保险标的具有可保利益；无所有权，但有合法的占有、处分、使用和收益权的人；他物权人对依法享有他物权的财产，如承租人对承租的房屋等。

在机动车辆保险合同中，对机动车享有保险利益的人一般包括：机动车的所有人、驾驶人员、实际使用人、车辆管理人等。

财产保险的被保险人死亡的（除保险合同另有约定外），保险利益原则上因为继承而转移给继承人，保险合同应当为继承人的利益而继续存在。财产保险的被保险人将保险标的转让给第三人的，保险利益是否因之而转移，立法上各国并不完全相同。我国《保险法》第三十三条规定：保险标的的转让应当通知保险人，经保险人同意继续承保后，依法变更合同。

但是，货物运输保险合同和另有约定的合同除外。依上述规定，只有货物运输保险及合同另有约定的保险，保险利益随保险标的的转让而自动转移，其他财产保险的标的的转让，保险利益并不随之转移。

（2）人身保险利益

人身保险的保险标的是人的寿命和身体。人身保险利益，指投保人对被保险人寿命和身体所具有法律认可的经济利害关系。根据我国《保险法》第五十三条的规定，投保人对下列人员具有保险利益：本人；配偶、子女、父母之间；前两类人以外与投保人有抚养、赡养或扶养关系的家庭其他成员、近亲属。此外，被保险人同意投保人为其订立合同的，视为投保人对被保险人具有保险利益。

人身保险利益，并不直接体现为投保人对保险标的的利害关系，而体现为投保人和被保险人之间的人身依附关系或依赖关系。立法上关于人身的保险利益，总体上可以划分为利益原则、同意原则、利益和同意兼顾原则。中国采用最后一种原则。

2.3.5　保险利益原则在汽车保险实务中的运用

在汽车保险实务中，较为常见和突出的涉及可保利益的问题，是被保险人与车辆所有人不吻合的现象，即在车辆交易的过程中，转让的车辆改变了原有的使用性质或增加了车辆使用的危险因素。2009 年新修订的《保险法》规定，由于没有对保单下的被保险人进行及时的变更，导致其与行驶证的车辆所有人不吻合，一旦车辆发生损失，原车辆所有人由于转让了车辆，不具备对车辆的可保利益，而导致其名下的保单失效。而车辆新的所有人由于不是保险合同中的被保险人，当然没有索赔权。

2.4 近因原则

“近因”一词是由英文 Proximate Cause 翻译而来，根据《布莱克法学词典》的解释，近因，是从法律上看，足以产生责任的原因。保险损害的近因，指引起保险损害最有效的、起主导作用的或支配作用的原因，而不一定是指在时间上或空间上与保险损害最接近的原因。

近因原则最早产生于保险业发达的英国，早在英国 1906 年的《海上保险法》就规定：“保险人对所承保风险为近因的损失承担赔偿责任，对承保风险非近因所造成的损失概不负责。”我国《保险法》、《海商法》只是在相关条文中体现了近因原则的精神而无明文规定，我国司法实务界也注意到这一问题，在最高人民法院《关于审理保险纠纷案件若干问题的解释（征求意见稿）》第十九条规定：“（近因）人民法院对保险人提出的其赔偿责任限于以承保风险为近因造成损失的主张应当支持。近因是指造成承保损失起决定性、有效性的原因。”比如，船舶因遭受鱼雷的袭击而进水，使船舶沉没。若以时间上最接近沉船事故为理由而判定海水的进入为近因是不合理的。因此当损失的原因有两个以上，且各个原因之间的因果关系尚未中断的情况下，其最先发生并造成一连串损失的原因即为近因。

近因原则是保险当事人处理保险案件，或法庭审理有关保险赔偿的诉讼案，在调查事件发生的起因和确定事件责任的归属时所遵循的原则。

2.4.1 近因原则的含义

近因原则，是损害结果必须与风险事故的发生具有直接的因果关系。如果风险事故属于保险责任，保险人承担赔偿或给付保险金责任；如果风险事故属于除外责任或未保风险，则保险人不承担赔偿或给付保险金责任。即近因原则有两层基本含义：一是规定近因的认定方法；二是在风险与保险标的损失的关系中，如果近因属于被保风险，保险人就应负赔偿责任；近因属于除外风险或未保风险，则保险人不负赔偿责任。

2.4.2 近因的认定方法

近因的认定方法有如下两种。

① 从最初事件出发，按逻辑推理，判断下一个事件可能是什么；再从可能发生的第二个事件，按照逻辑推理判断最终事件即损失是什么。如果推理判断与实际发生的事实相符，那么，最初事件就是损失的近因。

② 从损失开始，按顺序自后向前追溯，在每一个阶段上按照“为什么这一事件会发生”的思考来找出前一个事件。如果追溯到最初的事件且没有中断，那么，最初事件即为近因。比如，暴风吹倒了电线杆，电线短路引起火花，火花引燃房屋，导致财产损失。对此，我们无论运用上述哪一种方法，都会发现此案例中的暴风、电线杆被刮倒、电线短路、火花、起火之间具有必然的因果关系，因而，财产受损的近因——暴风，也就随之确定了。

2.4.3 近因的认定与保险责任的确定

在实际生活中，损害结果可能由单因素造成，也可能由多因素造成。单因比较简单，多因则比较复杂。从近因的认定与保险责任的确定来看，主要包括以下几种情况。

1. 单一原因导致损失

单一原因导致损失，即损失由单一原因造成。如果事故发生所致损失的原因只有一个，显然该原因为损失的近因。如果这个近因属于保险风险，保险人应对损失负赔付责任；如果这个近因是除外风险，保险人则不予赔付。比如，某人投保人身意外伤害保险，后来不幸死于癌症。由于其死亡的近因是癌症，为人身意外伤害保险的除外责任，故保险人对其死亡不承担保险责任。

2. 多种原因同时并存发生导致损失

多种原因同时并存发生导致损失，即损失由多种原因造成，且这些原因几乎同时发生，无法区分时间上的先后顺序。如果损失的发生有同时存在的多种原因，且对损失都起决定性作用，则都是近因。而保险人是否承担赔付责任，应区分两种情况：① 如果这些原因都属于保险风险，则保险人承担赔付责任；相反，如果这些原因都属于除外风险，保险人则不承担赔付责任。② 如果这些原因中既有保险风险，也有除外风险，保险人是否承担赔付责任，则要看损失结果是否容易分解，即区分损失的原因。对于损失结果可以分别计算的，保险人只负责保险风险所致损失的赔付；对于损失结果难以划分的，保险人一般不予赔付。比如，某企业运输两批货物，第一批投保了水渍险，第二批投保了水渍险并加保了淡水雨淋险，两批货物在运输中均遭海水浸泡和雨淋而受损。显然，两批货物损失的近因都是海水浸泡和雨淋，但对第一批货物而言，由于损失结果难以分别计算，而其只投保了水渍险，因而得不到保险人的赔偿；而对第二批货物而言，虽然损失的结果也难以划分，但由于损失的原因都属于保险风险，所以保险人应予以赔偿。

3. 多种原因连续发生导致损失

多种原因连续发生导致损失，即损失是由若干个连续发生的原因造成，且各原因之间的因果关系没有中断。如果损失的发生是由具有因果关系的连续事故所致，保险人是否承担赔付责任，也要区分两种情况：① 如果这些原因中没有除外风险，则这些原因即为损失的近因，保险人应负赔付责任；② 如果这些原因中既有保险风险，也有除外风险，则要看损失的前因是保险风险还是除外风险。如果前因是保险风险，后因是除外风险，且后因是前因的必然结果，则保险人应承担赔付责任；相反，如果前因是除外风险，后因是保险风险，且后因是前因的必然结果，则保险人不承担赔付责任。比如，一艘装有皮革与烟草的船舶遭遇海难，大量的海水侵入使皮革腐烂，海水虽未直接浸泡包装烟草的捆包，但由于腐烂皮革的恶臭气味，致使烟草变质而使被保险人受损。那么，据上述情况可知，海难中海水侵入是皮革腐烂损失的近因，而由于海难与烟草的损失之间存在着必然的不可分割的因果关系，所以烟草损失的近因也是海难，而非皮革的恶臭气味。又比如，人身意外伤害保险（疾病是除外风险）的被保险人因打猎时不慎摔成重伤，因伤重无法行走，只能倒卧在湿地上等待救护，结果由于着凉而感冒高烧，后又并发了肺炎，最终因肺炎致死。此案中，被保险人的意外伤害与死亡所存在的因果关系并未因肺炎疾病的发生而中断，虽然与死亡最接近的原因是除外风险——肺炎，但它发生在保险风险——意外伤害之后，且是意外伤害的必然结果，所以，被保险人死亡的近因是意外伤害而非肺炎，保险人应承担赔付责任。

4. 多种原因间断发生导致损失

多种原因间断发生导致损失，即损失是由间断发生的多种原因造成的。如果风险事故的发生与损失之间的因果关系由于另外独立的新原因介入而中断，则该新原因即为损失的近因。如果该新原因属于保险风险，则保险人应承担赔付责任；相反，如果该新原因属于除外风险，则保险人不承担赔付责任。比如，在汽车玻璃单独破碎保险中，火灾为除外风险，被保险汽车附近发生火灾时，一些暴徒趁机打破该商店的玻璃，企图抢劫。此案中，火灾与玻璃损失之间不是必然的因果关系，暴徒袭击才是近因，故保险人应负赔偿责任。又比如，在人身意外伤害保险中，被保险人在交通事故中因严重的脑震荡而诱发癫狂与抑郁交替症。在治疗过程中，医生叮嘱其在服用药物巴斯德林时切忌进食干酪。但是，被保险人却未遵医嘱，服该药时又进食了干酪，终因中风而亡，据查中风确系巴斯德林与干酪所致。在此案中，食用相忌的食品与药物所引发的中风死亡，已打断了车祸与死亡之间的因果关系，食用干酪为中风的近因，故保险人对被保险人中风死亡不承担赔偿责任。

2.4.4 近因原则在汽车保险实务中的应用

在汽车保险实务中，近因的确定，是保险理赔的一个难点，对于认定是否属于保险责任具有十分重要的意义。坚持近因原则的目的是为了分清与风险事故有关各方的责任，明确保险人承保的风险与保险标的损失结果之间的因果关系。虽然确定近因有其原则性的规定，即以最具作用和最有效果的致损原因作为近因，但在具体实践中，由于致损原因的发生与损失结果之间的因果关系错综复杂，判定近因和运用近因原则绝不是轻而易举的事情。

2.5 损失补偿原则

损失补偿原则禁止被保险人从保险中得利，从而减少了道德风险，维护了保险制度的正常运作，因此具有重要的现实意义。

2.5.1 损失补偿原则的含义

损失补偿原则的基本含义包含以下方面。① 只有保险事故发生造成保险标的毁损致使被保险人遭受经济损失时，保险人才承担损失补偿的责任；否则，即使在保险期限内发生了保险事故，但被保险人没有遭受损失，就无权要求保险人赔偿。这是损失补偿原则的质的规定。② 被保险人可获得的补偿量，仅以其保险标的遭受的实际损失为限，即保险人的补偿恰好能使保险标的在经济上恢复到保险事故发生之前的状态，而不能让被保险人通过保险获得额外的利益。这是损失补偿原则的量的限定。

损失补偿原则主要适用于财产保险保险人按保险合同的约定对所承保的财产及其有关利益因自然灾害或意外事故造成的损失承担赔偿责任的保险，以及其他补偿性保险合同。

2.5.2　影响保险补偿的因素

保险人在履行损失补偿义务过程中，会受到各种因素的制约，这些因素主要有以下方面。

1．保险金额

保险金额是保险人承担赔偿或给付保险金责任的最高限额，所以，赔偿金额不能高于保险金额。另外，保险金额是保险人收取保险费的基础和依据。如果赔偿额超过保险金额，则会使保险人处于不平等地位。即使在通货膨胀的条件下，被保险人的实际损失往往会超过保险金额，也必须受此因素的制约。例如：一栋新房屋刚投保不久便被全部焚毁，其保险金额为 50 万元，而房屋遭毁时的市价为 60 万元。虽然被保险人的实际损失为 60 万元，但因保单上的保险金额为 50 万元，所以被保险人只能得到 50 万元的赔偿。

2．实际损失

以被保险人的实际损失为限进行保险补偿，这是一个基本限制条件，即当被保险人的财产遭受损失后，保险赔偿应以被保险人所遭受的实际损失为限。在实际赔付中，由于财产的价值经常发生变动，所以，在处理赔案时，应以财产损失当时的实际价值或市价为准，按照被保险人的实际损失进行赔付。比如，企业投保财产综合险，确定某类固定资产保险金额 30 万元，一起重大火灾事故发生使其全部损毁，损失时该类固定资产的市价为 25 万元，保险人按实际损失赔偿被保险人 25 万元。

3．保险利益

发生保险事故造成损失后，被保险人在索赔时，首先必须对受损的标的具有保险利益，而保险人的赔付金额也必须以被保险人对该标的所具有的保险利益为限。例如：某银行开展住房抵押贷款，向某贷款人贷出款额 30 万元；同时将抵押的房屋投保了 30 万元的 1 年期房屋火险。按照约定，贷款人半年后偿还了一半贷款。不久，该保险房屋发生重大火灾事故，贷款人也无力偿还剩余款额，这时由于银行在该房屋上的保险利益只有 15 万元，尽管房屋的实际损失及保险金额均为 30 万元，银行也只能得到 15 万元的赔偿。

4．赔偿方法

在保险赔偿方法中，有一些赔偿方法对实际损失补偿额的确定会有影响，使被保险人得到的赔偿金额小于实际损失，或者根本得不到赔偿。

（1）限额责任赔偿方法

限额责任赔偿方法，指保险人只承担事先约定的损失额以内的赔偿，超过损失限额部分，保险人不负赔偿责任。这种赔偿方法多应用于农业保险中的种植业与养殖业保险。比如，农作物收获保险，保险人与投保人事先按照正常年景的平均收获量约定为保险人保障的限额，当实际收获量低于约定的保险产量时，保险人赔偿其差额；当实际产量已达到保险产量时，即使发生保险责任事故，保险人也不负赔偿责任。

（2）免赔额（率）赔偿方法

免赔额（率）赔偿方法，指保险人对免赔额（率）以内的损失不予负责，而仅在损失超过免赔额（率）时才承担责任。特别是采用绝对免赔（率）赔偿方法时，免赔额（率）以内的损失被保险人根本得不到赔偿。绝对免赔额（率）赔偿方法，指保险人规定一个免赔额或免赔率，当保险财产受损程度超过免赔限度时，保险人扣除免赔额（率）后，只对超过部分负赔偿责任，其计算公式是：

赔偿金额=保险金额×（损失率–免赔率）

相对免赔额（率）赔偿方法，指保险人规定一个免赔额或免赔率，当保险财产受损程度超过免赔额（率）时，保险人按全部损失赔偿，不作任何扣除，其计算公式是：

赔偿金额=保险金额×损失率

2.5.3 损失补偿原则的意义

坚持损失补偿原则，有以下两点重要意义。

① 坚持损失补偿原则，有利于实现保险的基本职能。

补偿损失是保险的基本职能之一，损失补偿原则恰好体现了保险的基本职能，损失补偿原则的质的规定和量的限定都是保险基本职能的具体反映。也就是说，如果被保险人由于保险事故遭受的经济损失不能得到补偿，就违背了保险的宗旨。损失补偿原则约束保险人必须在合同约定条件下承担保险保障的义务，履行保险赔偿责任；对被保险人而言，该原则保证了其正当权益的实现。

② 坚持损失补偿原则，有利于防止被保险人通过保险获取额外利益，减少道德风险。

损失补偿原则的质的规定性在于有损失则赔偿，无损失则不赔偿；其量的规定将使被保险人因损失所获得的补偿，不能超过其所受到的实际损失，使被保险人只能获得与损失发生前相同经济利益水平的赔偿。因此，该原则可以防止被保险人利用保险而额外获利，有效抑制了道德风险的发生。

2.5.4 损失补偿原则的派生原则——保险代位原则

1. 保险代位原则的含义与意义

代位即取代他人的某种地位。保险代位，是保险人取代投保人对第三者的求偿权（又称追偿权）或对标的的所有权。保险人以自己的名义行使代位求偿权。

保险代位原则，指保险人依照法律或保险合同约定，对被保险人所遭受的损失进行赔偿后，依法取得向对财产损失负有责任的第三者进行求偿（或追偿）的权利或取得对保险标的的所有权。保险代位原则包括代位求偿权和物上代位权。规定保险代位原则的意义有以下几点。

① 防止被保险人因同一损失获取不当利益。当保险标的发生的损害是由第三者的疏忽、过失或故意行为所造成，且该种损害的原因又属保险责任时，被保险人既可以依据民法向造成损害的第三者要求赔偿，也可以依据保险合同向保险人请求赔偿。这样，被保险人就会因同一损失而获得超过标的实际损失额的赔款，从而获得额外利益。同理，当保险标的发生保险事故而致实际全损或推定全损时，在保险人全额赔付情况下，被保险人将标的的损余物资进行回收处理后，最终所得款额亦将超过其所遭受的实际损失额。这既违背了损失补偿原则，又违背了保险的宗旨，不利于保险及社会的健康发展。规定代位原则的目的是防止被保险人

获得额外利益。

② 维护社会公共安全，保障公民、法人的合法权益不受侵害。社会公共安全在法律上要求肇事者对其因疏忽、过失所造成的损失承担经济赔偿责任。如果被保险人因从保险人处获得赔偿而不追究责任者的经济赔偿责任，就会使肇事责任者逍遥法外，有违社会公平，而且也容易助长他人肇事行为的发生，干扰社会秩序。

③ 有利于被保险人及时获得经济补偿，尽快恢复生产，安定生活。保险事故发生后，如果肇事责任者限于经济条件而无力承担被保险人的经济赔偿责任，将直接影响被保险人正常的生产和生活。而按照保险代位原则，保险人先向被保险人支付赔款，有利于被保险人及时获得经济补偿，尽快恢复生产，安定生活。从另一方面说，被保险人向保险人请求赔偿也是保险合同赋予其的最基本的权利。

2. 保险代位原则的内容

保险代位原则的内容主要包括代位求偿权和物上代位权。

（1）代位求偿权

代位求偿权（又称代位追偿权），是当保险标的因遭受保险事故而造成损失，依法应当由第三者承担赔偿责任时，保险人自支付保险赔偿金之日起，在赔偿金额的限度内，依法取得向负有责任的肇事第三者请求赔偿的权利。

① 行使代位求偿权的前提条件。代位求偿权是债权的代位，即保险人拥有代替被保险人向责任方请求赔偿的权利。保险人行使代位求偿权，需要具备以下 3 个前提条件。第一，保险标的损失原因是保险事故，同时是由于第三者行为所致。这样被保险人对保险人和第三者同时存在赔偿请求权，他既可以依据保险合同向保险人要求赔偿，也可以依据法律向肇事第三者要求赔偿。第二，被保险人未放弃向第三者的赔偿请求权。如果被保险人放弃了对第三者请求赔偿的权利，则保险人在赔偿被保险人的损失之后就无权行使代位求偿权。第三，保险人取得代位求偿权是在按照保险合同约定履行了赔偿责任之后。因为，代位求偿权是债权的转移，在此项债权转移之前，被保险人与第三者之间特定的债权的关系与保险人无关。保险人只有按照保险合同的规定向被保险人赔付保险金之后，才依法取得对第三者请求赔偿的权利。

② 代位求偿权的实施对保险双方的要求。行使代位求偿权对保险双方都有一定的要求。就保险人而言有以下几点要求。首先，其行使代位求偿权的权限只能限制在赔偿金额范围以内。即如果保险人向第三者追偿到的款额小于或等于赔付给被保险人的款额，那么追偿到的款额归保险人所有；如果追偿所得的款额大于赔付给被保险人的款额，其超过部分应归还给被保险人所有。其次，保险人不得干预被保险人就未取得保险赔偿的部分向第三者请求赔偿。我国《保险法》第六十条规定：“保险人依照本条第一款规定行使代位请求赔偿的权利，不影响被保险人就未取得赔偿的部分向第三者请求赔偿的权利。”第三，保险人为满足被保险人的特殊需要或在法律的费用超过可能获得的赔偿额时，也会放弃代位求偿权。

就投保人而言，不能损害保险人的代位求偿权并要协助保险人行使代位求偿权。首先，如果被保险人在获得保险人赔偿之前放弃了向第三者请求赔偿的权利，那么，就意味着他放弃了向保险人索赔的权利。其次，如果被保险人在获得保险人赔偿之后未经保险人同意而放弃对第三者请求赔偿的权利，该行为无效。第三，如果发生事故后，被保险人已经从第三者取得赔偿或由于过错致使保险人不能行使代位求偿权，保险人可以相应扣减保险赔偿金。第四，在保险人向第三者行使代位求偿权时，被保险人应当向保险人提供必要的文件和其所知道的有关情况。

③ 代位求偿原则的行使对象。根据代位求偿权的一般原理，任何对保险标的损失负有赔偿责任的第三者都可以成为代位求偿权的行使对象。但是，在实践中，各国立法都规定保险人不得对被保险人及其一定范围的亲属或雇员行使代位求偿权，除非保险事故是由上述人员故意造成的。因为，如果允许对上述对象行使代位求偿权，被保险人往往得不到实际补偿，保险也就失去了意义。我国《保险法》第六十二条规定，除被保险人的家庭成员或者其组成人员故意制造保险事故造成保险标的损失以外，保险人不得对被保险人的家庭成员或者其组成人员行使代位请求赔偿的权利。显然，我国保险法规定的代位求偿权的限制对象为“被保险人的家庭成员及其他组成人员”。

④ 代位求偿权的行使范围。人身保险的标的是人的寿命或身体，与财产的性质不同，其价值难以估量，因而不会发生多重获益的问题。所以，如果被保险人在保险事故中致残或身亡，既可获得保险金，也可获得肇事的第三者的赔偿。我国《保险法》第四十六条规定：“被保险人因第三者的行为而发生死亡、伤残或者疾病等保险事故的，保险人向被保险人或者受益人给付保险金后，不得享有向第三者追偿的权利。但被保险人或者受益人仍有权向第三者请求赔偿。”但是，并非所有人身保险合同或人身保险合同中的全部责任都适用这一规定。在医疗保险中，保险人赔付的医疗费用保险金应属于对被保险人支出医疗费用的补偿，不仅有价值，而且还是可以确定的，因而，保险人对于因第三者责任而支付的保险金仍可以进行追偿。

（2）物上代位权

物上代位权，指保险标的因遭受保险事故而发生全损时，保险人在全额支付保险赔偿金之后，依法拥有对该保险标的物品所有权，即代位取得受损保险标的物上的一切权利。

① 物上代位权的取得一般是通过委付实现的。委付是被保险人在保险标的处于推定全损状态时，用口头或书面形式提出申请，愿意将保险标的所有权转移给保险人，并请求保险人全部赔偿的行为。委付是被保险人放弃物权的法律行为，是一种经常用于海上保险的赔偿制度。保险人在接受委付的情况下，不仅取得保险标的物上的一切权利，而且包括标的物项下所应承担的义务。因此，保险人是否接受委付应谨慎从事。

② 物上代位是一种所有权的代位。与代位求偿权不同，保险人一旦取得物上代位权，就拥有了该受损标的的所有权。处理该受损标的所得的一切收益，归保险人所有，即使该利益超过保险赔款，仍归保险人所有。但在不足额保险中，保险人只能按照保险金额与保险价值的比例取得受损标的的部分权利。

2.5.5 损失补偿原则的派生原则——损失分摊原则

1. 损失分摊原则的含义与意义

损失分摊原则是在被保险人重复保险的情况下产生的补偿原则的一个派生原则。即在重复保险情况下，被保险人所能得到的赔偿金由各保险人采用适当的方法进行分摊，从而所得的总赔偿金额不得超过实际损失额。坚持重复保险分摊原则的意义有以下两点。

① 有利于确保保险补偿原则的顺利实现。在存在重复保险的情况下，保险事故发生后，若被保险人就同一损失向不同的保险人索赔，就有可能获得超额赔款，这显然是违背损失补偿原则的。因此，确立重复保险的分摊原则可以防止被保险人利用重复保险在保险人之间进行多次索赔，获得多于实际损失额的赔偿金，从而确保了损失补偿原则的顺利实现。

② 有利于维护社会公开、公正和公平原则。在重复保险的情况下，坚持被保险人的损失在保险人之间进行分摊，必须公开多个保险人就同一危险所承保的份额及其所收取的保费，合理负担相应的保险赔偿责任，从而维护社会公开、公正和公平原则。

2．损失分摊的方法

在重复保险情况下，保险人如何分摊损失后的赔款，各国做法有所不同。其主要分摊方法有以下 2 种。

（1）比例分摊责任制

比例分摊责任制又称保险金额比例分摊制，该分摊方法是将各保险人所承保的保险金额进行加总，得出各保险人应分摊的比例，然后按比例分摊损失金额。公式为：

各保险人承担的赔款=损失金额×该保险人承保的保险金额÷各保险人承保的保险金额总和

例如：甲乙保险人承保同一财产，甲承保保额为 40000 元，乙承保保额为 60000 元，损失金额为 50000 元。则赔款分摊情况：甲保险人应承担赔款金额=50000×40000÷（40000+60000）=20000 元；乙保险人应承担赔款金额=50000×60000÷（40000+60000）=30000 元。

（2）限额责任制

限额责任制又称赔款额比例责任制，即保险人分摊赔款额不以保额为基础，而是按照在无他保的情况下各自单独应负的责任限额进行比例分摊赔款。公式为：

各保险人承担的赔款=损失金额×该保险人的赔偿限额÷各保险人赔偿限额总和

仍以上题为例，在采用第二种分摊法计算赔款额时，则赔款分摊情况：甲保险人应赔付款额=50000×40000÷（40000+50000）=22222 元；乙保险人应赔付款额=50000×50000÷（40000+50000）=27778 元。

根据我国《保险法》第五十六条规定：“重复保险的投保人应当将重复保险的有关情况通知各保险人。重复保险的各保险人赔偿保险金的总和不得超过保险价值。除合同另有约定外，各保险人按照其保险金额与保险金额总和的比例承担赔偿保险金的责任。”可见，我国一般采用比例责任制的分摊方法。

2.5.6　损失补偿原则的例外情况

1．定值保险

在定值保险中，在发生全部损失时，不论保险标的价值如何变化，保险人仍按保险合同上约定的保险金额计算赔款。从以赔偿实际损失为本质的损失补偿原则的角度看，该保险是一种例外。

2．人身保险

人身保险是由投保人与保险人互相约定保险金额，并按照约定的保险金额给付的保险。人的生命是难以用货币衡量的，人身保险中的保险金额是由投保人或被保险人自行确定的，而且当发生保险事故时，倘若其持有多份保单，被保险人或受益人可获得多重给付。因此，对于损失补偿原则，人身保险也是一种例外，但人身保险中的医疗费用保险仍然适用损失补偿原则。

2.5.7 损失补偿原则在汽车保险实务中的运用

在汽车保险实务中，曾经存在的最大纠纷之一就是围绕着损失补偿原则展开的，即在机动车辆全部损失的情况下是应当按照出险前机动车的实际价值进行赔偿，还是按照保险金额进行赔偿的问题，不少被保险人为此与保险人对簿公堂，乃至整个社会对此也存在认识方面的分歧。为统一认识，中国保监会在《机动车保险条款》（2000 版）中明确规定：“机动车保险合同为不定值保险合同，定值保险合同与不定值保险合同的最大区别就是在订立合同时前者预先确定保险价值，而后者并不确定保险价值，仅约定保险金额，将保险标的的价值留待保险事故发生时在估算。”由此决定了在保险事故发生后确定赔偿金额时，定值保险合同只需要确定损失比例即可算出赔偿金额。而不定值保险合同，不但要确定损失比例，还要确定保险事故发生时保险标的的实际价值，以实际价值作为保险赔偿金额的计算依据。《机动车保险条款》（2000 版）第十二条明确规定：“在发生全部损失时，按保险金额赔偿，但保险金额高于实际价值时，以不超过出险当时的实际价值计算赔偿。”这是损失补偿原则所要求的，也是为保护汽车保险作为一种积极的社会经济制度所要求的。

保险的各项基本原则有不同适用范围，如图 2-1 所示。保险基本原则履行的实效性，如图 2-2 所示。

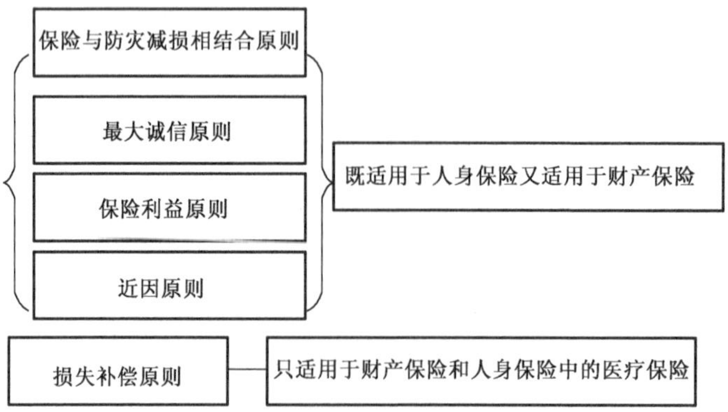

图 2-1 保险基本原则的适用范围

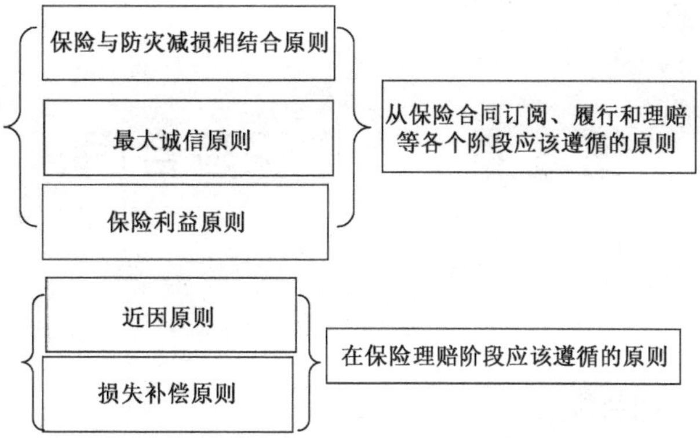

图 2-2　保险基本原则履行的实效性

思考题

1．简述汽车保险应遵循的基本原则。
2．什么是最大诚信原则及其基本内容？最大诚信原则有何意义？
3．什么是保险利益及其构成要件？确立保险利益原则有何意义？
4．简述财产保险和人身保险的保险利益。
5．什么是近因？什么是近因原则？近因确认的规则有哪些？
6．什么是损失补偿原则？损害补偿的方式有哪些？
7．什么是代位求偿？代位求偿有何规则？
8．什么是重复保险？举例说明重复保险的不同分摊方法。

第 3 章　汽车保险合同

学习目标

- 明确汽车保险合同的概念、特征和形式。
- 重点掌握汽车保险合同的主体、客体和内容。
- 熟悉汽车保险合同的订立、生效、变更等具体法律规定。
- 理解汽车保险合同的解释原则及争议处理方法。

导入案例

保单未送达，岂能谈免赔

保险单是保险合同的重要组成部分，必须及时送达投保人，并就合同条款有关内容向投保人做出提示说明，这是保险公司必须充分重视的一个问题。

在保险实务中，一些保险公司不重视保险合同的送达和签收，主要表现在：一是有送达的流程但无送达的规范；二是有的代理人私自扣留保险单正本或保险合同条款，或在发生交通事故后才将保单和保险条款递交给投保人；三是实行“见费出单”后，只重视“收取保费”后及时“打印保险单”却忽视了送达保单后的签收程序和保留送达的证据。一旦发生保险合同纠纷，保险公司往往无法举证证明已履行送达义务，导致在诉讼中败诉。例如：张先生在4S 店购买丰田牌轿车的当天投保了机动车辆保险。次日，在前往机动车辆检测场办理验车上牌的途中发生了交通事故。公司按照车损险条款中关于“未办理临时号牌或移动证时上路行驶发生交通事故，保险公司不负赔偿责任”的约定拒赔。张先生则提出：在 4S 店投保时，没有人对责任免除条款进行明确提示和说明；投保当日也没有收到保险单及保险合同条款，故要求正常理赔。

这个案例提醒保险公司：在委托保险兼业代理人(车商)销售保险单的时候，需要对兼业代理人如何代自己履行法定义务，设计出一个合理的、易于操作的流程，这个流程应能确切监督、反映兼业代理人是否已经完成了法定义务。如果保险公司对兼业代理人的行为放任不管，那就无法避免代理人的行为失控。比如本案中所遇到的这种情况：只知道卖出保险拿佣金，不向投保人说明保险条款的内容；未能及时将保险单等保险合同文件送达投保人，致使投保人无从了解保险合同的内容。同时，本案也提醒广大投保人：在投保后一定要索要保险单等相关合同文件，并要求解释说明保险条款及合同内容。

通过本章的学习大家将了解以下内容：汽车保险合同的组成，正确填写汽车保险合同的方法，汽车保险合同订立的程序，汽车保险合同变更的处理方法，汽车保险合同发生争议时的处理方法。

3.1　汽车保险合同的概述

汽车保险合同是保险合同中的一种，《保险法》关于保险合同的一般规定包括，合同的订立、变更、解除，以及保险合同双方当事人的权利和义务关系等基本内容，对汽车保险合同的订立、变更等也是同样适用的。不过，汽车保险业务活动与其他的具体险种不同，合同也存在差别，对于正确理解汽车保险具有十分重要的意义。

3.1.1　保险合同的定义

合同（也称“契约”）是平等主体的当事人为了实现一定的目的，以双方或多方意思表示一致设立、变更和终止权利义务关系的协议。

保险合同，是保险人与投保人双方经过要约和承诺程序，在自愿基础上订立的一种在法律上具有约束力的协议。即根据当事人双方约定，投保人向保险人缴纳保险费，保险人在保险标的遭受约定的事故时，承担经济补偿或给付保险金的一种经济行为。

汽车保险合同是财产保险合同中的一种，是指以机动车本身及其相关利益作为保险标的的保险合同，是机动车投保人和机动车辆保险人之间关于保险权利义务的协议。汽车保险合同不仅适用于《保险法》、《道路交通安全法》、《机动车交通事故责任强制保险条例》等法律法规的规定，而且还适用于《合同法》和《民法通则》的有关规定。

3.1.2　汽车保险合同的法律特征及分类

1. 保险合同与一般经济合同的相同之处

保险合同与一般经济合同的相同之处有以下几点。

① 合同当事人必须具有民事行为能力。精神病人、未成年人之间达成的协议通常不能算作具有约束力的合同。

② 合同是双方当事人意思表示一致的行为，而不是单方的法律行为。任何一方不能把自己的意志强加给另一方；任何单位或个人对当事人的意思表示不能进行非法干预。

③ 合同必须合法才能得到法律的保护。一方不能履行义务时，另一方可向国家规定的合同管理机关申请调解或仲裁，也可以直接向人民法院起诉。

2. 汽车保险合同的一般法律特征

汽车保险合同是双方当事人在社会地位平等的基础上产生的一项经济活动，是双方当事人平等、等价的一项民事法律行为，属于经济合同中的一种。又由于汽车保险合同的客体不同于一般的经济合同，所以，既有经济合同的一般特点，同时又有自身的独特之处。

（1）汽车保险合同是有名合同

法律尚未确定名称和规范的合同是无名合同，有名合同是法律直接赋予某种合同以名称并规定了调整规范的合同。保险合同是有名合同，汽车保险合同也不例外。

（2）汽车保险合同是诚信合同

汽车保险遵守最大诚信原则，这就决定了汽车保险合同具有诚信性。最大诚信原则是约束当事人双方的，不仅是针对投保人而言的，也是针对保险人而言的。作为投保人，应当将汽车本身的情况如实告知保险人（是否是营运汽车、是否重复保险等情况），或者如实回答保险公司提出的问题，不得隐瞒；而保险人也应该将保险合同的内容及特别约定事项、免责条款如实向投保人进行解释，不得误导或引诱投保人参加汽车保险。

（3）汽车保险合同是有偿合同

根据合同当事人双方的受益状况，合同被区分为有偿合同与无偿合同。前者是指当事人为享有合同的权利而必须偿付相应的代价；后者是指当事人享有合同的权利而不必偿付相应的代价。保险合同的有偿性，主要体现在投保人要取得保险的风险保障，必须支付相应的代价，即保险费；保险人要收取保险费，必须承诺承担保险保障责任。

（4）汽车保险合同是双务合同

双务合同，即双方当事人均须承诺有对价关系的债务合同，但保险公司这种双务性质与一般买卖合同的双务性质不同。在买卖合同中，双方的义务都是确定的，一方交钱，一方交货，但在保险合同中投保人的债务是确定的，保险费一定要支付，而保险人承担的债务（指保险金的赔偿或给付）是不确定的，取决于偶然事件的发生与否。实际上保险人的义务应该说是对投保人提供经济上的保障，这种经济上的保障，对投保人来说是一种期待的利益，投保人保险费的支付正是取得这种期待利益的对价。所以，保险合同也是一种保障性合同。

（5）汽车保险合同是附合合同

保险合同与一般经过双方当事人协商，在意愿一致的基础上订立的协商性的经济合同不同，是由保险人提出保险合同的主要内容，投保人只能在此基础上做出投保或不投保的决定。附合合同也叫格式合同或标准合同，保险合同的格式化、标准化，主要是为了适应保险事业的发展需要。

（6）汽车保险合同是射幸合同

“射幸”即碰运气的意思，一般的经济合同，多是等价交换的合同，而保险合同则是射幸性的。在合同有效期内，若发生保险标的的损失，被保险人从保险人处得到远远超过其支付保险费价值的赔偿金额；反之，若无损失发生，由被保险人只付出保费而无任何收入。保险人的情况则与此相反，当保险事故发生时，所赔付的金额可能大于所收缴的保费；而如果保险事故没有发生，则保险人只有收取保费的权利，而无赔付的责任。决定保险合同射幸性质的是事故发生的偶然性。当然，从所有保险合同的总体来看，保险总额应与所负赔偿债务相等，原则上收入与支出保持平衡，这不存在偶然性、射幸性。

3. 汽车保险合同有别于一般保险合同的特征

汽车保险合同除了具有上述一般经济合同的特征以外，还有其他有别于一般保险合同的自身特征。

（1）汽车保险合同的可保利益较大

对于汽车保险，不仅被保险人使用汽车时具有保险利益，对于被保险人允许的合格驾驶员使用保险车辆，同样具有可保利益。

（2）汽车保险合同属于不定值保险合同

保险合同中汽车的保险金额，可有由投保人和保险人约定并在保险合同中载明，也可以按照保险事故发生时汽车的实际价值确定。投保汽车保险时，车辆损失险的保险金额不能超过保险价值，超过保险价值的，超过的部分无效；保险金额低于保险价值，保险人按照金额与保险价值的比例承担赔偿责任。这就是说，保险金额定得太高，超出了保险价值，多投保的那一部分，投保人也不能多得；如果保险金额定得太低，投保人的损失将不能得到足额补偿。我国现行的机动车辆保险条款中，明确规定了汽车保险合同为不定值保险合同。

（3）汽车保险合同适用代位原则

如果汽车的损毁是因第三者的保险事故引起的，保险人自向被保险人赔偿保险赔款之日起，在赔偿金额范围内代位行使被保险人对第三者请求赔偿的权力。如果被保险人已经从第三者那里取得了损害赔偿的，保险人在赔偿保险赔款时可以相应扣减被保险人从第三者已取得的赔款金额。

3.1.3　汽车保险合同的形式

由于汽车保险合同是一种非要式合同，只要保险人和投保人就保险条款达成一致，合同就生效，保险人就应该按照约定承担保险责任，而不以保险人是否签发了保险单或其他保险凭证作为合同生效的前提。在汽车保险的具体实务工作中，为避免双方的权利和义务复杂，汽车保险合同一般采用书面的文件形式。

1．投保单

汽车保险投保单，又称为要保单或投保申请书，是投保人申请保险的一种书面形式。通常，投保单由保险人事先设计并印就，上面列明保险合同的具体内容，投保人只需在投保单上按列明的项目逐项填写即可。投保人填写好投保单后，保险人审核同意签章承保，这意味着保险人接受了投保人的书面要约，说明汽车保险合同已告成立，保险人按照约定的时间开始承担保险责任。在保险双方当事人约定的时间后，保险人仍未签发保险单，投保单仍具法律效力。

汽车投保单的主要内容包括：

① 被保险人、投保人的名称；

② 保险车辆的名称；

③ 投保的险别；

④ 保险金额；

⑤ 保险期限等内容。

2．暂保单

暂保单，又称临时保险书，保险单或保险凭证签发之前，保险人发出的临时单证。暂保单的内容较为简单，仅表明投保人已经办理了保险手续，并等待保险人出立正式保险单。同正式保单相比，暂保单的内容相对简单、保险期限短，可由保险人或兼业保险代理机构签发。暂保单的内容较为简单，仅包括保险标的、保险责任、保险金额及保险关系当事人的权利义务等。

暂保单既不是保险合同的凭证，也不是保险合同订立的必经程序，而仅仅是签发正式保险单之前的权宜之计，一般在以下几种情形中使用。

① 保险代理人获得保险业务而保险人未正式签发保险单之前，向投保人所签发的凭证。

② 保险公司的分支机构在接受需要总公司批准的保险业务后，在未获得批准之前所签发的书面凭证。

③ 投保人与保险人就保险合同的主要条款达成协议，但一些具体条款仍需进一步的协商，保险人签发的书面凭证。

④ 在办理出口贸易结汇时，签发保险单之前，保险人所出具的保险证明文件作为结汇的文件之一，以证明出口货物已经办理保险。

暂保单具有和正式保险单同等的法律效力，但一般暂保单的有效期不长，通常不超过 30 天。当正式保险单出立后，暂保单就自动失效。如果保险人最后考虑不出保险单时，也可以终止暂保单的效力，但必须提前通知投保人。

3．保险单

保险单简称“保单”，是保险人和投保人之间订立保险合同的正式书面凭证，根据汽车投保人申请，在保险合同成立之后，由保险人向投保人签发。保险单上列明了保险合同的所有内容，是保险双方当事人确定权利、义务和在发生保险事故遭受经济损失后，被保险人向保险人索赔的重要依据。保险单的内容应包括保险合同的全部条款。

① 声明事项，如保险标的物的种类、被保险人、承保险别、已交保费、保险期限、保险价值和保险金额，以及投保人或被保险人对有关危险的性质与控制所作的承诺和保证等。

② 保险事项，即保险人所承担的保险责任。

③ 除外事项，即保险人不承担责任的范围。

④ 条件事项，如有关保单转让和变更等事项。

保险实务中，在有标准保险条款的情况下，如果依该条款办理保险，则保险人签发的保险单一般比较简单，通常只载明声明事项，其他的内容则以该标准条款为准。

保险单是保险合同的重要组成部分，是保险合同的主要书面表现形式。保险单的法律性质主要有以下几点。

① 保险单是投保人与保险人之间保险合同成立的凭据。

② 保险单是投保人或被保险人索赔和保险人理赔的主要依据。

③ 在某些情况下，保险单具有“有价证券”的性质，可以充当有价证券使用。

4．保险凭证

保险凭证，是保险人发给被保险人证明保险合同已经订立的一种凭证，也是保险合同的一种存在形式。凡凭证没有记载的内容，均以同类险种的保险单为准，是一种简化的保险单。

在汽车保险业务中，保险人除签发保险单外，还须出立保险凭证，用以证明被保险人已经投保汽车损失险及第三者责任，便于交通事故的处理。

为了便于双方履行合同，这种在保险单以外单独签发的保险凭证主要在以下几种情况时使用。

① 在一张团体保险单项下，需要给每个参加保险的人签发一张单独的凭证。

② 在货物运输保险订有预约合同的条件下，需要对每笔货运签发单独的凭证。

③ 对于机动车辆第三者责任险，一般实行强制保险。为了便于被保险人随身携带以供有关部门检查，保险人通常出具保险凭证。

目前，在我国，保险凭证广泛运用于货物运输保险和汽车第三者责任保险等。还有一种联合保险凭证（Combined Insurance Certificate），主要用于保险公司同外贸公司合作时附印在外贸公司的发票上，仅注明承保险别和保险金额，其他项目均以发票所列为准。当外贸公司在缮制发票时，保险凭证也随即办妥。这种简化凭证大大节省人力，目前我国内陆对港澳地区的贸易业务已大量使用。

5．批单

批单是更改保险合同某些内容的更改说明书。在汽车保险业务的过程中，往往涉及车辆过户、转让、出售等变更车辆所有权的行为，因而也带来汽车保险单中的某些要素（如被保险人）发生变更，或者保险金额、保险期限等内容变更，这些变更内容需要用某种形式将其记载下来，或者重新出具保险单。但是在实际业务中，这样的变更行为是非常频繁的，因而重新出具保险单往往成了一种烦琐的工作，批单的出现及广泛使用便成为顺理成章的事情。投保人或被保险人在保险有效期内如果需要对保单内容做部分更改，需向保险人提出申请，保险人如同意更改，则将批改的内容在保单或保险凭证上批注或附贴便条。凡经批改过的内容均以批单为准，批单是保险单中的一个重要组成部分。

批单应该加贴在原保险单正本和副本背面上，并加盖骑缝章，使其成为保险合同的一部分。

在多次批改的情况下，最近一次批改的效力优于之前的批改，手写批改的效力优于打字的批改。

6．书面协议

保险人经与投保人协商一致，可将双方约定的承保内容及彼此的权利义务关系以书面协议形式明确下来。这种书面协议也是保险合同的一种形式。同正式保单相比，书面协议的内容不事先拟就，而是根据保险关系双方当事人协商一致的结果来签订，具有较大的灵活性和针对性，是一种不固定格式，与保险单具有同等法律效力。

3.2　汽车保险合同的主体、客体和内容

3.2.1　汽车保险合同的主体

所谓汽车保险合同的主体，指具有权力能力和行为能力的保险关系双方当事人，包括汽车保险合同当事人、关系人和中介人三方面内容。与汽车保险合同订立发生直接关系的人是保险合同的当事人，包括汽车保险人和投保人；与汽车保险合同间接发生关系的人是保险合同的关系人，仅指被保险人。由于在保险业务中涉及的业务面比较广，通常存在起辅助作用的中介人，如保险代理人 、经纪人、公估人等。

1．保险合同的当事人

保险合同的当事人包括保险人和投保人。

（1）保险人

保险人，又称承保人，指经营保险业务，与投保人订立保险合同，享有收取保险费的权利，并对被保险人承担损失赔偿或给付保险金义务的保险合同的一方当事人。一般来说，保

险人经营保险业务必须经过国家有关部门审查认可。我国《保险法》第十条明确规定："保险人是指与投保人订立保险合同，并按照合同约定承担赔偿或者给付保险金责任的经保险监督管理机构批准设立，并依法登记注册的商业保险公司。"

保险人应具备的资格：① 保险人经营保险业务必须经过国家有关部门的审查认可；② 国际上保险公司的组织形式主要是股份有限公司和有限责任公司。

汽车保险人应履行的义务主要表现为以下几点。

① 赔偿和给付保险金的义务。保险人的首要义务是依照保险合同的规定对被保险人的损失予以赔偿，或向受益人支付保险金。保险公司赔偿或给付须满足以下条件：必须是保险标的受到损失；财产损失或人身灾害必须是在保险合同中规定的危险引起的；损失的赔偿不能超过保险金额；财产损失应当发生在合同约定的地点或范围；人身保险中保险金的给付以保险金额为准；保险人须承担投保人或被保险人为减少保险标的的损失而付出的施救费用，诉讼费用和理赔费用。

② 说明合同内容的义务。订立保险合同时，保险人应当向投保人说明保险合同的条款内容，特别是对免责条款必须明确说明。

③ 及时签单的义务。保险合同成立后，及时签发保险单是保险人的法定义务。保险单证是保险合同成立的证明，也是履行保险合同的依据。

④ 为客户保密的义务。保险人在办理保险业务中对所了解的投保人或被保险人的业务情况、家庭状况、身体健康状况等，负有保密的法定义务。

作为汽车保险合同当事人之一的保险人也有着自己的权力，主要表现为：决定是否承保、收取保费、有权要求投保人履行如实告知的义务、有权代位求偿、处理赔偿后的损余物资等。

（2）投保人

投保人，又称要保人，是与保险人订立保险合同并负有交付保险费义务的保险合同的另一方当事人。我国《保险法》第十条规定："投保人是指与保险人订立保险合同，并按照保险合同约定负有支付保险费义务的人。"投保人应当具备的权利能力和行为能力。① 就法律条件而言：投保人可以是法人也可以是自然人；但必须具有民事行为能力。② 就经济条件而言：投保人必须具有交付保险费的能力。③ 就特殊条件而言：投保人应当对保险标的具有保险利益。

汽车保险投保人（被保险人）应履行的义务包括以下几方面。

① 投保人应如实填写投保单并回答保险人提出的询问，履行如实告知义务。

② 除另有约定外，投保人应当在保险合同成立时一次足额支付保险费；保险费付清前发生的保险事故保险人不承担赔偿责任。

③ 发生保险事故时，被保险人应当及时采取合理的必要的施救和保护措施，防止或减少损失，并在保险事故发生后 48 小时内通知保险人。

④ 发生保险事故后，被保险人应当积极协助保险人进行现场查勘。

⑤ 因第三方对保险车辆的损害而造成保险事故的，保险人自向被保险人赔偿保险金之日起，在赔偿金额范围内代位行使被保险人对第三方请求赔偿的权利，但被保险人必须协助保险人向第三方追偿。

2. 汽车保险合同的关系人

在财产保险合同中，合同的关系人仅仅指被保险人，而人身保险合同中的关系人除了被保险人外，还有受益人。通常被保险人是一个，而受益人可以为多个。汽车保险合同是财产保险合同的一种，应当具有财产保险合同的一般特征，因而，汽车保险合同的关系人是被保险人。所谓被保险人，指其财产或人身受保险合同保障，享有保险金请求权的人。

（1）被保险人的特征

被保险人是因保险事故发生而遭受损失的人。在汽车保险合同中，被保险人是保险标的即保险车辆的所有人或具有利益的人。

被保险人是享有赔偿请求权的人。因为被保险人是保险事故发生而遭受损失的人，所以享有赔偿请求的权利，投保人不享有赔偿请求的权利。

（2）投保人和被保险人的关系

投保人与被保险人的相等关系。在汽车保险中，投保人以自己的汽车投保，投保人同时也就是被保险人。

投保人与被保险人的不相等关系。投保人以他人的汽车投保，保险合同一经成立，投保人与被保险人分属两者。在这种情况下，要求投保人对于被保险人的财产损失具有直接的或间接的利益关系。

阅读资料

受　益　人

受益人一般属于人身保险范畴的特定关系人，即人身保险合同中由被保险人或投保人指定，当保险合同规定的条件实现时有权领取保险金的人。

在保险实务中，受益人在保险合同中有已确定和未确定两种情况。已确定受益人是指被保险人或投保人已经指定受益人，这时受益人领取保险金的权利受到法律保护，保险金不能视为已死去的被保险人的遗产，受益人以外的任何人无权分享，也不得用于清偿死者生前的债务。

未确定受益人又有两种情况：一是被保险人或投保人未指定受益人；二是受益人先于被保险人死亡、受益人依法丧失受益权、受益人放弃受益权，而且没有其他受益人。在受益人未确定的情况下，被保险人的法定继承人就视同受益人，保险金应视为死者的遗产，由保险人向被保险人的法定继承人履行给付保险金的义务。

以下情况出现时，受益人丧失受益权。

① 受益人先于被保险人死亡的。

② 受益人被指定变更的。

③ 受益人放弃受益权的。

④ 受益人依法丧失受益权的。

我国保险法规定：受益人故意造成被保险人死亡或伤残的，或者故意杀害被保险人未遂的，丧失受益权。

财产保险合同中保险赔偿金的受领者多为被保险人本人，所以合同中一般没有受益人的规定。

3. 汽车保险合同的中介人

保险产品的特殊性决定了一个健全的保险市场对包括代理人、经纪人和公估人在内的市场中介机构的强烈依赖。在消费者的保险意识已相对成熟、对保险产品的认知程度相对较高、保险业较为发达的国家和地区，保险中介的作用十分突出。

从国际保险业发展的历史看，一个完善的保险市场不但要有保险公司的适度成长，而且需要游刃于保险人与被保险人之间的中介实体的积极参与，并由此形成保险市场合理的产业链，实现原保险、再保险、保险中介市场的同步发展。在中国，保险经纪人、代理人、公估人等中介机构的成长，可以说，不仅有助于完善中国保险市场，提高保险的经营效率，维护保险各方当事人的合法权益，而且有利于传播保险文化、形成市场规范、加快保险市场的深度开发和保险产品及经营方式的创新。

（1）保险代理人

保险代理人，指根据保险人的委托，在保险人授权的范围内代为办理保险业务，并依法向保险人收取代理手续费的单位或个人。截至2009年11月，我国保险业代理人总数为256万人。通常保险代理人分为专业代理人、兼业代理人和个人代理人三种。

专业保险代理人，指专门从事保险代理业务的有限责任保险代理公司。专业保险代理人可以代理保险公司推销汽车保险产品和汽车相关的人身保险产品，代理保险公司收取保险费，协助保险公司进行损失的勘察和理赔等。

兼业保险代理人，指受保险人委托，在从事自身业务的同时，指定专用设备专人为保险人代办保险业务的单位，主要有行业兼业代理、企业兼业代理和金融机构兼业代理、群众团体兼业代理等形式。兼业保险代理人可以代理保险公司推销汽车保险产品和与汽车相关的人身保险，代理保险公司收取保险费。

个人保险代理人，指根据保险人的委托，在保险人授权的范围内代办保险业务并向保险人收取代理手续费的个人。在汽车保险领域，个人保险代理人主要承担与汽车相关的人身保险产品的代理推销和车辆等财产保险产品的代理推销，以及相关保险的保费的收取。个人保险代理人又分为保险代理从业人员和保险营销员。

（2）保险经纪人

风险无处不在，激烈的市场竞争使得每个企业都面临着各种各样的风险，而且每个企业所面临的风险都不一样，有些风险发生的可能性大，有些发生的可能性较小。各种风险如何规避、控制和转移是风险管理需要解决的问题。保险经纪人就是顺应这些需求而出现的，会帮助客户以最小的风险管理成本，获得最大的保障。保险经纪人认证是进入这一行业的通行证。

保险经纪人是基于投保人利益，接受投保人的委托，为投保人提供防灾、防损或风险评估，风险管理咨询服务，安排保险方案，办理投保手续，并在出险后为投保人或受益人代办检验、索赔的保险从业人员。

汽车保险经纪人以订立汽车保险合同为目的，为投保人提供防灾、防损或风险评估及风险管理咨询，为投保人拟定投保方案，选择汽车保险人，办理投保手续，监督汽车保险合同的执行情况，为被保险人代理检验及向汽车保险人提出索赔等。

汽车保险经纪人可以根据汽车保险标的的具体情况及相关汽车保险人的承保情况，为汽车投保人拟定最佳投保方案，代为办理投保手续，减少投保人或被保险人的保险费支出，减轻投保人投保选择的工作难度，提高投保效率。

（3）保险公估人

保险公估人，指依照法律规定设立，受保险公司、投保人或被保险人委托办理保险标的的查勘、鉴定、估损，以及赔款的理算，并向委托人收取酬金的公司。公估人的主要职能是按照委托人的委托要求，对保险标的进行检验、鉴定和理算，并出具保险公估报告，其地位超然，不代表任何一方的利益，使保险赔付趋于公平、合理，有利于调停保险当事人之间关于保险理赔方面的矛盾。

保险公估人在保险市场上的作用具有不可替代性，以其鲜明的个性与保险代理人、保险经纪人一起构成了保险中介市场的“三驾马车”，共同推动着保险市场的发展。保险公估人的作用主要体现在以下几个方面。

① 保证保险当事各方的合法利益。保险公估是站在中立的立场上，从而保证各方的利益在公平的结果下不受损失。

② 保险公估人客观公正的立场，容易被保险双方当事人认可，从而可以减少理赔纠纷，防止无休止的僵持或诉诸法律，实现尽快赔付，恢复生产生活。

③ 促进保险企业组织变革，提高经营绩效。保险企业将一部分费事费力且易造成品牌损失的理赔工作交由保险公估人完成，既可以降低人力资源等经营成本，还有助于专注发展公司核心能力、提高效率，树立良好的品牌形象。

3.2.2 汽车保险合同的客体

保险标的，是作为保险对象的财产及其有关利益，或者人的寿命和身体，是保险合同双方当事人权利与义务所指的对象。在财产保险合同中，保险标的是财产本身或与财产相关的利益与责任；人身保险合同的保险标的是人的生命或身体。汽车保险合同的保险标的是汽车及其相关利益。投保人与保险人订立汽车保险合同的主要目的不是保障保险标的不发生损失，而是保障汽车发生损失后的补偿。因此保险人保障的是被保险人对保险标的所具有的利益，即保险利益。保险利益是汽车保险合同的客体。

3.2.3 汽车保险合同的内容

汽车保险合同的内容主要用来规定保险关系双方当事人所享有的权利和承担的义务，通过保险条款使这种权利义务具体化，包括基本条款和附加条款。

1. 当事人的姓名和住所

保险合同订立后，保险费的支付，危险事故的通知，保险金的给付，皆须有明确对象。所以，保险合同中须列明当事人。如果在投保人之外另有被保险人或受益人，在合同中也应载明被保险人和受益人的姓名。

2. 保险标的

保险标的是作为保险对象的财产及其有关利益，是保险利益的载体。在财产保险合同中载明保险标的，可判明投保人对保险标的有无利害关系，有无保险利益。在人身保险中写明被保险人的姓名，其目的也在于明确保险人提供保险保障的对象。

车辆损失险的保险标的是保险车辆，第三者责任险的保险标的是被保险人或其允许的驾驶员在使用保险车辆过程中给他人造成人身伤害或财产损失，依据法律及保险合同规定应当承担的经济赔偿责任。

3. 保险金额

保险金额，简称“保额”，是保险合同双方当事人约定，在保险事故发生时，保险人应赔偿金额的最高限度。由于机动车车辆损失险是不定值保险，所以机动车损失保险金额可以由投保人和保险人协商确定，但不能超过保险车辆的实际价值。由于第三者责任险中可能涉及人身伤害事故赔偿的处理，而人的生命价值其实无法用货币来度量，因此只能由投保人和保险人在订立汽车第三者责任保险时协商确定保险金额，作为发生保险事故时保险赔偿的限额。

4. 保险费

保险费简称“保费”，是投保人向保险人支付的，用以换取保险人承担保险责任而付出的代价。投保人向保险人支付保险费，是投保人与保险人签订保险合同应尽的首要义务。一般情况下，汽车保险投保人只有支付了保险费以后，汽车保险合同才成立。

5. 责任免除、保险责任的起止期限及保险期间

责任免除也称除外责任，是指根据法律规定或合同约定，保险人对某些风险造成的损失补偿不承担赔偿保险金的责任。责任免除条款适当限制了保险人承担的保险责任范围，意味着被保险人也要对某些风险自行承担责任。在保险合同中明确列出责任免除条款，对保险人和被保险人都十分重要。保险人在与投保人订立保险合同时，应当以十分明确的语言向投保人指明和解释责任免除条款，不得隐瞒或含糊其辞。我国《保险法》第十八条明确规定：“保险合同中规定有关保险人责任免除条款的，保险人在订立保险合同时应当向投保人明确说明，未明确说明的，该条款不产生效力。”

在通常情况下，保险合同成立之日，即合同生效之时，保险人的保险责任也即开始。保险合同期满日，也即合同效力终止和保险责任告讫之时。目前我国的保险条款规定，合同生效是从起保日的零时开始到满期日的24时为止。在保险合同中载明保险责任的起讫时间及保险期间，即明确保险合同的开始，延续及终止时期，也明确了保险责任的起讫。

保险期间的计算通常有两种方法：用日历年、月计算。如财产保险合同通常为一年，期满后可以续订。人身保险的期限可以是5年、10年、15年、20年。

6. 订约的具体日期

在合同中写明订约的年、月、日时是十分重要的，因为有了订约的具体日期，才能确定投保人是否具有保险利益，保险危险是否已经发生或消灭，保险费交纳期限及合同生效期间的计算，等等。

7. 保险金的赔偿办法

保险金赔偿办法指保险合同中约定的当发生保险事故时保险人向被保险人赔付保险金的计算方法。

8. 违约责任和争议处理

违约责任是当事人违反合同义务时应当承担的民事责任。汽车保险合同当事人一方不履行合同义务或履行合同义务不符合规定的，应当承担继续履行、采取补救措施或赔偿损失等违约责任。

争议处理指当事人双方对保险合同发生争议或纠纷时的处理解决方式，主要有协商、调节、仲裁和诉讼等方式。一般情况下，双方当事人发生争议或纠纷时应先采取协商的办法，在互谅的基础上寻找共同可以接受的条件，以达成和解的协议，消除争议。在协商不成的情况下，可以请第三方出面调解，请仲裁机构仲裁，直至到法院诉讼。

9. 保险人、投保人及被保险人的义务

机动车辆保险合同中明确了保险人、投保人及被保险人的义务，并且在合同中也指明任何一方违反义务时应承担的责任。

10. 附加条款

附加条款是应投保人的要求而增加承保危险的条款。相当于扩大了承保范围，满足部分投保人的特殊要求。

3.3 汽车保险合同的一般法律性特征

3.3.1 汽车保险合同的订立

汽车保险合同在订立时必须基于保险人和投保人的意见一致，才能成立生效，所以汽车保险合同采取要约与承诺的方式订立。要约又称为订约提议，是一方当事人向另一方当事人提出订立合同建议的法律行为，是签订保险合同的一个重要程序。

承诺又称为接受订约提议，是承诺人向要约人表示有意与其缔结合同的意思表示。承诺人对于要约人提出的主要条款赞同后，合同即告成立，当事双方开始承担履行合同的义务。如果承诺人对要约不是完全赞同，而是有修改、部分同意或有条件接受的，就不能认为是承诺，而是拒绝原要约，提出新要约。在初次订立保险合同的过程中，要约通常由投保人提出而由保险人承诺给予保险。按照我国的现行法律规定，保险的保险期限通常为一年。在保险期满续保时，保险人向被保险人发出续保通知书和保险合同的主要内容，这可以看做保险人向被保险人发出要约，投保人同意后，新的保险合同成立。

在保险实务中，保险人为了开展保险业务印制各种保险投保单。投保人认可投保单上的保险费率和保险条款，将填好的投保单交付给保险人，这就构成了要约。保险人经逐项审核后，认为符合投保条件而接受了要约，同意承保，就构成了承诺，标志着合同成立。

任何汽车保险合同的订立都要经过要约与承诺的过程。只不过有时这种要约与承诺不是一个循环完成的。如对于价格昂贵的豪华汽车的投保，往往保险人和投保人在保险标的、保险价格和保险费方面要经过几轮的协商，才能完成整个合同的订立过程。

1. 生效的条件

汽车保险合同是否生效，取决于合同是否符合法律规定的签订合同的要件，包括合同主体资格、合同内容的合法性、当事人意思表示真实，以及合同当事双方约定的其他生效条件等，分别介绍如下。

（1）主体资格

汽车保险合同的主体资格指合同当事人即保险人、投保人和被保险人的资格是否合乎规定。

① 保险人资格。保险人必须是按照《保险法》规定设立的保险公司或其他保险组织，保险人从事汽车保险业务必须经金融管理部门批准，才能开展汽车保险业务。

② 投保人资格。投保人在订立汽车保险合同时，必须对保险标的具有保险利益，必须具有完全的民事行为能力和承担交付保险费的义务，限制行为能力和无行为能力的人订立的汽车保险合同无效。

③ 被保险人资格。当汽车保险事故发生时，被保险人对保险标的必须具有保险利益。汽车保险的投保人是投保时对保险标的具有保险利益的人，可以是汽车的所有人、使用人，也可以是汽车的管理人、租赁人。当他们为自己的利益而订立汽车保险合同时，他们既是投保人，也是被保险人，在签订合同时，其身份是投保人，合同成立后，才能称为被保险人。此时，投保人和被保险人是同一人，所以不会影响其行使自己的权益。但是，如果投保人就与自己有利害关系的汽车为他人利益投保，投保人与被保险人就是分离的不同对象了。投保人承担交纳保险费的义务，而被保险人对保险金具有独立的请求权，他们的法律地位完全不同。

（2）合同内容的合法性

合同内容的合法性指合同条款必须符合法律规定，才能确保合同的有效性。首先，作为保险标的的汽车必须是合法的，必须有交通管理部门核发的行驶证和牌号并经检验合格的汽车，不能为走私汽车、报废汽车、盗窃车等非法汽车。其次，保险金额必须合法，不能超过保险汽车本身的价值，否则，超过部分无效。

（3）保险人和投保人的意思表示真实

在保险人和投保人的意思表示真实的基础上达到一致是汽车保险合同成立的基本条件。所谓的意思表示真实：① 必须是自愿订立的汽车保险合同，除强制保险外，任何单位和个人强制他人订立汽车保险合同，都是意思表示不真实；② 合同当事双方必须完全履行如实告知义务。

（4）约定的其他生效条件

保险期限、如何交纳保险费等汽车保险合同的其他生效条件，要在签订保险合同时约定。

2．无效合同

合同的生效并一定代表了合同的有效，有的时候因为一些客观原因或当事人的疏忽导致无效合同的发生。

已经成立的合同应当符合法律规定的生效条件。凡不符合法律规定的条件的合同，不能产生合同的法律效力，从而属于无效合同。所谓无效合同是相对于有效合同而言的，指合同虽然成立，但因其违反法律、行政法规、社会公共利益，被确认为无效。可见，无效合同是已经成立的合同，是欠缺生效要件、不具有法律约束力的合同，不受国家法律保护。无效合同自始无效，合同一旦被确认无效，就产生溯及既往的效力，即自合同成立时起不具有法律的约束力，以后也不能转化为有效合同。无论当事人已经履行，或者已经履行完毕，都不能改变合同无效的状态。 无效合同是当然无效。由于无效合同是违反国家法律、行政法规和社会公共利益的合同，因而为法律上的当然无效，即其无效，无须当事人主张即产生无效的法律后果。

按照全部还是部分不具备法律效力分为：全部无效合同、部分无效合同。全部无效合同，是合同的全部内容自始不产生法律约束力。部分无效合同，是合同的部分内容不具有法律约束力，合同的其余部分内容仍然有效。

3.3.2　汽车保险合同的变更、终止和转让

1．保险合同的变更

保险合同的变更，指在保险合同有效期限内，由于订立保险合同时所依据的主客观情况发生变化，双方当事人按照法定或合同规定的程序，对原保险合同的某些条款进行修改或补充的行为。根据保险合同的内容，这种变更行为可分为主体变更、客体变更、条款变更 3 种。一般而言，保险合同的变更是一种双方民事行为，其生效的条件：投保人或被保险人提出变更书面申请，保险人同意后签发批单或批注。少数属单方民事行为，如被保险人变更受益人，只需书面通知保险人即可，而不必得到保险人同意。

2．保险合同的解除

保险合同的解除，指保险合同依法成立之后，在有效期尚未届满之前，当事人依法提前终止合同的法律行为。

除法律或保险合同另有约定外，保险合同成立后，投保人可以解除保险合同，保险人不能解除保险合同。例外，货物运输保险合同和运输工具航程保险合同，保险责任开始后，合同当事人不得解除合同。

保险合同成立后，保险人解除保险合同的情形有以下几种。

（1）虚构保险事故的解除

被保险人或受益人谎称发生了保险事故，向保险人提出赔偿或给付保险金请求的，保险人有权解除合同，并不退还保险费。

阅读资料

虚构保险事故案例

自己的爱车发生碰撞之后，丁某要求保险公司理赔，但是保险公司拒绝理赔，丁某遂将保险公司诉至法院。8 月 23 日，郑州市金水区法院对此案做出一审判决，驳回了丁某的诉讼请求。

丁某诉称，她于 2011 年 3 月在某公司投保机动车辆商业保险，保险期限为 2011 年 3 月 5 日至 2012 年 3 月 4 日。后该投保车辆发生碰撞，经该公司人员现场勘查、定损后进行车辆维修，共发生维修费用 13928 元，后丁某申请索赔时遭到拒绝，遂诉至法院，请求判令该公司赔偿车辆损失 13928 元。

对此，该公司辩称，公司已申请鉴定，依鉴定结果，公司不应赔付。此外，该公司向法院提交司法鉴定书一份，证明事故为虚构保险事故。

法院审理查明：2011 年 3 月，丁某的轿车在该公司投保了机动车辆商业保险一份，保险

期间为 2011 年 3 月 5 日起至 2012 年 3 月 4 日止。2011 年 3 月 18 日，丁某的轿车因故发生碰撞。丁某为修理该车，共花费 13928 元。此后，丁某即向保险公司申请索赔，遭拒。诉讼期间，该公司申请对该车车损形成的原因进行了鉴定，鉴定意见为：车辆受损程度与现场无因果关系。庭审中，丁某未申请重新鉴定。

法院审理后认为，丁某所有的轿车已在该公司投保，该公司也签发了保险单，双方之间形成保险合同关系，但丁某所提供的证据并不足以证明其投保的车辆车损发生的原因，也不能证明是属于被告应承担的理赔范围，且司法鉴定结果为车辆受损程度与现场无因果关系，遂依法做出上述判决。

（2）故意制造保险事故的解除

因相关人员故意制造保险事故，保险人可以解除保险合同，有以下几种情形。

① 投保人、被保险人故意制造保险事故。

② 受益人故意造成被保险人死亡、伤残、疾病的，或者故意杀害被保险人未遂的，该受益人丧失受益权。

③ 受益人或投保人故意造成被保险人死亡、伤残、疾病的，或者因被保险人故意犯罪或抗拒依法采取的刑事强制措施导致其伤残或死亡的，保险人不承担给付保险金的责任。

阅读资料

故意制造保险事故案例

被保险人王某就其所有的五菱微型客车向甲保险公司投保了交强险。保险期限内的 2010 年 1 月 19 日 13 时许，邢某借用该车后，驾驶标的车沿某公路自南向北通过收费站时，因强行闯站被公安干警和收费站工作人员拦截检查，邢某见状遂猛加油门硬闯，将收费站工作人员洪某撞倒并拖在车下向北逃逸。邢某后在某市西潼路与解放路十字路口被公安机关当场抓获。该案经公安机关立案侦查后，移送检察机关审查起诉，检察机关以故意杀人罪将邢某诉至某区人民法院。期间，受害人洪某提起刑事附带民事诉讼，要求被告邢某、王某、甲保险公司赔偿原告医疗费 167443.96 元，二次手术医疗费 110000 元，残疾赔偿金 226064 元，误工费 5832 元，护理费 6975 元，住院伙食补助费 1134 元，交通费 2812.30 元，餐费 2452.5 元，住宿费 1840 元，其他开支费 550.00 元，病案复印费 44 元，伤情及定残鉴定费 800 元，定残后生活护理费 16745 元，合计约 954516 元。

某区人民法院认为，被告人邢某驾车上路强闯收费站，在遭到公安人员及收费站工作人员阻拦后，明知车前有人挡车，竟故意驾车撞人逃逸，放任伤害后果发生，导致发生受害人重伤及严重残疾的严重后果，其行为已构成故意伤害罪，依法应予惩处。附带民事诉讼原告人主张的二次手术费用，因其尚未发生，可待实际发生后另行起诉；精神损害抚慰金，不属于刑事附带民事诉讼范围，不予支持。附带民事诉讼被告人王某对其所有的车辆依法缴纳机动车交通事故责任强制保险，该保险合同属双方自愿，真实有效，故被告人甲保险公司在事故发生后应在承保范围内承担赔偿责任。2010 年 9 月，该区人民法院刑事附带民事判决书判决：被告人刑某犯故意伤害罪，判处有期徒刑 10 年；甲保险公司在交强险范围内赔偿附带民事诉讼原告人 120000 元。

我国《保险法》第二十七条第二款规定，投保人、被保险人故意制造保险事故的，保险人有权解除合同，不承担赔偿或给付保险金的责任；除本法第四十三条规定外，不退还保险费。

（3）未履行如实告知义务的解除

投保人未履行如实告知义务的，保险人可以解除合同，有以下两种情形。

① 投保人故意不履行如实告知义务。

② 投保人因重大过失未履行如实告知义务，对保险事故的发生有严重影响。

（4）其他保险人可以解除合同的情况

其他保险人可以解除合同的情况：保险标的部分损失后的解除；保险合同效力中止后的解除；保险标的转让后的解除，保险合同转让后，被保险人、受让人未履行应尽通知义务的，因转让导致保险标的危险程度显著增加而发生的保险事故，保险人不承担赔偿保险金的责任；未尽安全责任的解除，投保人、被保险人未按照约定履行其对保险标的的安全应尽责任的，保险人有权要求增加保险费或解除合同；保险标的危险程度显著增加的解除，被保险人未履行前款规定的通知义务的，因保险标的的危险程度显著增加而发生的保险事故，保险人不承担赔偿保险金的责任。

（5）保险合同解除的后果

保险公司解除保险合同，直接后果为被保险人丧失合同保障，还有可能附带产生保险公司对合同解除前发生的保险事故不承担保险责任，并且不退还保险费的后果。

保险责任开始前，投保人要求解除合同的，应当向保险人支付手续费，保险人应当退回保险费。

保险责任开始后，保险人要求解除合同的，保险人可以收取自保险合同开始之日起至合同解除之日止期间的保险费，剩余部分退还投保人。

保险人应当将保险标的未受损失部分的保险费，按照合同约定扣除自保险责任开始之日起至合同解除之日止应收的部分后，退还投保人。

除通过法律规定外，如果双方当事人在订立保险合同时有解除合同的约定，保险人也可以据此解除合同。保险合同一经解除，合同效力归于消灭，双方当事人约定的权利和义务不复存在。但合同解除不影响原合同中争议处理条款的效力，也不影响当事人要求赔偿的权利。

3. 保险合同的终止

保险合同的终止，指保险合同双方当事人消灭合同确定的权利和义务行为。保险合同一旦终止，就失去法律效力，但是原合同中争议处理条款的效力和当事人要求赔偿的权力不受影响。保险合同的终止，可以分为以下 3 种情况。

（1）自然终止

自然终止，即保险合同因合同期限届满而终止的情况。自然终止是保险合同终止最普遍、最基本的方式。汽车保险合同的期限一般是一年，合同到期后投保人续保，新的保险合同成立。

（2）因解除而终止

当汽车保险合同双方当事人中的任何一方根据法律规定或双方约定行使合同的解除权，并以书面形式通知送达对方当事人，合同的效力即行终止，或者双方当事人通过协商，达成解除合同的协议，合同的效力也即行终止。

（3）义务履行而终止

保险事故发生后，保险人履行了赔付保险金的全部责任，导致合同终止。这里的全部责任，指发生了保险人应当按照约定的保险金额全部赔付的保险事故。保险人承担了保险合同约定的应承担的全部责任，因此因保险人履行了全部义务而导致合同的终止。如保险车辆因一次事故全部损毁或推定全损，保险人给付保险金后，汽车保险合同即行终止。

3.4 保险合同条款的解释原则和争议处理

1. 保险合同条款的解释

保险合同条款的解释必须遵守合同的一般解释原则。保险合同是一种附和合同，因合同条款多为保险人事先制定，因此又称之为定型化合同。因此，对保险合同的解释，在遵守普通的合同解释原则的同时，又要根据其自身的特殊性，进行公平，合理的解释。

（1）文义解释原则

文义解释原则，指按保险条款的通常含义解释。运用文义解释，应尊重保险合同条款所用词句的文义，所作解释不能超出保险合同所用词句的可能的文义。

（2）意图解释的原则

意图解释，指在保险合同的条款文义不清或有歧义时，通过判断合同当事人订约时的真实意图，以阐明保险合同条款的内容，运用意图解释，要根据保险合同条款所用文字、订约时间、客观情况推测当事人订约时所采用条款的真实意图。虽然对保险合同解释时应尽量揭示当事人的真实意思，但一般应以书面的客观标准为基础。因此，进行意图解释时一般遵循以下规则：

① 当书面约定内容与口头约定不一致时，应当以书面内容为准；

② 当投保单或其他合同文件上规定的内容与保险单中规定的内容不一致时，应以保险单中规定的内容为准；

③ 在保险单中如果特约条款与其他条款的内容不一致时，应以特约条款为准；

④ 当保险合同的内容以不同方式记载且内容相抵触时，打字的优于印刷的，手写的优于打字的。因此，一般认为，手写的内容更能表达当事人的真实意思。

（3）有利于被保险人解释的原则

有利于被保险人解释的原则，指当保险人和投保人，被保险人或受益人对保险合同的内容有争议，应当对保险合同所用的文字或条款作有利于被保险人的解释。这样做的前提是基于保险条款大多由保险人拟定并事先印就，保险人在制定条文时，往往偏重本身利益，为避免保险人订立的保险条款含义不清，损害投保人的利益，应从有利于被保险人利益的角度进行解释。

2. 争议处理

保险合同订立以后，双方当事人在履行合同过程中，围绕理赔、追偿、缴费及责任归属等问题容易产生争议。因此，采用适当方式，公平合理地处理，直接影响到双方的权益。

对保险业务中发生的争议，可采取协商、仲裁和司法诉讼3种方式来处理。

（1）协商

协商，指合同双方在自愿、互谅、实事求是的基础上，对出现的争议直接沟通，友好磋商，消除纠纷，求大同存小异，对所争议问题达成一致意见，自行解决争议的办法。协商解决争议不仅可以节约时间、节约费用，更重要的是可以在协商过程中，增进彼此了解，强化双方互相信任，有利于圆满解决纠纷，并继续执行合同。

（2）仲裁

仲裁，指由仲裁机构的仲裁员对当事人双方发生的争执、纠纷进行居中调解，并做出裁决。仲裁机构实行"一裁终局"制，其做出的裁决，由国家规定的合同管理机关制作仲裁决定书，具有法律效力，当事人必须执行。申请仲裁必须以双方自愿基础上达成的仲裁协议为前提。仲裁协议可以是订立保险合同时列明的仲裁条款，也可以是在争议发生前、发生时或发生后达成的仲裁协议。

（3）诉讼

诉讼，指合同双方将争议诉至人民法院，由人民法院依法定程序解决争议、进行裁决的方式。保险合同纠纷案属民事诉讼法范畴，法院在受理案件时，实行级别管辖和地域管辖、专属管辖和选择管辖相结合的方式。《中华人民共和国民事诉讼法》第二十六条规定："因保险合同纠纷提起的诉讼，由被告住所地或者保险标的物所在地人民法院管辖。"

我国现行保险合同纠纷诉讼案件与其他诉讼案一样实行的是两审终审制，且当事人不服一审法院判决的，可以在法定的上诉期内向高一级人民法院上诉申请再审。第二审判决为最终判决。一经终审判决，立即发生法律效力，当事人必须执行；否则，法院有权强制执行。当事人对二审判决还不服的，只能通过申诉和抗诉程序。

思考题

1. 结合所学知识简单阐述汽车保险合同订立与生效的过程。
2. 简述汽车保险合同争议的处理方式。
3. 简述汽车保险合同的变更与批改。

第 4 章　汽车保险费率

学习目标

- 理解保险费的概念及意义。
- 理解保险费率的概念及厘定的原则。
- 掌握影响汽车保险费率的因素。
- 掌握汽车保险保费的计算。

导入案例

按新车价格计算保费，按折旧后车价赔付

目前我国机动车保有量高达 1.99 亿辆，并保持了高速增长态势，私家车开支也成为了我们生活支出的重要内容。目前绝大多数保险公司执行的都是“高保低赔”条款，这也就意味着众多的车主，都被迫无奈接受这一“霸王条款”。保险公司按照新车的价格收取相应的保费，在车子出险理赔时，则按照车辆折旧后的实际价格进行赔付。车险投保中的“高保低赔”霸王条款再次引发了大家对车险问题的关注。

北京的车主高某 2003 年买了一辆轿车。随着时间推移，高某发现他的汽车的车损险和盗抢险保额差距越来越大。到了 2010 年，他的车损险保额被认定为 19.1 万元，而盗抢险保额仅为 10 万余元。

无独有偶，浙江宁波的周某也遇到了类似的情况。2001 年，周某花 14 万元买了一辆新车，并连续 9 年在一家财产保险公司投保。从 2001 年开始直到 2009 年，8 年时间，周某的车每年的保险费都是按新车购置价 14 万元全额计价缴付，其中车头部分是以新车价 88920 元作为保险金额。

2009 年，这辆车发生车损事故。宁波市价格认定中心对车辆损失作了评估，认定车头部分损失为 36000 多元。事故结案后，周某向保险公司索赔。但业务员却告知，车头部分要按折旧来计算赔款，只能赔 20896.2 元，这和实际修理费相差了近 1.6 万元。

原来，保险公司经计算得出，周某的车在出事故时车头部分实际价值只值 20896.2 元。根据保险条款中“车损事故赔偿不能超过车辆实际价值”的规定，只能赔周定海 20896.2 元。

根据《保险法》的相关规定：保险金额是指保险人承担赔偿或者给付保险金责任的最高限额。

在财险公司的车险条款中，写明保险金额可以从三种方式中确定，其中第一种就是按投保时被保险机动车的新车购置价确定。而在赔偿处理条款中写明，按新车购置价投保的机动车发生全损时，计算赔偿不得超过车辆的实际价值。车辆的实际价值按新车购置价每月折旧 0.6%计算。发生部分损失时，按实际修复费用计算赔偿，但不得超过事故发生时车辆的实际价值。

4.1　保险费

4.1.1　保险费的定义、构成及交纳方式

保险费，指被保险人参加保险时，根据其投保时所定的保险费率，向保险人交付的费用。当保险财产遭受灾害和意外事故造成全部或部分损失，或人身保险中人身发生意外时，保险人均要付给保险金。

保险费由保险金额、保险费率和保险期限构成。保险费的数额同保险金额的大小、保险费率的高低和保险期限的长短成正比，即保险金额越大，保险费率越高，保险期限越长，则保险费也就越多。如被保险人不按期交纳保险费，在自愿保险中，则保险合同失效；在强制保险中，就要附加一定数额的滞纳金。

保险人依靠其所收取的保险费建立保险基金，对被保险人因保险事故所遭受的损失进行经济补偿。因此，缴付保险费是被保险人的基本义务，只有在被保险人履行了约定交费义务的前提下，保险人才能承担保险合同载明的保险责任。

保险费由纯保费和附加保费构成，纯保费是保险人用于赔付给被保险人或受益人的保险金，是保险费的最低界限；附加保费是由保险人所支配的费用，主要用于保险业务的各项营业支出，包括营业税、代理手续费、企业管理费、工资及工资附加费和固定资产折旧等。

交纳保险费一般有 4 种方式：一次交纳、按年交纳、按季交纳、按月交纳。我国汽车保险法规规定，汽车保险保费必须一次足额交纳。

4.1.2　保险费的本质

保险是社会再生产过程中独立的单位或个人应付意外事件的货币资金，在它们之间通融使用的一种货币资金运动的形式。毫无疑问，这种货币资金的运行方式是：社会上众多的被保险人将数量上相对较少的保险费交到保险人手里，在保险人那里，形成一笔数额巨大的货币资金。哪位被保险人发生了保险责任范围内的意外事件并导致经济损失，保险人就用这部分货币支付给发生损失的被保险人，今年可能付给你，明年可能付给他。所以，从本质上说，保险费就是被保险人用于应付意外事件的那部分货币资金。

正是因为保险费是被保险人用于应付意外事件的那部分货币资金，保险费的支出就成了被保险人一项必要的管理支出，列入他的生产经营成本或生活开支的栏目中。确定这一认识，对发展我国的保险事业十分必要。我国是一个经历了长期封建社会的国家，在对待意外事件突然袭击的问题上，如何利用保险这一现代金融工具认识还不深。由于受建立在自给自足的自然经济基础上的传统观念影响，往往有一种交了保险费后得不到赔款就是花了冤枉钱、吃亏上当的感觉，没有从保险费是自己生产经营和生活必须开支这一思维去认识，所以，人们的保险意识不高。只有当人们从市场经济活动中认识到保险费的支出是生产经营活动和生活安排的必要支出后，才能提高保险意识，才会主动地、自愿地向保险机构办理符合自身需要的保险。

只有社会向保险机构提出各种保险要求后，保险机构才能更好地开发适合社会需要的各种保险产品。这样保险业才会更加健康、积极地成长起来，才会尽快消除把交纳保险费视为

“乱收费”、“乱摊派”的认识。当然，保险从业人员更应坚持做好符合实际的宣传，主动提供安全可靠和低廉的保险服务。整个社会保险意识的提高才能为我国保险业的更快发展提供强有力的后劲。也只有确定这一认识，才会为中国财务法规建设提供理论依据。允许社会上各个生产经营单位的保费开支列入成本中，允许个人保险费支出列入必须的生活开支中，从而为保险费的支出来源找到合法的地位。

4.1.3 保险费的特性

1. 保险费的必须性

保险费所解决的是意外事件造成的经济损失，而意外事件又具有必然存在和偶然发生两个特点。这两个特点决定了保险费的必须性。

（1）必然存在性

在人们的生活中诸如洪水、地震等自然灾害或火灾、爆炸等意外事故是必然发生的。如果没有意外事件的必然存在性，人们就不必采取诸多措施进行预防，如果意外事件不是必然存在，保险也就失去了存在的基础。

（2）偶然发生性

尽管意外事件的存在是必然的，但意外事件发生的时间、地点、程度、是否造成或造成的经济损失的大小程度，又是偶然的。这样，被保险人支出了保险费，就是把意外事件存在的必然性和意外事件发生的偶然性结合起来，把绝对变数变成相对常数，把不确定的东西确定化。

一个理性的被保险人会认识到，在支出了保险费后，如果没有遇到意外事件，说明他的一切运行活动正常，而且由于运行正常而获得了应有的收益，因此不会对因未遭遇意外事件发生经济损失而没有得到赔款产生吃亏的感觉。如果被保险人遇到了意外事件，造成经济损失，得到了赔款，只是补偿了损失的部分，而因意外事件的发生影响了生产生活的正常运行，造成的收益损失却难以补回，所以尽管被保险人得到赔款，也不会产生赚到便宜的心理感受。那些认为支付保险费后，未得到赔款是吃亏，有了赔款，才是赚着了的想法，是对保险是商品经济运行保护伞的一种误解。

2. 保险费的保障性

被保险人支付保险费后，不是必定要遇到意外，只是可能遇到意外事件。为防可能遇到的意外事件，交付了保险费，就可以放心地进行经营活动，就像有的人讲的那样，没有保险，轮船不敢出航，飞机不敢起飞（指经营性）。因为谁也不敢保证每次航行都会安然无恙。例如，1963 年中国自己建造的第一艘万吨货轮“跃进号”，就是在由上海赴日本的处女航途中沉没的。所以，对于一个社会再生产过程中的经营者来说，支付了保险费就是为其经济运行提供了最佳的经济保障。

4.1.4 保险费的意义

一个国家保险费收入的多少，是一个国家社会成员用于抵御意外事件袭击的经济能力的货币标志，即当保险责任范围内的事故发生后，用社会成员自己的力量解决经济损失的能力的标志。这个数额越大，说明社会成员自己解决意外事件造成经济损失的能力越强，意外事件的袭击给社会生产、生活造成的冲击和创伤越少，社会成员的生产和生活就会更加顺利和安定，从而，靠国家救济、资助的需求就减少，国家将有限的资金用到更为急需的地方，这对社会经济稳定和社会安定发挥着强有力的经济保障作用。

一个国家保费收入的多少，是该国商品经济发展程度的标志。因为，只有商品经济，才能使被保险人手中持有货币；有了货币，才能支付保险费。随着商品经济的发展壮大，保险费的收入也会越来越多。所以保险业的发展，首先是从商品经济发达的行业和地区开始，并保障和推动商品经济的迅速发展。

中国社会主义市场经济的发展与壮大为中国保险事业的发展提供了良好的土壤，而中国保险事业要想发展，就要为中国社会主义市场经济提供良好的保险服务，市场经济需要什么保险，就要研究和开发什么险种，以满足市场需求。中国社会主义市场经济的发展与壮大，与中国保险业的成长是相辅相成的。所以，中国保险事业的健康成长与壮大，既为中国小康社会提供了可靠的经济保障，又是中国社会主义小康社会兴旺发达的标志之一。

4.2　保险费率厘定

4.2.1　保险费率

保险费率是保险费与保险金额的比率，又称为保险价格，是被保险人为取得保险保障而由被保险人向保险人所支付的价金，通常以每百元或每千元的保险金额的保险费来表示。但作为保险价格的保险费率是不同于其他商品的价格的，因为保险人制定费率时主要依据过去的损失和费用统计记录，而不是已保保险标的损失资料。保险公司产品研发作业流程，如图 4-1 所示。

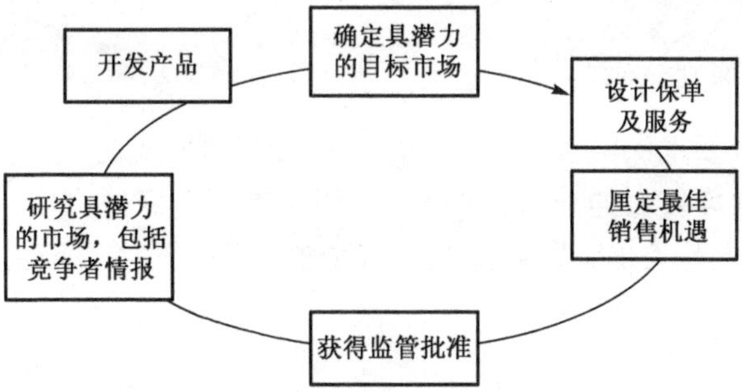

图 4-1　保险公司产品研发作业流程图

保险费率一般由纯费率和附加费率两部分组成。习惯上，将纯费率和附加费率相加所得到的保险费率称为毛费率。

纯费率是纯保费与保险金额的比率，也称净费率，是用于保险事故发生后进行赔偿和给付保险金的费率。财产保险纯费率的计算依据是保额损失率，人寿保险纯费率的计算依据是利率和死亡率。

附加费率是附加保费与保险金额的比率，是以保险人的营业费用为基础计算的，用于保险人的业务费用支出、手续费支出及提供部分保险利润等。通常以占纯费率的一定比例表示。附加费率由费用率、营业税率和利润率构成。

4.2.2 厘定保险费率的原则

保险人在厘定保险费率时总体上要做到权利与义务对等，具体包括以下几个原则。

1. 充分性原则

充分性原则，指所收取的保险费在支付赔款、营业费用和税款之后，仍有一部分的结余。可见，充分性原则的核心是保证保险人有足够的偿付能力。如果保险费率过低，就会降低保险人的偿付能力，结果使保险人的经营处于一种不稳定状态，不利于稳健发展。在竞争激烈的保险市场上，为了提高自己的竞争力，保险人常常不惜以降低保险费率来吸引顾客。为了贯彻充分性原则，避免恶性竞争，很多国家都对保险费率进行管制，以保证保险公司的偿付能力。

2. 公平合理原则

公平一方面对保险人来说，其收取的保险费应与其承担的风险相当；另一方面对被保险人来说，其负担的保险费应与其获得的保障相当。合理则指保险费率应尽可能合理，保险费的多少应与保险种类、保险期限、保险金额相关联，保险人不能为追求超额利润而片面制定过高的保险费率。

3. 稳定灵活原则

稳定，指保险费率应当在一定时期内保持稳定，以保证保险公司的信誉。稳定的费率有利于保险公司的业务核算，也使被保险人的保费支出保持稳定。不稳定的保险费率会给保险公司的经营活动带来负面影响。同时，坚持稳定原则并不是要求保险费率保持一成不变，也要随着风险的变化、保险责任的变化和市场需求等因素的变化而做出相应的调整，具有一定的灵活性。

4. 促进防灾防损原则

促进防灾防损原则要求保险费率的厘定应有利于促进防灾防损。具体来讲，对注重防灾防损工作的被保险人采取较低的费率。贯彻这一原则有两个好处：① 可以减少保险人的赔款支出；② 可以促进被保险人加强防灾防损，减少整个社会的财富损失。

4.2.3 保险精算

所谓精算，就是依据经济学的基本原理，运用现代的各种科学有效方法，对各种经济活动中未来的风险进行分析、评估和管理，是现代保险、金融、投资实现稳健经营的基础。精算师是运用精算方法和技术解决经济问题的专业人士。精算师在保险行业中起着举足轻重的作用。无论是公司的产品设计与定价，还是准备金的提取，以及再保险的安排，精算师都力图保证公司的稳健经营。在英国，由于委任精算师要对公司出具一系列的精算报告，他们实际上被赋予了保险监管的部分职责。精算师应用数学、统计学、复利的原理来拟定保险计划、退休金等庞大的基金计划。

精算师团体的主要职能有：① 为了公众的利益，不断提升与精算科学及其应用相关的知识和研究；② 由专业精算师监督其成员的行为；③ 提升职业教育、培训、知识技能方面的高标准，并出版各种类型的行业行为准则；④ 提升精算职业的认知度及地位；⑤ 为立法及相关职能而行使的监督职能。

4.2.4 保险费率的厘定

1. 厘定保险费率的一般方法

（1）判断法

判断法，又称观察法或个别法，是在具体的承保过程中，由核保人员根据每笔业务保险标的和以往的经验，直接判断风险频率和损失率，从而确定适合特定情况的个别费率。由于这种类型的保险费率是从保险标的的个别情况出发单独厘定的，因此较能反映个别风险的特性。

但是，在现代保险业务中，判断法往往因其手续烦琐，加之受核保人员的水平和被保险人的信用影响很大，不十分科学，通常用于海上保险、航空保险等。这些保险因航程不定、气候变化或交替使用不同运输工具而遭遇无法统一分类的风险时，就常用判断法。例如，我国保险公司初期承保波音 747 飞机时，就是采用判断法厘定费率的。另外，一些新的保险业务，开始时由于缺乏统计资料，无可比情况，只好用判断法。

（2）分类法

分类法是现代保险经营中经常使用的厘定保费的方法，是根据若干重要而明显的风险标志，将性质相同的风险予以归类，并在此基础上依据损失率厘定分类费率；其准确程度，既有赖于分类的适当性，又取决于各类别所包含的风险单位的数量。人寿保险、火灾保险及大多数意外伤害保险通常使用分类法。如美国火灾保险，以被保险财产所在地区的消防级别作为费率分类的基础。又如，各种人寿保险以年龄、性别、健康状况来分类，适用于不同的分类费率。

采用分类法是基于这样一种假设：被保险人将来的损失很大程度上由一系列相同的因素决定。因此，最理想的分类费率的条件是每类别中，各单位所有风险因素的性质完全一致，这样每单位的预期损失及费用都相同，但现实生活中的标的很难符合这一条件。

（3）修正法

修正法，又称增减法，即在规定基本费率后，在具体的承保中，根据损失经验就个别风险加以衡量后，在基本费率基础上进行增减变动而确定下来的费率。修正法兼具判断法的灵活性和分类法的广泛性，是一种科学适用的计费方法。

2. 纯保险费率的确定

依照费率厘定的原则，保险纯费率应当与保险事故发生的概率和保险事故发生后的赔偿金额有关。因此，确定纯费率，一方面要研究有效索赔的概率分布，也就是未来保额损失的可能性，即保额损失概率；另一方面要研究有效索赔的金额。通常按照统计学的原理，利用过去的数据来推断这两方面的指标，并由此得出有效索赔额的均值。通常采用的方法是，根据历年的有效索赔数额，计算出单位保额的平均有效索赔额，即平均保额损失率。然后，用其近似地估计未来单位保额的有效索赔额，进而确定纯费率。

纯费率是纯保费占保险金额的比率，是用于补偿被保险人因保险事故造成保险标的损失的概率。

3．附加保险费率的确定

附加费率与营业费率密切相关。附加费率的计算公式为：

附加费率=营业费用开支总额/保险金额

营业费用主要包括：① 按保险费的一定比例支付的业务费、企业管理费、代理手续费及缴纳的税金；② 支付的工资及附加费用；③ 预期的营业利润。

除了按上述公式计算附加费率外，还可以按纯保险费率的一定比例来确定，如规定附加保险费率为纯保险费率的 20%。

4．营业保险费率的确定

财产保险的营业保险费率是由纯保险费率和附加保险费率构成的，计算公式为：

营业费率=纯保险费率+附加保险费率

这样计算出来的营业保险费率仅是一个大略的费率，因此，须根据不同的业务，进行分项调整，这种调整被称为级差费率调整。经过级差费率调整后，营业费率就最终形成了。

5．非寿险责任准备金

非寿险的基本特点是保险期间为 1 年或 1 年以下，又称短期保险。以下责任准备金的讨论以 1 年期财产和责任保险为例。

财产和责任保险公司的责任准备金包括未决赔款准备金、未到期责任准备金、总准备金和其他准备金。未决赔款准备金和未到期责任准备金是主要的负债项目，换句话说，保险人现在收取的保险费是为了赔付将来发生的损失，这就使保险人承担了某种责任或负债。

所谓未决赔款准备金，是截至年终决算日，已经发生，但尚未赔偿的损失，具体来说，包括以下几类损失：① 投保人提出赔案，保险人已经核定应赔金额而尚未付款的赔案；② 投保人已经提出赔案，保险人尚未核实的赔案；③ 投保人已经发出索赔通知，尚未提出索赔金额的赔案；④ 已经发生，但尚未发出索赔通知的赔案。

例如，12 月底发生的一起汽车碰撞事故，当事人提出的索赔在次年 1 月 1 日以后才在其投保的保险公司总部备案。由于年度财务报表通常在 12 月 31 日编制，保险公司必须对这种已发生但尚未报告的损失进行估计，以便确切地计算资产负债表中的总的未决赔款准备金。

如果保险公司能够知道每次理赔的最大成本，那么就很容易确定赔款准备金的额度了。但是，在大多数情况下，保险公司并不能确定理赔的成本，因此保险公司必须采取一定的方法对应提取的准备金额度进行估计。

4.3 汽车保险费率影响因素

4.3.1 汽车保险费率确定模式

通常保险人在经营汽车保险的过程中将风险因子分为两类：① 与汽车相关的风险因子，主要包括汽车的种类、使用的情况和行驶的区域等；② 与驾驶人相关的风险因子，主要包括驾驶人的性格、年龄、婚姻状况、职业等。

由此各国汽车保险的费率模式基本上可以划分为两大类，即从车费率模式和从人费率模式。

1. 从车费率模式

从车费率模式，指在确定保险费率的过程中主要以被保险车辆的风险因子作为影响费率确定因素的模式。目前，我国采用的汽车保险的费率模式就属于从车费率模式，影响费率的主要因素是被保险车辆有关的风险因子。

现行的汽车保险费率体系中影响费率的主要变量为车辆的使用性质、车辆生产地和车辆的种类。根据车辆的使用性质划分：营业性车辆与非营业性车辆。根据车辆的生产地划分：进口车辆与国产车辆。根据车辆的种类划分：车辆种类与吨位。

除上述 3 个主要的从车因素外，现行的汽车保险费率还将车辆行驶的区域作为汽车保险的风险因子，即按照车辆使用的不同地区，适用不同的费率，如在深圳和大连采用专门的费率。

从车费率模式具有体系简单，易于操作的特点，同时，由于我国在一定的历史时期被保险的车辆绝大多数是“公车”，驾驶人与车辆不存在必然的联系，也就不具备采用从人费率模式的条件。随着经济的发展和人民生活水平的提高，汽车进入家庭，2003 年各保险公司制定并执行的汽车保险条款，开始向从人费率模式过渡。

从车费率模式的缺陷是显而易见的，因为在汽车的使用过程中对于风险的影响起到决定因素的是与车辆驾驶人有关的风险因子。尤其是将汽车保险特有的无赔偿优待与车辆联系，而不是与驾驶人联系，显然不利于调动驾驶人的主观能动性，其本身也与设立无赔偿优待制度的初衷相违背。

由驾驶人违法行为造成的交通事故占总事故数的 90%以上。尤其是醉酒驾驶、饮酒驾驶、无证驾驶、超速、客运车辆超员、闯红灯及肇事后逃逸等 7 种严重交通违法行为，不仅是道路交通伤亡事故的“元凶”，而且还是“顽症”。

2. 从人费率模式

从人费率模式，指在确定保险费率的过程中主要以被保险车辆驾驶人的风险因子作为影响费率确定因素的模式。目前，大多数国家采用的汽车保险的费率模式均属于从人费率模式，影响费率的主要因素是与被保险车辆驾驶人有关的风险因子。各国采用的从人费率模式考虑的风险因子也不尽相同，主要有驾驶人的年龄、性别、驾驶年限和安全行驶记录等。

根据驾驶人的年龄划分：通常将驾驶人按年龄划分为三组，第一组是初学驾驶，性格不稳定，缺乏责任感的年轻人；第二组是具有一定驾驶经验，生理和心理条件均较为成熟，有家庭和社会责任感的中年人；第三组是与第二组情况基本相同，但年龄较大，所以，反应较为迟钝的老年人。通常认为第一组驾驶人为高风险人群，第三组驾驶人为次高风险人群，第二组驾驶人为低风险人群。至于三组人群的年龄段划分是根据各国的不同情况确定的。

根据驾驶人的性别划分：男性与女性。研究表明女性群体的驾驶倾向较为谨慎，为此，相对于男性她们为低风险人群。

根据驾驶人的驾龄划分：驾龄的长短可以从一个侧面反映驾驶人员的驾驶经验，通常认为从初次领证后的 1～3 年为事故多发期。

根据安全记录划分：安全记录可以反映驾驶人的驾驶心理素质和对待风险的态度，经常发生交通事故的驾驶人可能存在某方面的缺陷。

从以上对比和分析可以看出，从人费率相对于从车费率具有更科学和合理的特征，所以，我国正在积极探索，逐步将从车费率的模式过渡到从人费率的模式。

4.3.2 汽车保险风险因素

1. 车辆本身的风险因素

（1）厂牌因素

世界各国汽车制造厂众多，不同的厂家生产的车辆特点不同，加之各国的技术和汽车产业政策不同，汽车的安全性能也不同，主要有以下区别：① 美国、西北欧汽车更注重汽车安全性；② 日本汽车的综合性价比高，安全性差些；③ 韩国车的安全性能不如以上各国；④ 我国国产、合资生产的汽车与韩国相当；⑤ 东欧汽车较差。

（2）车辆的种类

国内保险界将机动车辆主要分成以下五种：客车、货车、专业车、摩托车、拖拉机。

① 客车。座位数是车辆拥有的可供乘客乘坐的标准座位的数量，是客车运营能力的反映。座位数越多，乘客责任风险大，且车体大，运行中的轨迹、方向不易掌握。

② 货车。吨位数与座位数的特点较为相似，一个是针对人，一个是针对货物，因此，在承保车上货物责任险时，要充分考虑吨位影响，吨位越大，价格高，灵活性差，对车的操纵性有影响。

③ 其他车辆。专用车主要指具有专门用途的车辆，如油罐车、气罐车、液罐车、冷藏车、起重车、装卸车、工程车、监测车、邮电车、消防车、清洁车、医疗车、救护车等，各有不同性质的风险，所以在承保此类车辆时考虑其特殊性。摩托车包括二轮摩托与三轮摩托，环境适应性差、安全性差，一般风险较大。拖拉机主要分3类，即手扶拖拉机、小车四轮拖拉机及大中拖拉机，运行环境较差，驾驶技术也有较大影响。

（3）排气量

这里所提及的排气量主要是针对14座以下的客车而言，对其他车辆则未予以细分。排气量的大小与车的级别、汽车的动力性、汽车价格有直接关系，同一类汽车发生事故的损失不同，风险不同。一般排量越大，意味着损失程度越大，风险相对越高。

（4）车龄

车龄指车辆购置的年限，即从最初新车购置之日起至投保之日止期间的年限。年限以12个月日历年限为标准。车龄与车况有直接关系，车况差，由于系统失效造成的车辆事故就增多，火灾的发生几率会增加。骗保的成本低使道德风险概率同步上升。

（5）行驶区域

车辆行驶区域指车辆行驶的地域范围。根据目前我国地理情况，我国将车辆行驶区域分为3类，即省内（含直辖市、自治区）行驶、国内行驶、出入国境行驶。行驶区域大小不同，路况熟悉程度不同，车辆风险就不同，区域大，风险大。不同区域造成的损失承担的赔偿责任不同。国外重视程度大于国内。

（6）使用性质

不同的车辆有不同的用途，不同的使用性质具有不同的风险。根据车辆的使用性质，国内目前将车辆分为：营运车辆；非营运车辆。

由于车辆的使用性质不同，导致车辆所具有风险不同。整体而言，因为营运车辆长时间运转，车辆磨损率及事故概率要比非营运车辆高，因此，营运车辆风险比非营运车辆风险要高。

（7）所属性质

所属性质主要从潜在道德风险角度考虑。① 公车与私车不同，影响因素有两个方面：从性质因素方面来讲公车风险高；从道德因素方面来讲私车较高。② 个人营运车辆与车队营运车辆不同。车队营运车辆一般归国家或集体所有，损失所得用于补偿集体财产，道德风险较低。个人营运车辆刚好相反。

2．地理环境风险因素

（1）气候

我国地域广阔，从南到北，从东到西，气候差异很大，东部与南部的气候温暖湿润，雨水较多，雨季较长。西部与北部气候寒冷干燥，雨水较少，但降雪较多。由于气候的差异，对车辆造成的风险也有很大的区别。总体而言，由于东部与南部雨水多，导致车辆锈损较严重，同时在雨季因路面较滑，事故也会增多，此外车辆水浸的现象较多。而西部与北部则因冬季气候寒冷，降雪较多，路面较滑，在冬季事故则明显增多；同时个别地区因异常寒冷，有车内生火取暖情况，容易导致燃烧。

（2）地形、地貌

由于地域广阔，造成我国地形地貌差异非常大，有平原、丘陵、山地等各种复杂的地形、地貌，不同地形、地貌，对车辆的风险也有不同的影响。平原地区由于地势平缓、视野开阔，行车比较安全。山地则因地势高低不平、道路曲折，路面狭窄而容易导致事故，而且容易导致恶性事故。

（3）路面状况

路面状况对行车安全及车辆损耗有直接影响，路面状况好的地段，车辆的事故率则相对要低一些，路面差的地段，车辆的事故率则明显要高。

3．社会环境风险因素

（1）法制环境

车辆保险是一种高事故率、高频度补偿的保险业务，同时事故的原因、补偿的对象及补偿的依据均有相当大的差异。在这种情况下，如果法制比较健全，在事故发生后，责任的鉴定、补偿的处理就会有法可依，从而使保险人与被保险人的利益均受到比较全面的保障。否则，便会产生很多法律纠纷，为社会带来许多不良影响。

（2）治安情况

车辆保险同社会治安状况联系最为密切。我国地域广大，各地社会治安状况有很大的差别，社会治安状况好的地方，盗窃、抢劫或抢夺的发生率就会很低。华东地区整体而言，由于社会治安情况较好，所以车辆的盗窃、抢劫或抢夺的发生率较低；华南地区车险的赔付率较高，主要是由于社会治安情况较差导致车辆的盗窃、抢劫或抢夺现象严重所致。

（3）其他因素

① 监管情况。保险公司的主管机关的监管对保险的风险管理有相当大的影响。车险经营的效果是一个不断上下浮动的走向。在开始阶段，如果整体经营效果好，随着竞争加剧，费率不断下降，成本会不断上升，持续发展会使经营恶化，往往会导致承保条件重新调整，费率调整。如果监管得好，则这种趋势便会比较缓慢，市场会相对比较平稳；如监管不严，市场波动会比较剧烈，导致市场混乱，使保险公司的经营风险增大。

② 行业自律情况。在保险市场的发育、发展时期，保险公司的数量会不断增多；从业公司的增多，在有限市场必然加剧竞争。个别保险公司尤其是市场挑战者会采取一些激励措施促进业务的跨越发展，如果措施不当，必然引起恶性竞争，影响整个市场秩序，增加保险公司经营风险。

③ 人文环境。人文环境主要涉及人的文化素质、法律意识、安全意识等。相对而言，受教育程度高的人，对法律法规及安全意识较高，反之则较低。

4．驾驶人员风险因素

（1）年龄

车辆保险的风险同驾驶员的年龄、性别有相当直接的关系。22岁以下的青年人因年轻气盛，往往喜欢开快车，因而容易出现交通事故，而且容易导致恶性交通事故；50岁以上的人驾车速度相对较慢，但因为反应相对迟钝，也容易导致交通事故；22～50岁之间年龄的人驾驶则相对安全些。保险公司针对这种情况，对不同年龄组的人设定不同的系数，并按不同的系数收取保险费。

（2）性别

交通肇事记录同性别也有密切关系，整体而言，男性驾驶员肇事率比女性高，这主要同男性驾车整体速度较快有关。国外保险公司因此根据驾驶员的性别设定不同的系数，并按不同的系数收取保险费。

（3）经验、职业、婚姻状况

国外保险公司还根据驾驶人员的经验、职业及婚姻状况进行了详细的分析统计。统计结果显示，驾驶经验丰富、白领职业及已婚的驾驶员肇事记录较少，而驾驶经验少、非白领职业及未婚的驾驶人员的肇事记录则增多。因此，国外保险公司又根据驾驶人员的经验、职业及婚姻状况，设定不同的系数，并按不同的系数收取保险费。

（4）肇事记录、品行

国外保险公司在核保时，对驾驶人员另外所要考虑的两个因素就是驾驶人员的肇事记录及品行；对有肇事记录及品行不端者适当加费，甚至拒绝承保，以便加强风险控制。

4.4 汽车保险保费率的应用

4.4.1 各险别保费计算方法

1．第三者责任保险

按照地区、座位数、责任限额直接查找保费，如表4-1所示。

表4-1 第三者责任险保费

家庭自用汽车与非营业用车		第三者责任保险保费（元）						
		5万元	10万元	15万元	20万元	30万元	50万元	100万元
企业非营业客车	6座以下	714	1007	1138	1227	1374	1635	2130
	6～10座	801	1140	1294	1399	1572	1877	2444
	10～20座	872	1245	1414	1530	1722	2058	2681
	20座以上	928	1368	1571	1718	1951	2354	3067

2．车辆损失险的保费计算

按照投保人类别、车辆用途、座位数/吨位数、车辆使用年限、新车购置价所属档次查找基础保费和费率，如表 4-2 所示。保费计算公式为：

$$保费=基础保费+保额\times费率$$

表 4-2 机动车损失保险基础保费和费率

家庭自用汽车与非营业用车		机动车损失保险							
		1 年以下		1～2 年		2～6 年		6 年以上	
		基础保费（元）	费率（%）	基础保费（元）	费率（%）	基础保费（元）	费率（%）	基础保费（元）	费率（%）
企业非营业客车	6 座以下	368	1.22	351	1.16	347	1.15	358	1.18
	6～10 座	442	1.16	421	1.10	417	1.09	430	1.13
	10～20 座	442	1.24	421	1.18	417	1.17	430	1.21
	20 座以下	461	1.24	439	1.18	434	1.17	447	1.21

如果投保人选择不足额投保，即保额小于新车购置价，保费应作相应调整，计算公式为：

$$保费=（0.05+0.95\times保额/新车购置价）\times足额投保时的标准保费$$

36 座以上营业客车新车购置价低于 20 万元的，按照 20～36 座营业客车对应档次的保险费计收。挂车保险费按同吨位货车对应档次保险费的 50%计收。

3．车上人员责任险

按照地区、座位数查找费率，如表 4-3 所示，保费计算公式为：

$$驾驶人保费=每次事故责任限额\times费率$$

$$乘客保费=每次事故每人责任限额\times费率\times投保乘客座位数$$

表 4-3 车上人员责任险费率

家庭自用汽车与非营业用车		车上人员责任险		盗抢险	
		驾驶人（%）	乘客（%）	基础保费（元）	费率（%）
企业非营业客车	6 座以下	0.41	0.25	120	0.39
	6～10 座	0.39	0.23	130	0.46
	10～20 座	0.39	0.23	130	0.48
	20 座以上	0.41	0.25	140	0.39

4．机动车盗抢险

按照地区、座位数查找基础保费和费率（见表 4-3），保费计算公式为：

$$保费=基础保费+保险金额\times费率$$

5．不计免赔率特约条款

按照适用的险种查找费率，如表 4-4 所示，保费计算公式为：

$$保费=适用本条款的险种标准保费\times费率$$

不计免赔率特约条款费率表适用险种中未列明的险种，不可投保不计免赔率特约条款。

表 4-4　不计免赔率特约条款费率表

不计免赔率特约条款	
适 用 险 种	费率（%）
第三者责任保险	15
机动车损失保险	15
车上人员责任险	15
车身划痕损失险	15
盗抢险	20

6．玻璃单独破碎险

按照地区及投保国产/进口玻璃查找费率，如表 4-5 所示，保费计算公式为：

$$保费 = 新车购置价 \times 费率$$

表 4-5　玻璃单独破碎险费率

家庭自用汽车与非营业用车		玻璃单独破碎险	
		国产玻璃（%）	进口玻璃（%）
企业非营业客车	6 座以下	0.15	0.28
	6～10 座	0.15	0.28
	10～20 座	0.17	0.32
	20 座以上	0.18	0.33

7．车身划痕损失险

按车龄、新车购置价、保额所属档次直接查找保费，如表 4-6 所示。

表 4-6　车身划痕损失险保费

车身划痕损失险保费（元）				
车龄	保额（元）	新车购置价（元）		
		30 万以下	30 万～50 万	50 万以上
2 年以下	2000	400	585	850
	5000	570	900	1100
	10000	760	1170	1500
	20000	1140	1780	2250

8．其他险别保费计算

可选免赔额特约条款，按照选择的免赔额、新车购置价查找费率折扣系数；约定免赔额之后的机动车损失保险保费=机动车损失保险保费×费率折扣系数。

机动车停驶损失险，费率固定，保费=约定的最高赔偿天数×约定的最高日赔偿限额×费率。

代步机动车服务特约条款，保费固定，无须计算。

新增加设备损失保险，保费=本附加险保险金额×车损险标准保费/车损险保险金额。附加换件特约条款，保费=车损险标准保费×10%。

发动机特别损失险，保费=车损险标准保费×5%。

随车行李物品损失保险，费率固定，保费=保险金额×费率。

附加交通事故精神损害赔偿责任保险，固定费率，保费=每次事故责任限额×费率，每人每次事故的最高责任限额为人民币 50000 元。

异地出险住宿费特约条款，费率固定，保费=保险金额×费率。

自燃损失险，按照车辆使用年限查找费率，保费=保险金额×费率。

附加机动车出境保险，按照扩展的区域半径查找费率，保费=（车损险标准保费+三者险标准保费）×费率。注意：只有同时投保了机动车损失保险和第三者责任保险，方可投保本附加险。

附加油污污染责任保险，按照责任限额直接查找保费。注意：只有同时投保了机动车损失保险和第三者责任保险，方可投保本附加险。

多次出险增加免赔率特约条款，选择该附加险，机动车损失保险保费下浮一定比例，选择本附加险后的机动车损失保险保费=机动车损失保险保费×98%。

指定专修厂特约条款，选择该特约条款，按照国产/进口车，对机动车车损险保险费进行相应的调整。

法律费用特约条款，按照责任限额直接查找保费。

4.4.2　使用费率调整系数表进行费率调整

无赔款优待及上年赔款记录费率调整系数，根据历史赔款记录，按照规定的费率调整系数进行费率调整。

指定驾驶人、性别、驾龄、年龄系数，适用于指定驾驶人的情况，当指定多名驾驶人时，以乘积高者为准。

使用规则如下。① 费率调整系数采用系数连乘的方式：费率调整系数=系数 1×系数 2×系数 3×……②使用费率调整系数后，各险别的费率优惠幅度超过监管部门规定的最大优惠幅度，按照监管部门规定的最大优惠幅度执行。

思考题

1. 结合本章内容，讨论保险费率对保险公司经营的影响。
2. 简答影响汽车保险费率的影响因素。
3. 简答汽车保险费率的确定原则。

第 5 章　汽车保险产品

学习目标

- 掌握交强险的内容。
- 了解 A 款商业保险体系。
- 掌握 A 款商业保险内容。
- 掌握 A、B、C 三款条款之间的区别。

导入案例

停车场丢车索赔

案情介绍：焦小姐购买了一辆高尔夫，每天都把车停在小区停车场并每月支付物业管理公司几百元的停车费。去年年底的一天，焦小姐上班时发现停放在小区的车丢失。焦小姐是新手，给车上的是全险，车辆丢失后她向保险公司报案要求理赔，但被保险公司拒绝了。

保险公司称，按照规定凡在收费停车场或营业性修理厂中车辆被盗不予赔付。因为上述场所对车辆有保管的责任，在保管期间因保管人保管不善造成车辆损毁、丢失的，保管人应承担责任。因此，无论是车被盗还是被划伤了，保险公司一概不管。

案例分析：正确的方式是找停车场索赔。驾驶人一定要注意每次停车时收好停车费收据，虽然很多收费停车场的相关规定中写着“丢失不管”，但根据我国《合同法》中关于格式合同的规定，这属于单方面推卸应负的责任，如无法协商解决就诉诸法律，目前已有人打赢了这样的官司。

5.1　汽车保险产品概述

我国的汽车保险业务的发展经历了一个曲折的历程。汽车保险进入我国是在鸦片战争以后，但由于我国保险市场处于外国保险公司的垄断与控制之下，加之旧中国的工业不发达，我国的汽车保险实质上处于萌芽状态，其作用与地位十分有限。新中国成立以后的 1950 年，创建不久的中国人民保险公司就开办了汽车保险。不久就出现对此项保险的争议，有人认为汽车保险及第三者责任保险对于肇事者予以经济补偿，会导致交通事故的增加，对社会产生负面影响。于是，中国人民保险公司于 1955 年停止了汽车保险业务。直到 20 世纪 70 年代中期为了满足各国驻华领事馆的外国人拥有的汽车对汽车保险的需要，开始办理以涉外业务为主的汽车保险业务。进入改革开放初期，中国人民保险公司逐步全面恢复中断了近 25 年之久的汽车保险业务，以适应国内企业和单位对于汽车保险的需要，适应公路交通运输业迅速发展、事故日益频繁的客观需要。20 世纪 80 年代前期，平安财险和太平洋财险相继成立，中国汽车保险进入了三足鼎立的局面。

1983 年中国保险监督管理委员会将汽车保险改为机动车辆保险，使其具有更广泛的适应性。在此后的近 20 年过程中，机动车辆保险在我国保险市场，尤其在财产保险市场中始终发挥着重要的作用。到 1988 年，汽车保险的保费收入超过了 20 亿元，从此以后，汽车保险一直是财产保险的第一大险种，并保持高增长率，我国的汽车保险业务进入了高速发展的时期。

2000 年，中国保险监督管理委员会统一制定了《机动车辆保险条款》，汽车保险在此条款的指导下，全国汽车保险实行统一的条款和刚性的费率。但是这种政府一刀切的刚性费率没有考虑到不同地区市场、不同类型的保险消费者的特点，同时也影响了保险市场的竞争环境，造成保险公司缺乏效率。

2003 年，在中国保险监督管理委员会的指导下，在全国范围内推行了车险制度的改革，核心是实现车险产品的费率市场化并建立起以偿付能力为核心的新型车险监管体制。在这一改革过程中，各家保险公司结合自身特点推出了各具特色的汽车保险产品。

2007 年 6 月，推出了交通事故责任强制保险。随着交强险的正式实施，机动车商业保险基本条款也相应进行了调整，分别由中国人保、平安财险、太平洋财险 3 家公司推出 A、B、C 三款各具特色的产品，各家保险公司可以从中选择一款开展车险业务。同时，2007 年末，保险行业协会出台了 2007 年机动车商业保险行业基本条款，在原有的机动车损失保险、机动车第三者责任保险作为基本条款的基础上，把车上人员责任险、全车盗抢险、玻璃单独破碎险、车身划痕损失险、不计免赔特约条款也纳入了基本条款范围。

A、B、C 三款差异不大，各保险公司可以任意选一款使用，但目前大部分保险公司采用的是人保的 A 款，所以，本章关于商业车险的讲述将以 A 款为准。

相关链接

采取 A、B、C 款的保险公司

A 款：阳光、人保、中华联合、大地、天安、永安、安邦、华泰、大众、国寿财险、东京海上等共 11 家，市场份额 74.66%。

B 款：平安、华安、太平、永诚、阳光农业、都邦、渤海、华农、民安、安诚、安联广州、美亚上海、利宝互助重庆等 13 家，市场份额 13.72%。

C 款：太保、安华农业、上海安信、三井住友上海、中银保险等 5 家，市场份额约为 11.62%。

5.2 机动车交通事故责任强制保险

5.2.1 机动车交通事故责任强制保险的保险责任及解释

1. 机动车交通事故责任强制保险的保险责任

按照《机动车交通事故责任强制保险条例》（简称《条例》）的规定，交强险是指由保险公司对被保险机动车发生道路交通事故造成受害人（不包括本车人员和被保险人）的人身伤亡、财产损失，在责任限额内予以赔偿的强制性责任保险，属于责任保险的一种。

2. 相关解释

（1）受害人

受害人，指因被保险机动车发生交通事故遭受人身伤亡或财产损失的人，但不包括被保险机动车本车人员和被保险人。

（2）责任限额

被保险机动车发生道路交通事故造成本车人员、被保险人以外的受害人人身伤亡、财产损失的，由保险公司依法在机动车交通事故责任强制保险责任限额范围内予以赔偿。责任限额分为死亡、伤残赔偿限额为110000元，医疗费用赔偿限额为10000元，财产损失赔偿限额为2000元，以及被保险人在道路交通事故中无责任的赔偿限额。其中，无责任的赔偿限额分为无责任死亡、伤残赔偿限额为11000元，无责任医疗费用赔偿限额为1000元及无责任财产损失赔偿限额为100元。

（3）其他费用

死亡、伤残赔偿限额和无责任死亡、伤残赔偿限额项下，负责赔偿丧葬费、死亡补偿费、受害人亲属办理丧葬事宜支出的交通费用、残疾赔偿金、残疾辅助器具费、护理费、康复费、交通费、被扶养人生活费、住宿费、误工费，被保险人依照法院判决或调解承担的精神损害抚慰金。

医疗费用赔偿限额和无责任医疗费用赔偿限额项下负责赔偿医药费、诊疗费、住院费、住院伙食补助费，以及必要的、合理的后续治疗费、整容费、营养费。

5.2.2 机动车交通事故责任强制保险的费率

机动车交通事故责任强制保险将实行统一的保险条款和基础保险费率，保监会按照总体上不盈利、不亏损的原则审批保险费率。保险公司经营此项业务应当与其他业务分开管理、单独核算。保险费率将逐步实现与交通违章挂钩，安全驾驶者可以享有优惠的费率，经常肇事者将负担高额保费。机动车交通事故责任强制保险的费率，如表5-1所示。

表5-1 机动车交通事故责任强制保险的费率表

车辆大类	序号	车辆明细分类	保费（元）
一、家庭自用车	1	家庭自用汽车6座以下	950
	2	家庭自用汽车6座及以上	1100
二、非营业客车	3	企业非营业汽车6座以下	1000
	4	企业非营业汽车6～10座	1130
	5	企业非营业汽车10～20座	1220
	6	企业非营业汽车20座以上	1270
	7	机关非营业汽车6座以下	950
	8	机关非营业汽车6～10座	1070
	9	机关非营业汽车10～20座	1140
	10	机关非营业汽车20座以上	1320
三、营业客车	11	营业出租租赁6座以下	1800
	12	营业出租租赁6～10座	2360
	13	营业出租租赁10～20座	2400
	14	营业出租租赁20～36座	2560
	15	营业出租租赁36座以上	3530
	16	营业城市公交6～10座	2250

续表

车辆大类	序　号	车辆明细分类	保费（元）
三、营业客车	17	营业城市公交 10～20 座	2520
	18	营业城市公交 20～36 座	3020
	19	营业城市公交 36 座以上	3140
	20	营业公路客运 6～10 座	2350
	21	营业公路客运 10～20 座	2620
	22	营业公路客运 20～36 座	3420
	23	营业公路客运 36 座以上	4690
四、非营业货车	24	非营业货车 2 吨以下	1200
	25	非营业货车 2～5 吨	1470
	26	非营业货车 5～10 吨	1650
	27	非营业货车 10 吨以上	2220
五、营业货车	28	营业货车 2 吨以下	1850
	29	营业货车 2～5 吨	3070
	30	营业货车 5～10 吨	3450
	31	营业货车 10 吨以上	4480
六、特种车	32	特种车一	3710
	33	特种车二	2430
	34	特种车三	1080
	35	特种车四	3980
七、摩托车	36	摩托车 50CC 及以下	80
	37	摩托车 50～250CC（含）	120
	38	摩托车 250CC 以上及侧三轮	400
八、拖拉机	39	兼用型拖拉机 14.7kW 及以下	按保监产险[2007]53 号实行地区差别费率
	40	兼用型拖拉机 14.7kW 以上	
	41	运输型拖拉机 14.7kW 及以下	
	42	运输型拖拉机 14.7kW 以上	

注：
1.座位和吨位都按照“含起点不含终点”的原则来解释；
2.特种车一：油罐车、汽罐车、液罐车、冷藏车；
3.特种车二：用于牵引、清障、清扫、清洁、起重、装卸、升降、搅拌、挖掘、推土等的各种专用机动车；
4.特种车三：装有固定专用仪器设备从事专业工作的监测、消防、医疗、电视转播等的各种专业机动车；
5.特种车四：集装箱拖头；
6.挂车根据实际的使用性质并按照对应吨位货车的 50%计算。

1. 机动车交通事故责任强制保险要实行费率与交通违章挂钩

《条例》规定，被保险人没有发生道路交通安全违法行为和道路交通事故的，保险公司应当在下一年度降低其保险费率。在此后的年度内，被保险人仍然没有发生道路交通安全违法行为和道路交通事故的，保险公司应当继续降低其保险费率。被保险人发生道路交通安全违法行为或道路交通事故的，保险公司应当在下一年度提高其保险费率。多次发生道路交通安全违法行为、道路交通事故，或者发生严重道路交通事故的，保险公司应当加大提高其保险费率的幅度。在道路交通事故中被保险人没有责任的，不提高其保险费率，建立一种“奖优罚劣”的费率浮动机制。利用经济杠杆促使驾驶人员守法合规是世界各国强制保险制度的通行做法，对有交通违法行为和发生交通事故的保险车辆提高保费，对没有交通违法行为和发生交通事故的保险车辆降低保费。将交通违法行为、交通事故与保费挂钩，这比单纯的行政处罚更为有效。

目前，我国道路交通安全形势依然很严峻，《条例》建立“奖优罚劣”的费率浮动机制这一调节手段有多方面好处。首先，将费率和事故挂钩后，保费因人而异，遵守交通纪律的车主们，不必为违法者增多造成的“大锅饭”涨价而买单。其次，运用费率经济杠杆这一调节手段，可以有效预防和减少道路交通事故发生，提高行人的出行安全。最后，政府利用市场机制进行道路交通安全管理，有利于其转变职能，提高道路交通安全畅通管理效率。

为了使交通违法行为、交通事故与保费挂钩得以切实落实，《条例》要求逐步建立机动车交通事故责任强制保险与道路交通安全违法行为和道路交通事故的信息共享机制。目前，保监会和公安、交通等相关部门已着手进行信息共享平台的建设工作，全国现有上海、北京、浙江、大连等多个省市建立了车险联合信息平台，其他省市的车险联合信息平台建设工作正在积极进展之中。

2．机动车交通事故责任强制保险的费率与风险程度相匹配

机动车交通事故责任强制保险采用的是商业化运作模式，即由保险公司自主经营，自负盈亏。因此，将条款和费率的制定权力交给保险公司，可以充分利用市场机制，督促保险公司进一步加强管理，提高服务意识和管理水平。

由于机动车交通事故责任强制保险费率关系到社会公众性，根据《保险法》第一百零七条规定，关系到社会公众利益的保险险种、依法实行强制保险的险种和新开发的人寿保险的险种条款和费率，应当报保险监督管理机构审批。保监会将按照《保险法》和《条例》的有关要求，对机动车交通事故责任强制保险条款和费率的合规性进行审查，切实维护广大投保人利益。

《条例》第六条规定，保监会按照机动车交通事故责任强制保险业务总体上不盈利、不亏损的原则审批保险费率。依此规定，我国机动车交通事故责任强制保险的经营原则为“不盈利、不亏损”原则。

所谓“不盈利、不亏损”原则，指保险公司在厘定机动车交通事故责任强制保险费率时只考虑成本因素，不设定预期利润率，即保险费率构成中不含利润。也就是说，不盈利、不亏损体现在费率制定环节，而不是简单等同于保险公司的经营结果。保险公司在实际经营过程中，可以通过加强管理、降低成本来实现微利，也可能由于新环境下赔付成本过高而出现亏损。

为了能够核查保险公司经营机动车交通事故责任强制保险的实际情况，保险公司的机动车交通事故责任强制保险业务，应当与其他保险业务分开管理，单独核算。同时，保监会每年对保险公司的机动车交通事故责任强制保险业务进行核查，并向社会公布。

3．机动车交通事故责任强制保险保费的计算

交强险最终保险费计算公式为：交强险最终保险费=交强险基础保险费×（1+与道路交通事故相联系的浮动比率 A）×（1+与道路交通安全违法行为相联系的浮动比率 V）。

保险费浮动比率，如表 5-2 所示。

表 5-2　保险费浮动比率

浮动因素			
与道路交通事故联系的浮动 A	A1	上一年度未发生有责任道路交通事故	10%
	A2	上两年度未发生有责任道路交通事故	15%
	A3	上三年度未发生有责任道路交通事故	20%
	A4	上一年度发生一次有责任不涉及死亡道路交通事故	0%
	A5	上一年度发生两次及两次以上有责任不涉及死亡道路交通事故	15%
	A6	上一年度发生有责任道路交通死亡事故	30%
与道路交通安全违法行为相联系的浮动 V	V1	上一年度没有道路交通安全违法行为	10%
	V2	上两年度没有道路交通安全违法行为	20%
	V3	上三及以上年度没有道路交通安全违法行为	30%
	V4	上一年度发生各类道路交通违法行为（除 V5～V7）低于五次的	0%
	V5	上一年度每次违反道路交通信号灯通行的；逆向行驶的（最高不超过 30%）	10%
	V6	上一年度发生驾驶与准驾车型不符的机动车的；发生机动车驾驶证被暂扣期间驾驶机动车的	20%
	V7	上一年度发生饮酒（含醉酒）后驾驶机动车的	30%
	V8	上一年度发生各类道路交通违法行为五次（含）以上的	30%

常见情况分析如下。

① 上一年度未发生有责任道路交通事故，也无交通违法。

② 上一年度未发生有责任道路交通事故，但有轻微交通违法；或者上一年没有交通违法，但发生一次有责任道路交通事故。

③ 上一年度未发生有责任道路交通事故，但有一次违反道路交通信号灯通行的或逆向行驶的。

④ 上一年度发生一次有责任道路交通事故，也有轻微交通违法。

⑤ 上一年度没有道路交通安全违法，但发生两次或两次以上有责任道路交通事故。

⑥ 上一年度未发生有责任道路交通事故，但有两次违反道路交通信号灯通行的或逆向行驶的。

⑦ 上一年度发生有责任道路交通死亡事故，且发生酒后驾车。

5.2.3　机动车交通事故责任强制保险的责任免除

下列损失和费用，交强险不负责赔偿和垫付：

① 因受害人故意造成的交通事故的损失；

② 被保险人所有的财产及被保险机动车上的财产遭受的损失；

③ 被保险机动车发生交通事故，致使受害人停业、停驶、停电、停水、停气、停产、通信或网络中断、数据丢失、电压变化等造成的损失，以及受害人财产因市场价格变动造成的贬值、修理后因价值降低造成的损失等其他各种间接损失；

④ 因交通事故产生的仲裁或诉讼费用，以及其他相关费用。

5.2.4 机动车交通事故责任强制保险保险人、投保人和被保险人的义务

1. 保险人的义务

按照交强险条例的规定，在保险事故发生后保险人除了赔付以外，应该无条件履行以下义务。

① 投保人在投保时应该选择具备从事交强险业务资格的保险公司，保险公司一般情况下不得拒绝或拖延承保。

② 签订交强险合同时，保险公司不得强制投保人或被保险人订立商业第三者责任险合同，或者其他商业保险合同及其他附加险条件。

③ 保险公司不得解除交强险合同，除投保人或被保险人有明显违约行为。

④ 被保险机动车辆发生道路交通事故时，被保险人或受害人通知保险公司，保险公司应当立即给予答复，告知被保险人或受害人具体赔偿程序等有关事项。

⑤ 被保险机动车辆发生道路交通事故时，由被保险人向保险公司申请赔偿金，保险公司应当在收到赔偿申请之日起，一日之内书面告知被保险人保险公司所需的索赔资料。

⑥ 保险公司收到索赔资料 5 个工作日之内，对是否赔偿做出核定，并将结果及时通知被保险人，对于属于保险责任的，应当在被保险人达成赔偿金额协议 10 个工作日内把保险赔款送到被保险人手中。

2. 投保人、被保险人的义务

投保人投保时，应当如实填写投保单，向保险人如实告知重要事项，并提供被保险机动车的行驶证和驾驶证复印件。重要事项包括机动车的种类、厂牌型号、识别代码、号牌号码、使用性质和机动车所有人或管理人的姓名（名称）、性别、年龄、住所、身份证或驾驶证号码（组织机构代码）、续保前该机动车发生事故的情况及保监会规定的其他事项。

投保人未如实告知重要事项，对保险费计算有影响的，保险人按照保单年度重新核定保险费计收。

签订交强险合同时，投保人不得在保险条款和保险费率之外，向保险人提出附加其他条件的要求。

投保人续保的，应当提供被保险机动车上一年度交强险的保险单。

在保险合同有效期内，被保险机动车因改装、加装、使用性质改变等导致危险程度增加的，被保险人应当及时通知保险人，并办理批改手续。否则，保险人按照保单年度重新核定保险费计收。

被保险机动车发生交通事故，被保险人应当及时采取合理、必要的施救和保护措施，并在事故发生后及时通知保险人。

发生保险事故后，被保险人应当积极协助保险人进行现场查勘和事故调查。

发生与保险赔偿有关的仲裁或诉讼时，被保险人应当及时书面通知保险人。

阅读资料

互碰自赔

所谓“互碰自赔”，即对事故各方均有责任，各方车辆损失均在交强险有责任财产损失赔偿限额 2000 元以内，不涉及人伤和车外财产损失的交通事故，可由各自保险公司直接对车辆进行查勘、定损。但须交警认定或当事人根据出险地关于交通事故快速处理的规定，自行协商确定双方均有责任，以及当事人需同意“互碰自赔”处理办法。“互碰自赔”机制是保险行业进一步简化交强险理赔手续、服务于道路交通事故的快速处理、提高被保险人满意度的一项重要举措。简单地说就是，当机动车之间发生轻微互碰的交通事故时，如果满足一定条件，各方车主可以直接到自己的保险公司办理索赔手续，无须再到对方的保险公司往返奔波。

互碰自赔处理机制，是保险行业在 2009 年 2 月推出“交强险财产损失无责赔付简化处理机制”和“交强险重大人伤事故提前结案处理机制”等的基础上，为配合道路交通事故的快速处理、进一步简化交强险理赔手续、更好地发挥交强险的功能和作用而联合推出的又一项全国性交强险快速理赔机制。

（1）互碰自赔的具体规定

中国保险行业协会下发的《交强险财产损失互碰自赔处理办法》规定了可以进行互碰自赔的条件——有交强险的车辆（两车或多车）互碰，如果只有不超 2000 元车损、各方都有责任并同意采取互碰自赔，对于按照互碰自赔机制处理后，最终定损金额略超过交强险有责任财产损失赔偿限额（2000 元）的，各保险公司应本着方便被保险人的原则，给予灵活处理。交强险互碰自赔于 2009 年 2 月 1 日起正式实施。

（2）互碰自赔的条件

碰撞自赔必须同时满足以下条件：① 两车或多车互碰，各方均投保交强险；② 仅涉及车辆损失（包括车上财产和车上货物）、不涉及人员伤亡和车外财产损失，各方损失金额均在 2000 元以内；③ 由交警认定或当事人根据出险地关于交通事故快速处理的法律法规自行协商确定各方均有责任（包括同等责任、主次责任）；④ 当事人各方对损失确定没有争议，并同意采用互碰自赔方式处理；⑤ 单方肇事事故、涉及人员伤亡的事故、涉及车外财产损失的事故，以及任何一方损失金额超过交强险财产损失赔偿限额的事故，都不适用互碰自赔方式处理。

（3）互碰自赔的处理原则

满足互碰自赔条件的，由各保险公司分别对本方车辆进行查勘、定损，并在交强险财产损失赔偿限额内，对本方车辆损失进行赔偿。事故经交警处理的，被保险人可凭交警事故责任认定书、调解书，直接到各自的保险公司索赔。双方根据法律法规自行协商处理交通事故的，经保险公司查勘现场，核对碰撞痕迹。出险地建有行业交通事故集中定损中心的，由各方当事人共同到就近的定损中心进行查勘、定损。

原则上，任何一方车辆损失金额超过 2000 元的，不适用互碰自赔方式，按一般赔案处理，即对三者车辆损失 2000 元以内部分，在交强险限额内赔偿，其他损失在商业险项下按事故责任比例计算赔偿。各保险公司对互碰自赔机制下支付的赔款，不进行清算追偿。

无责代赔

（1）适用条件

同时满足以下条件的双方或多方事故，适用无责财产赔付简化处理机制：① 两方或多方机动车互碰，各方均投保交强险；② 交警认定或根据法律法规能够协商确定事故责任，部分有责、部分无责；③ 无责方车号、交强险保险人明确。

（2）基本原则

无责代赔仅适用于车辆损失部分的赔偿，对于人员伤亡部分不进行代赔。对于应由无责方交强险承担的对有责方车辆损失的赔偿责任，由有责方承保公司在单独的交强险无责任财产损失代赔偿限额内代赔。代赔偿限额为无责方交强险无责任财产损失赔偿限额之和，在各有责方之间平均分配。各保险公司之间对代赔金额进行分类统计，但不进行清算。有责方代赔的部分不影响交强险费率浮动。各无责方车辆不参与对其他无责车辆和车外财产损失的赔偿计算。

5.3 第三者责任险

汽车第三者责任险是保险车辆因意外事故，致使第三方遭受人身伤亡或财产的直接损毁，被保险人负有赔偿责任的，保险人依照保险合同的规定给予赔偿。

保险合同中的第三者，指因被保险机动车发生意外事故遭受人身伤亡或财产损失的人，但不包括投保人、被保险人和保险事故发生时被保险机动车本车上的人员。

5.3.1 第三者责任险的保险标的

保险合同中的机动车，指在中华人民共和国境内（不含港、澳、台地区）行驶，以动力装置驱动或牵引，上道路行驶的供人员乘用或用于运送物品及进行专项作业的轮式车辆（含挂车）、履带式车辆和其他运载工具（以下简称被保险机动车），但不包括摩托车、拖拉机和特种车。

5.3.2 保险责任

保险期间内，被保险人或其允许的合法驾驶人在使用被保险机动车过程中发生意外事故，致使第三者遭受人身伤亡或财产直接损毁，依法应当由被保险人承担的损害赔偿责任，保险人依照保险合同的约定，对于超过机动车交通事故责任强制保险各分项赔偿限额以上的部分负责赔偿。

5.3.3 责任免除

被保险机动车造成下列人身伤亡或财产损失，不论在法律上是否应当由被保险人承担赔偿责任，保险人均不负责赔偿：① 被保险人及其家庭成员的人身伤亡、所有或代管的财产的损失；② 被保险机动车本车驾驶人及其家庭成员的人身伤亡、所有或代管的财产的损失；③ 被保险机动车本车上其他人员的人身伤亡或财产损失。

下列情况下，不论任何原因造成的对第三者的损害赔偿责任，保险人均不负责赔偿。

① 地震及其次生灾害。

② 战争、军事冲突、恐怖活动、暴乱、扣押、收缴、没收、政府征用。

③ 竞赛、测试、教练，在营业性维修、养护场所修理、养护期间。

④ 利用被保险机动车从事违法活动。

⑤ 驾驶人饮酒、吸食或注射毒品、被药物麻醉后使用被保险机动车。

⑥ 事故发生后，被保险人或其允许的驾驶人在未依法采取措施的情况下驾驶被保险机动车或遗弃被保险机动车逃离事故现场，或故意破坏、伪造现场，毁灭证据。

⑦ 驾驶人有下列情形之一者：a.无驾驶证或驾驶证有效期已届满；b.驾驶的被保险机动车与驾驶证载明的准驾车型不符；c.实习期内驾驶公共汽车、营运客车或载有爆炸物品、易燃易爆化学物品、剧毒或放射性等危险物品的被保险机动车，实习期内驾驶的被保险机动车牵引挂车；d.持未按规定审验的驾驶证，以及在暂扣、扣留、吊销、注销驾驶证期间驾驶被保险机动车；e.使用各种专用机械车、特种车的人员无国家有关部门核发的有效操作证，驾驶营运客车的驾驶人无国家有关部门核发的有效资格证书；f.依照法律法规或公安机关交通管理部门有关规定不允许驾驶被保险机动车的其他情况下驾车。

⑧ 非被保险人允许的驾驶人使用被保险机动车。

⑨ 被保险机动车转让他人，被保险人、受让人未履行通知义务，且因转让导致被保险机动车危险程度显著增加而发生保险事故。

⑩ 除另有约定外，发生保险事故时被保险机动车无公安机关交通管理部门核发的行驶证或号牌，或未按规定检验或检验不合格。

⑪ 被保险机动车拖带未投保机动车交通事故责任强制保险的机动车（含挂车），或被未投保机动车交通事故责任强制保险的其他机动车拖带。

下列损失和费用，保险人不负责赔偿：① 被保险机动车发生意外事故，致使第三者停业、停驶、停电、停水、停气、停产、通信或网络中断、数据丢失、电压变化等造成的损失，以及其他各种间接损失；② 精神损害赔偿；③ 因污染（含放射性污染）造成的损失；④ 第三者财产因市场价格变动造成的贬值、修理后价值降低引起的损失；⑤ 被保险机动车被盗窃、抢劫、抢夺期间造成第三者人身伤亡或财产损失；⑥被保险人或驾驶人的故意行为造成的损失；⑦仲裁或诉讼费用及其他相关费用。

应当由机动车交通事故责任强制保险赔偿的损失和费用，保险人不负责赔偿。保险事故发生时，被保险机动车未投保机动车交通事故责任强制保险或机动车交通事故责任强制保险合同已经失效的，对于机动车交通事故责任强制保险各分项赔偿限额以内的损失和费用，保险人不负责赔偿。

保险人在依据本保险合同约定计算赔款的基础上，在保险单载明的责任限额内，按下列免赔率免赔：① 负次要事故责任的免赔率为 5%，负同等事故责任的免赔率为 10%，负主要事故责任的免赔率为 15%，负全部事故责任的免赔率为 20%；② 违反安全装载规定的，增加免赔率 10%；③ 投保时指定驾驶人，保险事故发生时为非指定驾驶人使用被保险机动车的，增加免赔率 10%；④ 投保时约定行驶区域，保险事故发生在约定行驶区域以外的，增加免赔率 10%；⑤ 其他不属于保险责任范围内的损失和费用。

5.3.4 责任限额

每次事故的责任限额，由投保人和保险人在签订保险合同时按保险监管部门批准的限额档次协商确定。

主车和挂车连接使用时视为一体，发生保险事故时，由主车保险人和挂车保险人按照保险单上载明的机动车第三者责任保险责任限额的比例，在各自的责任限额内承担赔偿责任，但赔偿金额总和以主车的责任限额为限。

第三者责任险的责任限额分为八个档次，即 5 万元、10 万元、15 万元、20 万元、30 万元、50 万元、100 万元及 100 万元以上。

除另有约定外，保险期间为一年，以保险单载明的起讫时间为准。

5.3.5 赔偿处理

被保险人索赔时，应当向保险人提供与确认保险事故的性质、原因、损失程度等有关证明和资料。被保险人应当提供保险单、损失清单、有关费用单据、被保险机动车行驶证和发生事故时驾驶人的驾驶证。属于道路交通事故的，被保险人应当提供公安机关交通管理部门或法院等机构出具的事故证明、有关的法律文书（判决书、调解书、裁定书、裁决书等）及其他证明。属于非道路交通事故的，应提供相关的事故证明。

保险事故发生时，被保险人对被保险机动车不具有保险利益的，不得向保险人请求赔偿。

被保险人给第三者造成损害，被保险人对第三者应负的赔偿责任确定的，根据被保险人的请求，保险人应当直接向该第三者赔偿。被保险人怠于请求的，第三者有权就其应获赔偿部分直接向保险人请求赔偿。因保险事故损坏的第三者财产，应当尽量修复。修理前被保险人应当会同保险人检验，协商确定修理项目、方式和费用。否则，保险人有权重新核定；无法重新核定的，保险人有权拒绝赔偿。

被保险机动车驾驶人根据有关法律法规选择自行协商或由公安机关交通管理部门处理事故未确定事故责任比例的，按照下列规定确定事故责任比例：被保险机动车方负主要事故责任的，事故责任比例为 70%；被保险机动车方负同等事故责任的，事故责任比例为 50%；被保险机动车方负次要事故责任的，事故责任比例为 30%。

保险事故发生后，保险人按照国家有关法律法规规定的赔偿范围、项目和标准及保险合同的约定，在保险单载明的责任限额内核定赔偿金额。

未经保险人书面同意，被保险人自行承诺或支付的赔偿金额，保险人有权重新核定。不属于保险人赔偿范围或超出保险人应赔偿金额的，保险人不承担赔偿责任。保险事故发生时，被保险机动车重复保险的，保险人按照自己保险合同的责任限额与各保险合同责任限额的总和的比例承担赔偿责任。其他保险人应承担的赔偿金额，保险人不负责赔偿和垫付。保险人受理报案、现场查勘、参与诉讼、进行抗辩、要求被保险人提供证明和资料、向被保险人提供专业建议等行为，均不构成保险人对赔偿责任的承诺。保险人支付赔款后，对被保险人追加的索赔请求，保险人不承担赔偿责任。被保险人获得赔偿后，保险合同继续有效，直至保险期间届满。

5.3.6　其他方面规定

1．变更和终止

本保险合同的内容如需变更，须经保险人与投保人书面协商一致。

在保险期间内，被保险机动车转让他人的，受让人承继被保险人的权利和义务。被保险人或受让人应当及时书面通知保险人，并办理批改手续。

因被保险机动车转让导致被保险机动车危险程度显著增加的，保险人自收到前款规定的通知之日起 30 日内，可以增加保险费或解除保险合同。

保险责任开始前，投保人要求解除保险合同的，应当向保险人支付应交保险费 5%的退保手续费，保险人应当退还保险费。

保险责任开始后，投保人要求解除本保险合同的，自通知保险人之日起，保险合同解除。保险人按日收取自保险责任开始之日起至合同解除之日止期间的保险费，并退还剩余部分保险费。

2．争议处理

因履行保险合同发生的争议，由当事人协商解决。协商不成的，提交保险单载明的仲裁机构仲裁。保险单未载明仲裁机构或争议发生后未达成仲裁协议的，可向人民法院起诉。

5.3.7　机动车交通事故责任强制保险与商业第三者责任险的区别

1．性质不同

商业第三者责任险并不具有强制性，在本质上是按照商业保险制度建立起来的一种商业性质的保险。对车辆所有者及保险人来说，更注重的是风险的分散和保险利益的获取，是否投保是双方协商一致的结果，在现实中其投保率全国只维持在 30%左右。而机动车交通事故责任强制保险具有强制性，具有类似于社会保险的性质，其更注重的是让第三人的利益能及时得到保障，所有行驶车辆的所有者都被强制必须投保，同时保险公司必须承保而不得拒保。

2．定责原则不同

商业第三者责任险是指按照过错责任来确定保险人所应当承担的责任，具体的赔偿方式在保险合同中有具体约定，且其赔偿不区分人伤还是物损，均按照合同的约定进行，保险人依据被保险人在事故中所承担的事故责任的大小来承担赔偿的多少。

机动车交通事故责任强制保险保险人的赔偿责任是按照无过错的原则确定的，并不是按照保险合同约定而是依据法律及《条例》的具体规定在责任限额内给予赔偿，每次事故的最高赔偿额全国统一为 12.2 万元。

3．费率厘定不同

商业第三者责任险的保费可以由投保人与保险人约定，不同保险人之间的费率存在差异，与其他车险（如防盗险、车损险等）的管理模式一致，保险人通过经营“三者险”获得相应的利润。

机动车交通事故责任强制保险实行统一的保险条款和费率。为促使驾驶人员安全驾驶，其费率与交通违章挂钩，其业务与保险人的其他业务分开核算，并以不盈利、不亏损为目的。

4. 赔偿范围不同

商业第三者责任险对赔偿的范围做出了许多免责的设定，包括不同的责任免除事项和免赔率。

机动车交通事故责任强制保险除了故意造成事故之外，其保险责任覆盖了几乎所有的交通事故，且没有免赔率的规定。

5. 机动车交通事故责任强制保险实行分项责任限额制

机动车交通事故责任强制保险的责任分项限额分为死亡、伤残赔偿限额，医疗费用赔偿限额，财产损失赔偿限额，以及被保险人在道路交通事故中无责任的赔偿限额。其中无责任的赔偿限额分为无责任死亡、伤残赔偿限额，无责任医疗费用赔偿限额，无责任财产损失赔偿限额。而商业第三者责任险只设定综合的责任赔偿限额，且可以分为不同的档次，供保险人自由选择。

5.4 汽车损失保险（A款）

汽车损失保险简称车损险，指保险车辆遭受保险责任范围内的自燃灾害或意外事故，造成保险车辆本身损失，保险人依据保险合同的规定给予赔偿。

5.4.1 保险标的

1. 家庭自用汽车

家庭自用汽车，指在中华人民共和国境内（不含港、澳、台地区）行驶的家庭或个人所有，且用途为非营业性运输的9座以下的客车。

2. 非营业用汽车

非营业用汽车，指在中华人民共和国境内（不含港、澳、台地区）行驶的党政机关、企事业单位、社会团体、使领馆等机构从事公务或在生产经营活动中不以直接或间接方式收取运费或租金的自用汽车，包括客车、货车、客货两用车。

3. 营业用汽车

营业用汽车，指在中华人民共和国境内（不含港、澳、台地区）行驶的，用于客、货运输或租赁，并以直接或间接方式收取运费或租金的汽车。

5.4.2 A款汽车损失保险保险责任及解释

1. 保险责任

（1）家庭自用车与非营业用车的保险责任

保险期间内，被保险人或其允许的合法驾驶人在使用被保险机动车过程中，因下列原因造成被保险机动车的损失，保险人依照本保险合同的约定负责赔偿：① 碰撞、倾覆、坠落；② 火灾、爆炸；③ 外界物体坠落、倒塌；④ 暴风、龙卷风；⑤ 雷击、雹灾、暴雨、洪水、海啸；⑥ 地陷、冰陷、崖崩、雪崩、泥石流、滑坡；⑦ 载运被保险机动车的渡船遭受自然灾害（只限于驾驶人随船的情形）。

（2）营业用车的保险责任

保险期间内，被保险人或其允许的合法驾驶人在使用被保险机动车过程中，因下列原因造成被保险机动车的损失，保险人依照本保险合同的约定负责赔偿：① 碰撞、倾覆、坠落；② 外界物体坠落、倒塌；③ 暴风、龙卷风；④ 雷击、雹灾、暴雨、洪水、海啸；⑤ 地陷、冰陷、崖崩、雪崩、泥石流、滑坡；⑥ 载运被保险机动车的渡船遭受自然灾害（只限于驾驶人随船的情形）。

因家庭自用车、非营业用车和营业用车在面临同一风险中存在概率和损失程度的不同，汽车损失保险的保险责任也因此有不同之处，主要表现为营业用车由于火灾、爆炸引起的损失不属于汽车损失保险的保险责任，保险公司不承担赔偿责任。同时，A 款汽车损失保险对三类保险标的在发生保险事故时，被保险人为防止或减少被保险机动车的损失所支付的必要的、合理的施救费用，明确规定由保险人承担，最高不超过保险金额的数额。

2. 相关术语解释

碰撞，指被保险机动车与外界物体直接接触并发生意外撞击、产生撞击痕迹的现象。包括被保险机动车按规定载运货物时，所载货物与外界物体的意外撞击。下列三种碰撞不属于碰撞的内容：① 轿车的发动机盖因为机械故障在行驶中突然翻起，机盖与前挡风玻璃相碰撞；② 半挂车因雨天路滑，并且各轴的制动协调时间有问题，紧急制动时常会出现牵引车驾驶室后立柱部位与同侧挂车车厢板相撞，造成驾驶室变形；③ 火车在下坡路况行驶，车载货物倾斜而与车厢板相撞，造成车厢板变形。

倾覆，指由于自然灾害或意外事故导致被保险机动车翻倒（两轮以上离地、车体触地），处于失去正常状态和行驶能力、不经施救不能恢复行驶的状态。

坠落，指被保险机动车在行驶中发生意外事故，整车腾空后下落，造成本车损失的情况。非整车腾空，仅由于颠簸造成被保险机动车损失的，不属于坠落责任。

火灾，指由被保险机动车本身以外的火源引起的、在时间或空间上失去控制的燃烧（即有热、有光、有火焰的剧烈氧化反应）所造成的灾害。这里的火灾从概念上可以看出不包括车辆本体中因电路、线路、供油系统、供气系统故障或车上所载货物自燃所引起的损失；另外，车辆启动前人为进行的高温烘烤引发的火灾属于不恰当操作，不属于保险责任，保险公司不承担赔偿责任。

爆炸，仅指化学性爆炸，即物体在瞬息分解或燃烧时放出大量的热和气体，并以很大的压力向四周扩散，形成破坏力现象。

外界物体倒塌，指由于保险车辆自身以外由物质构成并占有一定空间的个体倒下，造成保险车辆损失。车上载有货物时，车辆与货物视为一体。

外界物体坠落，指保险车辆自身以外的物体因地球引力而独立从空中坠落，导致保险车辆的损失。

暴风，指风速在 28.5 m/s（相当于 11 级大风）以上的大风。风速以气象部门公布的数据为准。在掌握上，只要风速达到 17.2 m/s 造成保险车辆的损失，即构成本保险责任损失。另外，允许的特殊环境下由于管道效应导致风速加剧引起车辆损失，也构成本保险责任损失。

龙卷风，是在极不稳定天气下由空气强烈对流运动而产生的一种伴随着高速旋转的漏斗状云柱的强风涡旋。其中心附近风速可达100～200 m/s。

雷击，由于雷电直接击中保险车辆或通过其他物体引起保险车辆的损失，均属于保险责任。

暴雨，每小时降雨量达到16 mm以上，或连续12小时降雨量达到30 mm以上，或连续24小时降雨量达到50 mm以上。

洪水，凡江河泛滥、山洪暴发、潮水上岸及倒灌，导致保险车辆遭受泡损、淹没的损失，都属于本保险的洪水责任。

海啸，是由于地震或风暴而造成的海面巨大涨落现象，按成因分为地震海啸和风暴海啸。由于海啸以致海水上岸泡损、淹没、冲失保险车辆，都属于本保险的海啸责任。

地陷，指地壳因为自然变异、地层收缩而发生突然塌陷，以及海潮、河流、大雨侵蚀时因地下有孔穴、矿穴，以致地面突然塌陷。

崖崩，石崖、土崖因自然风化、雨蚀而崩裂下塌，或山上岩石滚落，或雨水使山上沙土透湿而崖塌，致使保险车辆遭受损失，属于本保险崖崩责任。

雪崩，大量积雪突然崩落的现象。

雹灾，由于冰雹降落造成的灾害。

泥石流，指在山区或其他沟谷深壑、地形险峻的地区，因为暴雨、暴雪或其他自然灾害引发的山体滑坡并携带有大量泥沙及石块的特殊洪流。

滑坡，指斜坡上的土体或岩体，受河流冲刷、地下水活动、地震及人工切坡等因素影响，在重力作用下，沿着一定的软弱面或软弱带，整体地或分散地顺坡向下滑动的自然现象，俗称“走山”、“垮山”、“地滑”、“土溜”等。

合理施救费用，指保护、施救行为支出的费用是直接的、必要的，并符合国家有关政策规定。

5.4.3 A款条款对免除责任的规定及解释

1. 免除责任

（1）家庭自用车、非营业车与营业用车损失保险相同的免除责任

下列情况下，不论任何原因造成被保险机动车损失，保险人均不负责赔偿：① 地震；② 战争、军事冲突、恐怖活动、暴乱、扣押、收缴、没收、政府征用；③ 竞赛、测试，在营业性维修、养护场所修理、养护期间；④ 利用被保险机动车从事违法活动；⑤ 驾驶人饮酒、吸食或注射毒品、被药物麻醉后使用被保险机动车；⑥ 事故发生后，被保险人或其允许的驾驶人在未依法采取措施的情况下驾驶被保险机动车或遗弃被保险机动车逃离事故现场，或故意破坏、伪造现场、毁灭证据；⑦ 驾驶人有下列情形之一者：a.无驾驶证或驾驶证有效期已届满；b.驾驶的被保险机动车与驾驶证载明的准驾车型不符；c.持未按规定审验的驾驶证，以及在暂扣、扣留、吊销、注销驾驶证期间驾驶被保险机动车；d.依照法律法规或公安机关交通管理部门有关规定不允许驾驶被保险机动车的其他情况下驾车；⑧ 非被保险人允许的驾驶人使用被保险机动车；⑨ 被保险机动车转让他人，未向保险人办理批改手续；⑩ 另有约定外，发生保险事故时被保险机动车无公安机关交通管理部门核发的行驶证或号牌，或未按规定检验或检验不合格。

保险机动车的下列损失和费用，保险人不负责赔偿：① 自然磨损、朽蚀、腐蚀、故障；② 玻璃单独破碎，车轮单独损坏；③ 无明显碰撞痕迹的车身划痕；④ 人工直接供油、高温烘烤造成的损失；⑤ 自燃及不明原因火灾造成的损失；⑥ 遭受保险责任范围内的损失后，未经必要修理继续使用被保险机动车，致使损失扩大的部分；⑦ 因污染（含放射性污染）造成的损失；⑧ 市场价格变动造成的贬值、修理后价值降低引起的损失；⑨ 标准配置以外新增设备的损失；⑩ 发动机进水后导致的发动机损坏；⑪ 被保险机动车所载货物坠落、倒塌、撞击、泄漏造成的损失；⑫ 被盗窃、抢劫、抢夺，以及因被盗窃、抢劫、抢夺受到损坏或车上零部件、附属设备丢失；⑬ 保险人或驾驶人的故意行为造成的损失；⑭ 应当由机动车交通事故责任强制保险赔偿的金额。

保险人在依据保险合同约定计算赔款的基础上，按照下列免赔率免赔：① 负次要事故责任的免赔率为5%，负同等事故责任的免赔率为8%，负主要事故责任的免赔率为10%，负全部事故责任或单方肇事事故的免赔率为15%；② 被保险机动车的损失应当由第三方负责赔偿的，无法找到第三方时，免赔率为30%；③ 被保险人根据有关法律法规选择自行协商方式处理交通事故，不能证明事故原因的，免赔率为20%；④ 投保时约定行驶区域，保险事故发生在约定行驶区域以外的，增加免赔率 10%。不属于保险责任范围内的损失和费用。

（2）家庭自用车、非营业用车与营业用车损失保险免除责任的不同之处

① 家庭自用车汽车损失保险增加的免除责任，有以下两种情况：a.自燃及不明原因火灾造成的损失属于免除责任；b.投保时指定驾驶人，保险事故发生时为非指定驾驶人使用被保险机动车的，增加免赔率10%。

② 营业用车汽车损失保险的免除责任有以下几种情况：a.教练用车；b.实习期间驾驶公共汽车、营运客车或载有爆炸物品、易燃易爆化学物品、剧毒或放射性等危险物品的被保险机动车，实习期间驾驶的被保险机动车牵引挂车；c.使用各种专用机械车、特种车的人员无国家有关部门核发的有效操作证，驾驶营业性客车的驾驶人无国家有关部门核发的有效资格证书；d.火灾、爆炸造成的损失；e.违反安全装载规定的，增加免赔率5%；因违反安全装载规定导致保险事故发生的，保险人不承担赔偿责任；f.保险期间内发生多次保险事故的，免赔率从第三次开始每次增加5%，但自然灾害引起的事故除外。

③ 非营业用车汽车损失保险增加的免除责任，有以下3种情况：a.实习期内驾驶执行任务的警车、消防车、救护车、工程救险车或载有爆炸物品、易燃易爆化学物品、剧毒或放射性等危险物品的被保险机动车，实习期内驾驶的被保险机动车牵引挂车；b.使用各种专用机械车、特种车的人员无国家有关部门核发的有效操作证；c.教练用车。

2. 相关术语解释

地震，地壳在内、外应力作用下，积聚的构造应力突然释放，产生震动弹性波，从震源向四周传播引起的地面颤动。在地震中，无论地震直接使保险车辆受损，还是造成外界物体倒塌所致保险车辆的损失，保险人都不负责赔偿。

战争，是一种集体和有组织地互相使用暴力的行为，是敌对双方为了达到一定的政治、经济、领土的完整性等目的而进行的武装战斗。

军事冲突，国家或民族间在一定范围内的武装对抗。

暴乱，破坏社会秩序的武装骚动。

扣押，相关管理部门采用强制手段扣留保险车辆。

测试，对保险车辆的性能和技术参数进行测量的行为。

竞赛，保险车辆作为赛车直接参加车辆比赛活动。

药物麻醉，指驾驶员食入或注射有麻醉成分的药品，使整个身体或身体的某一部分暂时失去控制的情况。

附属设备，指购买新车时，随车装备的基本设备，随车工具、新增设备等不属于附属设备。

被保险人或其驾驶员的故意行为，被保险人或其驾驶员明知自己的行为可能造成损害的结果，而仍主观上希望或放任这种结果的发生。

人工直接供油，人工直接供油也称人工直流供油。机动车行驶中供油系统发生故障时，驾驶员不经燃油供油装置而依靠燃油重力直接向化油器喉管注入燃油的供油方法。这种方法极易因燃油外溅或化油器回火造成火灾，是严重违反操作规则的行为之一。

高温烘烤，采用明火对车辆发动机进行加热，属于违反车辆安全操作规则的行为。

5.4.4 汽车损失保险金额的规定及解释

汽车损失保险 A 款中规定了以下 3 种保险金额确定方式。

① 按投保时被保险机动车的新车购置价确定。保险合同中的新车购置价，指在保险合同签订地购置与被保险机动车同类型新车的价格（含车辆购置税）。投保时的新车购置价根据投保时保险合同签订地同类型新车的市场销售价格（含车辆购置税）确定，并在保险单中载明，无同类型新车市场销售价格的，由投保人与保险人协商确定。

② 在投保时被保险机动车的新车购置价内协商确定。

③ 按投保时被保险机动车的实际价值确定。实际价值=新车购置价×折旧金额；折旧金额=投保时的新车购置价×被保险机动车已使用月数×月折旧率。折旧率如表 5-3 所示。折旧按月计算，不足一个月的部分，不计折旧。最高折旧金额不超过投保时被保险机动车新车购置价的 80%。

表 5-3 折旧率表

车辆种类	月折旧率				
	家庭自用	非营业	营业		特种车
			出租	其他	
9 座以下客车	0.60%	0.60%	1.10%	0.90%	—
10 座以上客车	0.90%	0.90%	1.10%	0.90%	—
微型载货汽车	—	0.90%	1.10%	1.10%	—
带拖挂的载货汽车	—	0.90%	1.10%	1.10%	—
低速货车和三轮汽车	—	1.10%	1.40%	1.40%	—
矿山专用车	—	—	—	—	1.10%
其他车辆	—	0.90%	1.10%	0.90%	0.90%

5.4.5 赔偿处理

被保险人索赔时，应当向保险人提供与确认保险事故的性质、原因、损失程度等有关的证明和资料。被保险人应当提供保险单、损失清单、有关费用单据、被保险机动车行驶证和发生事故时驾驶人的驾驶证。属于道路交通事故的，被保险人应当提供公安机关交通管理部门或法院等机构出具的事故证明、有关的法律文书（判决书、调解书、裁定书、裁决书等）和通过机动车交通事故责任强制保险获得赔偿金额的证明材料。属于非道路交通事故的，应提供相关的事故证明。

被保险人或被保险机动车驾驶人根据有关法律法规选择自行协商方式处理交通事故的，应当立即通知保险人，协助保险人勘验事故各方车辆、核实事故责任，并依照《交通事故处理程序规定》签订记录交通事故情况的协议书。

因保险事故损坏的被保险机动车，应当尽量修复。修理前被保险人应当会同保险人检验，协商确定修理项目、方式和费用。否则，保险人有权重新核定；无法重新核定的，保险人有权拒绝赔偿。

被保险机动车遭受损失后的残余部分由保险人、被保险人协商处理。

保险人依据被保险机动车驾驶人在事故中所负的事故责任比例，承担相应的赔偿责任。被保险人或被保险机动车驾驶人根据有关法律法规选择自行协商或由公安机关交通管理部门处理事故未确定事故责任比例的，按照下列规定确定事故责任比例：① 被保险机动车方负主要事故责任的，事故责任比例为 70%；② 被保险机动车方负同等事故责任的，事故责任比例为 50%；③ 被保险机动车方负次要事故责任的，事故责任比例为 30%。

保险人按下列方式赔偿。

① 按投保时被保险机动车的新车购置价确定保险金额的。a.发生全部损失时，在保险金额内计算赔偿，保险金额高于保险事故发生时被保险机动车实际价值的，按保险事故发生时被保险机动车的实际价值计算赔偿。保险事故发生时被保险机动车的实际价值根据保险事故发生时的新车购置价减去折旧金额后的价格确定。保险事故发生时的新车购置价根据保险事故发生时保险合同签订地同类型新车的市场销售价格（含车辆购置税）确定，无同类型新车市场销售价格的，由被保险人与保险人协商确定。折旧金额=保险事故发生时的新车购置价×被保险机动车已使用月数×月折旧率。b.发生部分损失时，按核定修理费用计算赔偿，但不得超过保险事故发生时被保险机动车的实际价值。

② 按投保时被保险机动车的实际价值确定保险金额或协商确定保险金额的。a.发生全部损失时，保险金额高于保险事故发生时被保险机动车实际价值的，以保险事故发生时被保险机动车的实际价值计算赔偿；保险金额等于或低于保险事故发生时被保险机动车实际价值的，按保险金额计算赔偿。b.发生部分损失时，按保险金额与投保时被保险机动车的新车购置价的比例计算赔偿，但不得超过保险事故发生时被保险机动车的实际价值。

③ 施救费用赔偿的计算方式同以上①、②，在被保险机动车损失赔偿金额以外另行计算，最高不超过保险金额的数额。被施救的财产中，含有保险合同未承保财产的，按被保险机动车与被施救财产价值的比例分摊施救费用。

被保险机动车重复保险的，保险人按照自己保险合同的保险金额与各保险合同保险金额的总和的比例承担赔偿责任。

保险人受理报案、现场查勘、参与诉讼、进行抗辩、要求被保险人提供证明和资料、向被保险人提供专业建议等行为，均不构成保险人对赔偿责任的承诺。

下列情况下，保险人支付赔款后，本保险合同终止，保险人不退还家庭自用汽车损失保险及其附加险的保险费：① 被保险机动车发生全部损失；② 按投保时被保险机动车的实际价值确定保险金额的，一次赔款金额与免赔金额之和（不含施救费）达到保险事故发生时被保险机动车的实际价值；③ 保险金额低于投保时被保险机动车的实际价值的，一次赔款金额与免赔金额之和（不含施救费）达到保险金额。

5.4.6 变更、解除、终止

保险合同的内容如需变更，须经保险人与投保人书面协商一致。在保险期间内，被保险机动车转让他人的，投保人应当书面通知保险人并办理批改手续。保险责任开始前，投保人要求解除保险合同的，应当向保险人支付应交保险费 5%的退保手续费，保险人应当退还保险费。保险责任开始后，投保人要求解除本保险合同的，自通知保险人之日起，本保险合同解除。保险人按短期月费率收取自保险责任开始之日起至合同解除之日止期间的保险费，并退还剩余部分保险费。短期月费率如表 5-4 所示。

表 5-4 短期月费率表

保险期间（月）	1	2	3	4	5	6	7	8	9	10	11	12
短期月费率（年保险费的百分比）	10%	20%	30%	40%	50%	60%	70%	80%	85%	90%	95%	100%

注：保险期间不足一个月的部分，按一个月计算。

阅读资料

紧急避险的理赔

1998 年 12 月 2 日 17 时左右，湖北省某市个体驾驶员刘某（系车辆损失险及第三者责任险被保险人）持 B 证驾驶小客车在行驶途中，因天冷路滑，在急弯内侧（占道）处与相对而行的个体驾驶员张某的三轮车相交会，致使三轮车方受损、两名乘客及驾驶员受伤，刘某驾驶的小客车未受损。经该市交警大队调解处理，刘某负此次事故的全部责任，合计损失 6000 余元。事故处理结案后，刘某以第三者责任损失为由迅速向保险公司索赔，而保险公司在审理此案时则以“两车未发生碰撞”及“紧急避险超过必要限度”为由予以拒赔。双方遂引起纠纷。

以上资料实际上是一起因紧急避险问题而引发的第三者责任损失索赔案。根据修订后的《刑法》第二十一条规定，这里的“紧急避险”指为了国家、公民利益、本人或他人的人身财产和其他权利受正在发生的危险不得已采取的突发性行为。可见，紧急避险的产生应具备 3 个条件：①险情的客观存在性，而不是臆想的或根本不可能发生的危险；②为了避险不得已采取突发性行为；③紧急避险不能超过必要限度。《民法通则》第一百二十九条规定：“因紧急避险造成损害的，由引起险情发生的人承担民事责任。如果危险是由自然原因引起的，紧急避险人不承担民事责任或者承担适当的民事责任。因紧急避险采取措施不当或者超过必要的限度，造成不应有的损害的，紧急避险人应当承担适当的民事责任。”本案中，三轮车驾驶员张某实施紧急避险行为不是因自然原因引起的，而是由于被保险人刘某在道路急弯处占据了一定的路面，在即将发生碰撞危险时不得已而采取的突发性行为。虽然紧急避险前后被保险车辆与三轮车均未碰撞，但是如果张某不采取紧急避险则极有可能造成保险车辆受损和人员伤亡的严重交通事故，故张某的行为属紧急避险行为，所谓的“两车未发生碰撞”及“紧急避险超过必要限度”的说法是站不住脚的。

阅读资料

保险标的转让未通知保险公司的理赔

1999 年 1 月 5 日，某汽车出租公司（以下简称出租车公司）将其所有的桑塔纳轿车向当地某保险公司（以下简称保险公司）投保了机动车辆险、第三者责任险和附加盗抢险，被保险人为该出租车公司，保险期限自 1999 年 1 月 6 日零时起至 2000 年 1 月 5 日 24 时止。合同签订后，出租车公司如期交付了保险费。1999 年 5 月 2 日，出租车公司将一辆桑塔纳轿车过户给罗某个人所有，同时罗某与出租公司约定，其每年向出租车公司交纳管理费和各种税费，车辆以出租车公司的名义向保险公司投保，保险费由罗某个人交付。

1999 年 10 月 10 日，罗某驾车营运时在某地遭到歹徒劫持，并将其车抢走。事故发生后，出租车公司向保险公司提出索赔，保险公司以保险标的转让没有通知保险公司办理批改为由拒赔。罗某不服，遂起诉至法院。

本案争议的焦点：在保险合同有效期内，保险标的依法转让，如果被保险人没有通知保险公司办理批改，发生保险事故时，保险公司是否承担赔偿责任。《保险法》第三十四条规定：“保险标的的转让应当通知保险人，经保险人同意继续承保后，依法变更合同。但是货物运输保险合同和另有约定的合同除外。”从该条规定来看，除货物运输保险合同和另有约定的合同外，其他保险标的的转让应当通知保险人。在机动车辆保险合同中，投保人与保险人一般都在被保险人的义务中约定“在保险合同有效期内，保险车辆转卖或增加危险程度，被保险人应当事先通知保险人并申请办理批改”。本案中的保险标的即机动车的转让虽然被保险人没有通知保险人并办理批改手续，但被保险人的这一行为只是违反了保险合同中双方约定的义务，并且其违反这一义务也没有使标的物的危险程度增加。《保险法》第三十七条规定：“在保险合同有效期内，保险标的危险程度增加的，被保险人按照合同约定应当及时通知保险人，保险人有权要求增加保险费或者解除合同。被保险人未履行前款规定的通知义务的，因保险标的危险程度增加而发生的保险事故，保险人不承担赔偿责任。”从该条规定来看，被保险人具有危险程度增加的通知义务，如果被保险人未履行该义务，保险人对因危险程度增加而发生的保险事故不承担赔偿责任。本案中，保险标的从出租车公司转让给罗某，罗某因由使用人变为所有人而增加了对标的物的管理注意程度，可见，其危险程度不但没有增加，反而有所减少。

本案中，投保人出租车公司在投保时，因其是标的物的所有人而具有保险利益，在保险事故发生时，虽然其不再是标的物的所有人，但又因是标的物的管理人而同样对保险标的具有保险利益。反之，若本案中的出租车公司将保险标的转让给罗某后就不再与其发生任何法律关系，那么，在事故发生时，因出租车公司对保险标的不具有保险利益，保险公司可以此为由拒绝承担保险责任。

5.5 车上人员责任险

5.5.1 保险责任

保险期间内，被保险人或其允许的合法驾驶人在使用被保险机动车过程中发生意外事故，致使车上人员遭受人身伤亡，依法应当由被保险人承担的损害赔偿责任，保险人依照保险合同的约定负责赔偿。保险合同中的车上人员，指保险事故发生时在被保险机动车上的自然人。

5.5.2 责任免除

被保险机动车造成下列人身伤亡，不论在法律上是否应当由被保险人承担赔偿责任，保险人均不负责赔偿：① 被保险人或驾驶人的故意行为造成的人身伤亡；② 被保险人及驾驶人以外的其他车上人员的故意、重大过失行为造成的自身伤亡；③ 违法、违章搭乘人员的人身伤亡；④ 车上人员因疾病、分娩、自残、斗殴、自杀、犯罪行为造成的自身伤亡；⑤ 车上人员在被保险机动车车下时遭受的人身伤亡。

下列情况下，不论任何原因造成的对车上人员的损害赔偿责任，保险人均不负责赔偿：① 地震及其次生灾害；② 战争、军事冲突、恐怖活动、暴乱、扣押、收缴、没收、政府征用；③ 竞赛、测试、教练，在营业性维修、养护场所修理、养护期间；④ 利用被保险机动车从事违法活动；⑤ 驾驶人饮酒、吸食或注射毒品、被药物麻醉后使用被保险机动车；⑥ 事故发生后，被保险人或其允许的驾驶人在未依法采取措施的情况下驾驶被保险机动车或遗弃被保险机动车离开事故现场，或故意破坏、伪造现场、毁灭证据。

驾驶人有下列情形之一者，保险人不负赔偿责任：① 无驾驶证或驾驶证有效期已届满；② 驾驶的被保险机动车与驾驶证载明的准驾车型不符；③ 实习期内驾驶公共汽车、营运客车或载有爆炸物品、易燃易爆化学物品、剧毒或放射性等危险物品的被保险机动车，实习期内驾驶的被保险机动车牵引挂车；④ 持未按规定审验的驾驶证，以及在暂扣、扣留、吊销、注销驾驶证期间驾驶被保险机动车；⑤ 使用各种专用机械车、特种车的人员无国家有关部门核发的有效操作证，驾驶营运客车的驾驶人无国家有关部门核发的有效资格证书；⑥ 依照法律法规或公安机关交通管理部门有关规定不允许驾驶被保险机动车的其他情况下驾车；⑦ 非被保险人允许的驾驶人驾驶被保险机动车；⑧ 被保险机动车转让他人，被保险人、受让人未履行通知义务，且因转让导致被保险机动车危险程度显著增加而发生保险事故；⑨ 除另有约定外，发生保险事故时被保险机动车无公安机关交通管理部门核发的行驶证或号牌，或未按规定检验或检验不合格。

下列损失和费用，保险人不负责赔偿：① 精神损害赔偿；② 因污染（含放射性污染）造成的人身伤亡；③ 仲裁或诉讼费用及其他相关费用；④ 应当由机动车交通事故责任强制保险赔偿的损失和费用。

保险人在依据保险合同约定计算赔款的基础上，在保险单载明的责任限额内，按下列免赔率免赔：① 负次要事故责任的免赔率为 5%，负同等事故责任的免赔率为 8%，负主要事故责任的免赔率为 10%，负全部事故责任或单方肇事事故的免赔率为 15%；② 投保时指定驾驶人，保险事故发生时为非指定驾驶人使用被保险机动车的，增加免赔率 10%；③ 投保时约定行驶区域，保险事故发生在约定行驶区域以外的，增加免赔率 10%；④ 其他不属于保险责任范围内的损失和费用。

5.5.3 责任限额和保险期间

驾驶人每次事故责任限额和乘客每次事故每人责任限额由投保人和保险人在投保时协商确定。投保乘客座位数按照被保险机动车的核定载客数（驾驶人座位除外）确定。

除另有约定外，保险期间为一年，以保险单载明的起讫时间为准。

5.5.4 赔偿处理

被保险人索赔时，应当向保险人提供与确认保险事故的性质、原因、损失程度等有关的证明和资料。被保险人应当提供保险单、损失清单、有关费用单据、被保险机动车行驶证和发生事故时驾驶人的驾驶证。属于道路交通事故的，被保险人应当提供公安机关交通管理部门或法院等机构出具的事故证明、有关的法律文书（判决书、调解书、裁定书、裁决书等）和通过机动车交通事故责任强制保险获得赔偿金额的证明材料。属于非道路交通事故的，应提供相关的事故证明。

保险事故发生时，被保险人对被保险机动车不具有保险利益的，不得向保险人请求赔偿。保险人依据被保险机动车驾驶人在事故中所负的事故责任比例，承担相应的赔偿责任。

公安机关交通管理部门处理事故未确定事故责任比例的，按照下列规定确定事故责任比例：被保险机动车方负主要事故责任的，事故责任比例为 70%；被保险机动车方负同等事故责任的，事故责任比例为 50%；被保险机动车方负次要事故责任的，事故责任比例为 30%。

每次事故车上人员的人身伤亡按照国家有关法律法规规定的赔偿范围、项目和标准及保险合同的约定进行赔偿。驾驶人的赔偿金额不超过保险单载明的驾驶人每次事故责任限额；每位乘客的赔偿金额不超过保险单载明的乘客每次事故每人责任限额，赔偿人数以投保乘客座位数为限。保险人按照国家基本医疗保险的标准核定医疗费用的赔偿金额。未经保险人书面同意，被保险人自行承诺或支付的赔偿金额，保险人有权重新核定。不属于保险人赔偿范围或超出保险人应赔偿金额的，保险人不承担赔偿责任。保险事故发生时，被保险机动车重复保险的，保险人按照自己保险合同的责任限额与各保险合同责任限额的总和的比例承担赔偿责任。其他保险人应承担的赔偿金额，保险人不负责赔偿和垫付。

保险人受理报案、现场查勘、参与诉讼、进行抗辩、要求被保险人提供证明和资料、向被保险人提供专业建议等行为，均不构成保险人对赔偿责任的承诺。保险人支付赔款后，对被保险人追加的索赔请求，保险人不承担赔偿责任。被保险人获得赔偿后，保险合同继续有效，直至保险期间届满。

保险人收到被保险人的索赔请求后，应当及时做出核定。① 保险人应根据事故性质、损失情况，及时向被保险人提供索赔须知。审核索赔材料后认为有关的证明和资料不完整的，应当及时一次性通知被保险人补充提供有关的证明和资料。② 在被保险人提供了各种必要单证后，保险人应当迅速审查核定，并将核定结果及时通知被保险人。情形复杂的，保险人应当在 30 日内做出核定；保险人未能在 30 日内做出核定的，应与被保险人商定合理期间，并在商定期间内做出核定，同时将核定结果及时通知被保险人。③ 对属于保险责任的，保险人应在与被保险人达成赔偿协议后 10 日内支付赔款。④ 对不属于保险责任的，保险人应自做出核定之日起 3 日内向被保险人发出拒绝赔偿通知书，并说明理由。⑤ 保险人自收到索赔请求和有关证明、资料之日起 60 日内，对其赔偿金额不能确定的，应当根据已有证明和资料可以确定的数额先予支付；保险人最终确定赔偿金额后，应当支付相应的差额。⑥ 保险人对在办理保险业务中知道的投保人、被保险人的业务和财产情况及个人隐私，负有保密的义务。

5.5.5 合同变更和终止、争议处理

1. 变更和终止

本保险合同的内容如需变更，须经保险人与投保人书面协商一致。

在保险期间内，被保险机动车转让他人的，受让人承继被保险人的权利和义务。被保险人或受让人应当及时书面通知保险人并办理批改手续。

因被保险机动车转让导致被保险机动车危险程度显著增加的，保险人自收到前款规定的通知之日起 30 日内，可以增加保险费或解除本保险合同。

保险责任开始前，投保人要求解除保险合同的，应当向保险人支付应交保险费 5%的退保手续费，保险人应当退还保险费。

保险责任开始后，投保人要求解除保险合同的，自通知保险人之日起，本保险合同解除。保险人按日收取自保险责任开始之日起至合同解除之日止期间的保险费，并退还剩余部分保险费。

2. 争议处理

因履行本保险合同发生的争议，由当事人协商解决。协商不成的，提交保险单载明的仲裁机构仲裁。保险单未载明仲裁机构或争议发生后未达成仲裁协议的，可向人民法院起诉。

5.6 全车盗抢险

5.6.1 保险责任

保险期间内，被保险机动车的下列损失和费用，保险人依照保险合同的约定负责赔偿：① 被保险机动车被盗窃、抢劫、抢夺，经出险当地县级以上公安刑侦部门立案证明，满 60 天未查明下落的全车损失；② 被保险机动车全车被盗窃、抢劫、抢夺后，受到损坏或车上零部件、附属设备丢失需要修复的合理费用；③ 被保险机动车在被抢劫、抢夺过程中，受到损坏需要修复的合理费用。

5.6.2 责任免除

下列情况下，不论任何原因造成被保险机动车损失，保险人均不负责赔偿：① 地震；② 战争、军事冲突、恐怖活动、暴乱、扣押、收缴、没收、政府征用；③ 竞赛、测试、教练，在营业性维修、养护场所修理、养护期间；④ 利用被保险机动车从事违法活动；⑤ 驾驶人饮酒、吸食或注射毒品、被药物麻醉后使用被保险机动车；⑥ 非被保险人允许的驾驶人使用被保险机动车；⑦ 租赁机动车与承租人同时失踪；⑧ 被保险机动车转让他人，未向保险人办理批改手续；⑨ 除另有约定外，发生保险事故时被保险机动车无公安机关交通管理部门核发的行驶证或号牌，或未按规定检验或检验不合格；⑩ 被保险人索赔时，未能提供机动车停驶手续或出险当地县级以上公安刑侦部门出具的盗抢立案证明。

被保险机动车的下列损失和费用，保险人不负责赔偿：① 自然磨损、朽蚀、腐蚀、故障；② 遭受保险责任范围内的损失后，未经必要修理继续使用被保险机动车，致使损失扩大的部分；③ 市场价格变动造成的贬值、修理后价值降低引起的损失；④ 标准配置以外新增设备的损失；⑤ 非全车遭盗窃，仅车上零部件或附属设备被盗窃或损坏；⑥ 被保险机动车被诈骗造成的损失；⑦ 被保险人因民事、经济纠纷而导致被保险机动车被抢劫、抢夺；⑧ 被保险人及其家庭成员、被保险人允许的驾驶人的故意行为或违法行为造成的损失。

被保险机动车被盗窃、抢劫、抢夺期间造成人身伤亡或本车以外的财产损失，保险人不负责赔偿。

保险人在依据保险合同约定计算赔款的基础上，按下列免赔率免赔：① 发生全车损失的，免赔率为 20%；② 发生全车损失，被保险人未能提供《机动车行驶证》、《机动车登记证书》、机动车来历凭证、车辆购置税完税证明（车辆购置附加费缴费证明）或免税证明的，每缺少一项，增加免赔率 1%；③ 投保时指定驾驶人，保险事故发生时为非指定驾驶人使用被保险机动车的，增加免赔率 5%；④ 投保时约定行驶区域，保险事故发生在约定行驶区域以外的，增加免赔率 10%；⑤ 其他不属于保险责任范围内的损失和费用。

被盗窃、抢劫、抢夺期间，指被保险机动车被盗窃、抢劫、抢夺过程中及全车被盗窃、抢劫、抢夺后至全车被追回。

5.6.3 保险金额和保险期间

保险金额由投保人和保险人在投保时在被保险机动车的实际价值内协商确定。保险合同中的实际价值是指新车购置价减去折旧金额后的价格。保险合同中的新车购置价是指在保险合同签订地购置与被保险机动车同类型新车的价格（含车辆购置税）。

投保时被保险机动车的实际价值根据投保时的新车购置价减去折旧金额后的价格确定。投保时的新车购置价根据投保时保险合同签订地同类型新车的市场销售价格（含车辆购置税）确定，并在保险单中载明，无同类型新车市场销售价格的，由投保人与保险人协商确定。

折旧按月计算，不足一个月的部分，不计折旧。最高折旧金额不超过投保时被保险机动车新车购置价的 80%。折旧金额 = 投保时的新车购置价×被保险机动车已使用月数×月折旧率。

除另有约定外，保险期间为一年，以保险单载明的起讫时间为准。

5.6.4 赔偿处理

被保险人索赔时，须提供保险单、损失清单、有关费用单据、《机动车行驶证》、《机动车登记证书》、机动车来历凭证、车辆购置税完税证明（车辆购置附加费缴费证明）或免税证明、机动车停驶手续及出险当地县级以上公安刑侦部门出具的盗抢立案证明。

因保险事故损坏的被保险机动车，应当尽量修复。修理前被保险人应当会同保险人检验，协商确定修理项目、方式和费用。否则，保险人有权重新核定；无法重新核定的，保险人有权拒绝赔偿。

保险人按下列方式赔偿：① 全车损失，在保险金额内计算赔偿，但不得超过保险事故发生时被保险机动车的实际价值。保险事故发生时被保险机动车的实际价值根据保险事故发生时的新车购置价减去折旧金额后的价格确定。保险事故发生时的新车购置价根据保险事故发生时保险合同签订地同类型新车的市场销售价格（含车辆购置税）确定，无同类型新车市场销售价格的，由被保险人与保险人协商确定。折旧金额 = 保险事故发生时的新车购置价×被保险机动车已使用月数×月折旧率。② 部分损失，在保险金额内按实际修复费用计算赔偿，但不得超过保险事故发生时被保险机动车的实际价值。保险人确认索赔单证齐全、有效后，被保险人签具权益转让书，保险人赔付结案。被保险机动车全车被盗窃、抢劫、抢夺后被找回的，保险人尚未支付赔款的，被保险机动车应归还被保险人。保险人已支付赔款的，被保险机动车应归还被保险人，被保险人应将赔款返还给保险人；被保险人不同意收回被保险机动车的，被保险机动车的所有权归保险人，被保险人应协助保险人办理有关手续。

被保险机动车重复保险的，保险人按照自己保险合同的保险金额与各保险合同保险金额的总和的比例承担赔偿责任。

其他保险人应承担的赔偿金额，保险人不负责赔偿和垫付。

保险人受理报案、现场查勘、参与诉讼、进行抗辩、要求被保险人提供证明和资料、向被保险人提供专业建议等行为，均不构成保险人对赔偿责任的承诺。

下列情况下，保险人支付赔款后，保险合同终止，保险人不退还机动车盗抢保险及其附加险的保险费：① 被保险机动车发生全车损失；② 按投保时被保险机动车的实际价值确定保险金额的，部分损失一次赔款金额与免赔金额之和（不含施救费）达到保险事故发生时被保险机动车的实际价值；③ 保险金额低于投保时被保险机动车的实际价值的，部分损失一次赔款金额与免赔金额之和（不含施救费）达到保险金额。

保险人应及时受理被保险人的事故报案，并尽快进行查勘。保险人接到报案后48小时内未进行查勘且未给予受理意见，造成财产损失无法确定的，以被保险人提供的财产损毁照片、损失清单、事故证明和修理发票作为赔付理算依据。

保险人收到被保险人的索赔请求后，应当及时做出核定。① 保险人应根据事故性质、损失情况，及时向被保险人提供索赔须知。审核索赔材料后认为有关的证明和资料不完整的，应当及时通知被保险人补充提供有关的证明和资料。② 在被保险人提供了各种必要单证后，保险人应当迅速审查核定，并将核定结果及时通知被保险人。③ 对属于保险责任的，保险人应在与被保险人达成赔偿协议后10日内支付赔款。

保险人对在办理保险业务中知道的投保人、被保险人的业务和财产情况及个人隐私，负有保密的义务。

5.6.5 合同变更和终止、争议处理

1. 合同变更和终止

保险合同的内容如需变更，须经保险人与投保人书面协商一致。

在保险期间内，被保险机动车转让他人的，投保人应当书面通知保险人并办理批改手续。

保险责任开始前，投保人要求解除本保险合同的，应当向保险人支付应交保险费5%的退保手续费，保险人应当退还保险费。保险责任开始后，投保人要求解除本保险合同的，自通知保险人之日起，本保险合同解除。保险人按短期月费率收取自保险责任开始之日起至合同解除之日止期间的保险费，并退还剩余部分保险费。

2．争议处理

因履行保险合同发生的争议，由当事人协商解决。协商不成的，提交保险单载明的仲裁机构仲裁。保险单未载明仲裁机构或争议发生后未达成仲裁协议的，可向人民法院起诉。

5.7　附加险

5.7.1　玻璃单独破碎险条款

投保了机动车损失保险的机动车，可投保本附加险。

1．保险责任

被保险机动车风挡玻璃或车窗玻璃的单独破碎，保险人负责赔偿。本附加险的保险标的只有车窗玻璃和挡风玻璃，不包括后视镜玻璃、车灯玻璃、仪表盘玻璃。玻璃单独破碎险保费率如表 5-5 所示。

表 5-5　玻璃单独破碎险保费率

车辆用途	车辆规格	国产玻璃	进口玻璃
家庭自用车	6 座以下客车	0.19%	0.31%
企业非营业客车	6～10 座客车	0.19%	0.30%
	6 座以下客车	0.13%	0.24%
	6～10 座客车	0.13%	0.24%

2．投保方式

投保人与保险人可协商选择按进口或国产玻璃投保。保险人根据协商选择的投保方式承担相应的赔偿责任。

3．责任免除

安装、维修机动车过程中造成的玻璃单独破碎，保险人不承担赔偿责任。

阅读资料

不承担的六种损失

1．玻璃贴膜损失

汽车玻璃贴膜已经成为当前人们的一种时尚和习惯，而且某些高档贴膜还价格不菲。汽车玻璃破碎更换后，贴膜也必须相应更换，无法重复使用，但是由于玻璃单独破碎险承保的是玻璃本身，保险公司对贴膜损失是不承担赔偿责任的。

2．天窗玻璃损失

目前一些中高档轿车都装有天窗，但天窗玻璃的损坏，却不在玻璃单独破碎险赔偿范围内。因为玻璃单独破碎险条款规定，承保的玻璃范围只包括前后风挡玻璃和车窗玻璃。

3．标识损失

汽车前风挡玻璃右上角会贴有诸如交强险标、年检标、环保标等标识，这些标识一般都是一次性粘贴使用，前风挡破碎更换时无法取下来重复使用。这些标识本身虽然价值很小，但是补办这些标识会产生一些时间成本和费用损失，这部分损失也不在玻璃单独破碎险赔偿范围内。

4. 进口玻璃按国产承保而造成的差价损失

一些原装进口汽车或部分国产中高档汽车，都是使用的进口玻璃。承保玻璃单独破碎险时可以注明按进口玻璃承保还是按国产玻璃承保，这其中的费率是有区别的。如果本身是进口玻璃而按照国产玻璃投保，出险后，保险公司会依据国产玻璃价格赔偿，对于与进口玻璃之间产生的差价损失不负责赔偿。

5. 附加设备的损失

有些车主由于某种需要，在汽车玻璃上安装了一些电子设备，如卫星导航仪等。汽车玻璃遭受严重撞击损坏时，这些设备往往也会相应受损。由于属于新增设备，因此也不在玻璃单独破碎险赔偿范围内。

6. 修理过程中的玻璃破碎损失

对于在安装、修理汽车过程中造成的玻璃破碎损失，保险公司也不负责赔偿。玻璃单独破碎险条款明确规定，安装、修理机动车过程中造成的玻璃单独破碎属于除外责任。

4. 其他

本附加险在保险期限内发生赔款，续保时，不影响除本附加险以外的其他险种的无赔款保险费优待。

5.7.2 火灾、爆炸、自燃损失险条款

投保了营业用汽车损失保险的机动车，可投保本附加险。

1. 保险责任

保险人的保险责任包括：火灾、爆炸、自燃造成被保险机动车的损失；发生保险事故时，被保险人为防止或减少被保险机动车的损失所支付的必要的、合理的施救费用。

2. 责任免除

保险人在以下情况下，可以免除保险责任：① 自燃仅造成电器、线路、供油系统、供气系统的损失；② 所载货物自身的损失；③ 轮胎爆裂的损失；④ 人工直接供油、高温烘烤造成的损失。

3. 保险金额

保险金额由投保人和保险人在投保时被保险机动车的实际价值内协商确定。

4. 赔偿处理

全部损失，在保险金额内计算赔偿；部分损失，在保险金额内按实际修理费用计算赔偿。每次赔偿实行 20%的免赔率。

5.7.3 自燃损失险条款

投保了家庭自用汽车损失保险的机动车，可投保本附加险。

1．保险责任

保险人保险责任包括：因被保险机动车电器、线路、供油系统、供气系统发生故障或所载货物自身原因起火燃烧造成本车的损失；发生保险事故时，被保险人为防止或减少被保险机动车的损失所支付的必要的、合理的施救费用。

2．责任免除

保险人在以下情况下，可以免除赔偿责任：自燃仅造成电器、线路、供油系统、供气系统的损失；所载货物自身的损失。

3．保险金额

保险金额由投保人和保险人在投保时被保险机动车的实际价值内协商确定。

4．赔偿处理

全部损失，在保险金额内计算赔偿；部分损失，在保险金额内按实际修理费用计算赔偿。每次赔偿实行 20%的免赔率。

5.7.4　车身划痕损失险条款

投保了机动车损失保险的家庭自用或非营业用、使用年限在 3 年以内、9 座以下的客车，可投保本附加险。

1．保险责任

无明显碰撞痕迹的车身划痕损失，保险人负责赔偿。

2．责任免除

被保险人及其家庭成员、驾驶人及其家庭成员的故意行为造成的损失。

3．保险金额

保险金额为 2000 元、5000 元、10000 元或 20000 元，由投保人和保险人在投保时协商确定。

4．赔偿处理

在保险金额内按实际修理费用计算赔偿。每次赔偿实行 15%的免赔率。在保险期间内，累计赔款金额达到保险金额，本附加险保险责任终止。

5.7.5　新增加设备损失保险条款

投保了机动车损失保险的机动车，可投保本附加险。

1．保险责任

保险期间内，投保了本附加险的被保险机动车因发生机动车损失保险责任范围内的事故，造成车上新增加设备的直接损毁，保险人在保险单载明的本附加险的保险金额内，按照实际损失计算赔偿。

2. 保险金额

保险金额根据新增加设备的实际价值确定。新增加设备的实际价值，指新增加设备的购置价减去折旧金额后的金额。新增设备的折旧率以本条款所对应的主险条款规定为准。

3. 赔偿处理

每次赔偿的免赔率以本条款所对应的主险条款规定为准。

4. 其他事项

本保险所指新增加设备，指被保险机动车出厂时原有各项设备以外，被保险人加装的设备及设施。投保时，应当列明车上新增加设备明细表及价格。

5.7.6 发动机特别损失险条款

投保了家庭自用汽车损失保险或非营业用汽车损失保险的机动车，可投保本附加险。

1. 保险责任

保险期间内，投保了本附加险的被保险机动车在使用过程中，因下列原因导致发动机进水而造成发动机的直接损毁，保险人负责赔偿：① 被保险机动车在积水路面涉水行驶；② 被保险机动车在水中启动；③ 发生上述保险事故时被保险人或其允许的驾驶人对被保险机动车采取施救、保护措施所支出的合理费用。

2. 赔偿处理

在发生保险事故时被保险机动车的实际价值内计算赔偿，但不超过被保险机动车的保险金额；本保险每次赔偿均实行 20%的免赔率。

5.7.7 机动车停驶损失险条款

投保了机动车损失保险的机动车，可投保本附加险。

1. 保险责任

保险期间内，因发生机动车损失保险的保险事故，致使被保险机动车停驶，保险人在保险单载明的保险金额内承担赔偿责任。

2. 责任免除

下列情况导致被保险机动车停驶的，保险人不承担赔偿责任：① 被保险人或驾驶人未及时将被保险机动车送修或拖延修理时间；② 因修理质量不合格重新返修。

3. 保险金额

保险金额按照投保时约定的日赔偿金额乘以约定的赔偿天数确定；约定的日赔偿金额最高为 300 元，约定的赔偿天数最长为 60 天。

4. 赔偿处理

全车损失，按保险单载明的保险金额计算赔偿；部分损失，在保险金额内按约定的日赔偿金额乘以从送修之日起至修复之日止的实际天数计算赔偿，实际天数超过双方约定修理天数的，以双方约定的修理天数为准。

保险期间内，累计赔款金额达到保险单载明的保险金额，本附加险保险责任终止。

5.7.8　代步机动车服务特约条款

投保了家庭自用汽车损失保险或非营业用汽车损失保险的 9 座以下客车，可附加本特约条款。

1．保险责任

保险期间内，被保险机动车因遭受机动车损失保险合同约定的保险事故而修理，且被保险人在修理期限内需要代步机动车并提出请求的，保险人依照本特约条款的约定提供代步机动车。

2．责任免除

具有下列情形之一的，保险人不负责提供代步机动车：① 被保险机动车处于查封、扣押期间的；② 被保险机动车因修理质量不合格，处于返修期间的；③ 被保险人或驾驶人未及时将被保险机动车送修或拖延修理时间的；④ 被保险机动车发生全部损失或推定全损的；⑤ 机动车损失保险合同约定的保险事故以外的原因造成被保险机动车损失的。

3．服务期限

被保险人依照本特约条款要求提供代步机动车服务的，应当在保险事故发生后及时向保险人提出请求，与保险人协商确定事故机动车的修理期限。

保险人提供代步机动车服务的期限与修理期限一致。实际修理期限少于协商确定的修理期限的，以实际修理期限为准；实际修理期限超过协商确定的修理期限的，以协商确定的修理期限为准。

保险人对每次提供代步机动车服务的期限进行累计计算，累计服务期限最长为 60 日。

4．责任终止

具有下列情形之一的，本特约条款的保险责任终止：① 机动车损失保险合同终止的；② 保险人提供代步机动车的累计服务期限达到 60 日的；③ 本特约条款依照法律、行政法规规定或投保人与保险人的约定终止的。

5．其他事项

保险人提供的代步机动车仅满足被保险人基本的日常代步需要，具体机动车的品牌型号由保险人确定。被保险人使用保险人提供的代步机动车期间，除代步机动车租金以外的一切费用、责任或损失，保险人均不负责承担。

5.7.9　车上货物责任险条款

投保了机动车第三者责任保险的机动车，可投保本附加险。

1．保险责任

保险期间内，发生意外事故致使被保险机动车所载货物遭受直接损毁，依法应由被保险人承担的损害赔偿责任，保险人负责赔偿。

2．责任免除

保险人免除本款责任的情况有以下几种：① 偷盗、哄抢、自然损耗、本身缺陷、短少、死亡、腐烂、变质造成的货物损失；② 违法、违章载运或因包装不善造成的损失；③ 车上人员携带的私人物品；④ 应当由机动车交通事故责任强制保险赔偿的损失和费用。

3．责任限额

责任限额由投保人和保险人在投保时协商确定。

4．赔偿处理

被保险人索赔时，应提供运单、起运地货物价格证明等相关单据。保险人在责任限额内按起运地价格计算赔偿。每次赔偿实行 20%的免赔率。

5.7.10 附加交通事故精神损害赔偿责任保险条款

投保人在同时投保了机动车第三者责任保险和车上人员责任保险的基础上，可投保本附加险。

1．保险责任

保险期间内，被保险机动车在使用过程中，发生意外事故，致使第三者或本车上人员的残疾、烧伤、死亡或怀孕妇女流产，受害方据此提出的精神损害赔偿请求，依照法院生效判决或经事故双方当事人协商一致并经保险人书面同意的，应由被保险人承担的精神损害赔偿责任，保险人在保险合同约定的责任限额内负责赔偿。

2．责任免除

发生以下情形或损失之一者，保险人不承担精神损害赔偿责任：① 被保险机动车驾驶人在事故中无过错；② 被保险机动车未发生直接碰撞事故，仅因第三者或本车上人员的惊恐而引起的损害；③ 怀孕妇女的流产发生在交通事故发生之日起 30 天以外的；④ 被保险机动车违反安全装载规定；⑤应当由机动车交通事故责任强制保险赔偿的损失和费用。

3．责任限额

每次事故责任限额和每次事故每人责任限额由投保人和保险人在签订保险合同时协商确定，其中每次事故每人责任限额不超过 5 万元。

4．赔偿处理

按人民法院对被保险人应承担精神损害赔偿责任的生效判决及保险合同的约定进行赔偿；协商、调解结果中所确定的被保险人的精神损害赔偿责任，经保险人书面同意后，保险人负责赔偿。每次事故赔偿实行 20%的免赔率。

5.7.11 附加机动车出境保险条款

投保人在同时投保了机动车损失保险和第三者责任保险的基础上，可投保本附加险。

1. 保险责任

保险期间内，经双方同意并在保险单上载明，保险人已承保的机动车损失保险、机动车第三者责任保险的保险责任扩展至我国香港、澳门或与中华人民共和国接壤的其他国家和地区。

扩展区域从出境处起算，由投保人和保险人按照 200 公里、500 公里和 1000 公里的半径范围来确定。

2. 责任免除

出境后，在非约定区域内被保险机动车发生事故造成的损失，保险人不负责赔偿。

3. 其他

本附加险生效后，投保人不得退保。

5.7.12 不计免赔率特约条款

经特别约定，保险事故发生后，按照对应投保的险种规定的免赔率计算的、应当由被保险人自行承担的免赔金额部分，保险人负责赔偿。

下列情况下，应当由被保险人自行承担的免赔金额，保险人不负责赔偿：① 机动车损失保险中应当由第三方负责赔偿而无法找到第三方的；② 被保险人根据有关法律法规选择自行协商方式处理交通事故，但不能证明事故原因的；③ 因违反安全装载规定而增加的；④ 投保时指定驾驶人，保险事故发生时为非指定驾驶人使用被保险机动车而增加的；⑤ 投保时约定行驶区域，保险事故发生在约定行驶区域以外而增加的；⑥ 因保险期间内发生多次保险事故而增加的；⑦ 发生机动车盗抢保险规定的全车损失保险事故时，被保险人未能提供《机动车行驶证》、《机动车登记证书》、机动车来历凭证、车辆购置税完税证明（车辆购置附加费缴费证明）或免税证明而增加的；⑧ 附加本条款但未选择附加本条款的险种规定的；⑨ 不可附加本条款的险种规定的。

5.7.13 租车人人车失踪险条款

投保了机动车盗抢保险的机动车，可投保本附加险。

1. 保险责任

保险期间内，租车人未能按约定时间归还租赁机动车，经出险当地县级以上公安刑侦部门立案证明租车人与租赁机动车同时失踪，满 60 天未查明下落的，对于被保险机动车的自身损失，保险人依照本附加险的约定负责赔偿。

2. 责任免除

出现以下情况之一，保险人本款责任免除：① 被保险机动车被诈骗、收缴、没收、扣押造成的损失；② 被保险机动车失踪期间造成第三者人身伤亡或财产损失；③ 被保险人及其家庭成员、被保险人允许的驾驶人的故意行为或违法行为造成的损失；④ 被保险人索赔时，未能提供被保险机动车停驶手续或出险当地县级以上公安刑侦部门出具的失踪立案证明。

3. 保险金额

保险金额由投保人和保险人在投保时被保险机动车的实际价值内协商确定。

4. 赔偿处理

被保险人知道被保险机动车失踪后，应在 24 小时内向出险当地公安刑侦部门报案，并通知保险人。被保险人索赔时，须提供保险单、《机动车行驶证》、《机动车登记证书》、机动车来历凭证、车辆购置税完税证明（车辆购置附加费缴费证明）或免税证明、机动车停驶手续及出险当地县级以上公安刑侦部门出具的失踪立案证明。

发生保险事故后，在保险金额内计算赔偿，并实行 20%的免赔率。被保险人未能提供《机动车行驶证》、《机动车登记证书》、机动车来历凭证、车辆购置税完税证明（车辆购置附加费缴费证明）或免税证明的，每缺少一项，增加 1%的免赔率。保险人确认索赔单证齐全、有效后，被保险人签具权益转让书，保险人赔付结案。

被保险机动车失踪后被找回的情况按如下方式处理。保险人尚未支付赔款的，被保险机动车应归还被保险人。保险人已支付赔款的，被保险机动车应归还被保险人，被保险人应将赔款返还给保险人；被保险人不同意收回被保险机动车的，被保险机动车的所有权归保险人，被保险人应协助保险人办理有关手续。

5.8 费率修正方案

商业车险 2007 版规定了风险修正系数，保险公司可以根据被保险车辆上一保险年度的赔偿次数，按照一定费率浮动幅度调整其费率。例如：A 款商业车险中，费率共分为十个等级，初次投保车辆定为四级，上年度没有赔款的，下降一个等级，赔款次数在两次以内的，等级不变，赔款超过两次的，上升一个等级。

同时由于各保险公司经营的地域环境、市场环境等因素差异，各保险公司在经总公司同意并报保险监督管理部门批准后，可以根据当地市场和赔付率变化的实际情况调整风险修正方案的选择。表 5-6 所示为深圳机动车商业保险费率浮动系数。

承保车辆商业保险的最终费率浮动系数采用系数连乘的方式计算。

① 个人车辆最终费率浮动系数（车损险）=赔款记录系数 A×险别系数 B×车型系数 C×（1+交通违法记录系数 D）；个人车辆最终费率浮动系数（其他险别）=赔款记录系数 A×险别系数 B×（1+交通违法记录系数 D）。

② 团体车辆最终费率浮动系数=管理系数 E×经验赔付和风险水平系数 F。团体车险保险费=最终费率浮动系数×标准保费。

表 5-6 深圳机动车商业保险费率浮动系数

个人车辆费率系数				
项　目	说　明			系 数 值
赔款记录系数	A	A_1	连续 3 年及以上没有发生赔款	0.5
		A_2	连续 2 年没有发生赔款	0.55

续表

个人车辆费率系数				
项　目	说　明			系 数 值
赔款记录系数	A	A_3	上年度没有发生赔款	0.6
		A_4	上年度发生 1 次赔款	0.7
		A_5	上年度生 2 次赔款	1
		A_6	上年度发生 3 次赔款	1.1
		A_7	上年度发生 4 次赔款	1.3
		A_8	上年度发生 5 次赔款	1.5
		A_9	上年度发生 6～10 次赔款	1.8
		A_{10}	上年度发生 10 次以上赔款	2
		A_{10}	本年度首次投保商业车险	1.0
险别系数	B		同时投保第三者责任险和其他险别	0.95
车型系数	C		仅适用于机动车损失险	1.0～2.0
交通违法记录系数	D	D_1	驾驶机动车逆行、倒退行驶的[a]	10%
		D_2	不按交通信号灯规定通行的	10%
		D_3	超速 50%以上的	10%
		D_4	未取得机动车驾驶证、机动车驾驶证被吊销的	30%
		D_5	驾驶机动车造成交通事故后逃逸的（肇事逃逸）	30%
		D_6	每发生一次饮酒后驾驶违法行为的（饮酒驾驶）	10%
		D_7	每发生一次醉酒后驾驶违法行为的（醉酒驾驶）	30%
团体车辆费率系数				
项目	说　明			系数值
管理系数	E		评定安全管理水平及风险状况	0.8～1.2
经验赔付和风险水平系数	F		经验赔付状况及预期风险水平	0.7～2

a. “驾驶机动车逆行、倒退行驶的”包括以下 6 种行为：（1）机动车逆向行驶的；（2）驾驶机动车在城市快速干道逆行的；（3）驾驶机动车在城市快速干道倒退行驶的；（4）驾驶机动车在高速公路逆行的；（5）驾驶机动车在高速公路倒退行驶的；（6）重、中型载货汽车逆向行驶的。

5.9　A、B、C 行业条款对比

5.9.1　车损险条款对比

1．保险责任的区别

保险责任差异主要体现在火灾、爆炸、自燃，车载货物撞击和自然灾害约定的不同。

（1）火灾、爆炸、自燃

B 款对所有客户群均只承保火灾、爆炸，自燃都是除外责任；C 款除非营业汽车承保火灾、爆炸、自燃外，其他客户群只承保火灾、爆炸；A 款根据不同车型和客户群对于火灾、爆炸、自燃约定不同。三款在火灾、爆炸、自燃方面的保险责任，如表 5-7 所示。

（2）车载货物撞击

C 款承保“受保险机动车所载货物、车上人员意外撞击”造成的损失。A 款和 B 款责任窄，对“所载货物撞击造成的保险机动车损失”均作为除外责任。

表 5-7　A、B、C 三款在火灾、爆炸、自燃方面的保险责任

	A 款	B 款	C 款
家用车	火灾、爆炸	火灾、爆炸	火灾、爆炸
非营业车	火灾、爆炸	火灾、爆炸	火灾、爆炸、自燃
营业车		火灾、爆炸	火灾、爆炸
摩托车、拖拉机	火灾、爆炸	火灾、爆炸	火灾、爆炸
特种车	火灾、爆炸、自燃	火灾、爆炸	火灾、爆炸

（3）自然灾害

A 款和 B 款相同，C 款责任宽，增加“台风、雪灾、冰凌、沙尘暴、热带风暴”。

2．责任免除

（1）发动机进水问题

责任免除中的约定略有差异，A 款规定的是“发动机进水后导致的发动机损坏”，B 款规定的是“保险车辆因遭水淹或因涉水行驶致使发动机损坏”，C 款规定的是“保险机动车在淹及排气筒的水中使用致使发动机损坏”，其中，A 款和 B 款较严。

（2）玻璃单独破碎

A 款和 C 款的玻璃仅针对前后挡风玻璃和左右车窗玻璃；B 款玻璃单独破碎还包括天窗玻璃的单独破碎；另外对于“倒车镜单独损坏、车灯单独损坏”也不负责赔偿，B 款责任范围窄。

（3）轮胎单独损坏

A 款规定“轮胎、轮毂、轮毂罩单独损坏”不赔；B 款规定“轮胎或轮毂单独损坏”不赔；C 款规定“轮胎（包括钢圈）单独损坏”不赔。三款责任有差异，但实际上对客户而言差别不大。

（4）违反安全装载规定

对于因违反安全装载规定导致的损失，A 款营业车和特种车条款、B 款、C 款均作为责任免除，B 款和 C 款较严。

（5）特种车的特殊责任免除

A 款特种车另行规定了 3 项责任免除，更为严格。①被保险机动车上固定的机具、设备由于内在的机械或超负荷、超电压、感应电等电气故障引起的损失。②作业中车体失去重心造成被保险机动车的损失；③吊升、举升的物体造成被保险机动车的损失。

（6）其他

C 款规定：“保险机动车无驾驶人操作时自行滑动或被遥控启动”导致的损失不赔；“水箱或发动机单独冰冻损坏”不赔。

3．车辆折旧

三款对于折旧率的规定整体差异不大，9 座以下家庭车、非营业客车的月折旧率均为 6‰；货车（除特殊外）、10 座以上非营业客车、出租以外的营业客车的月折旧率均为 9‰；出租类客车、矿山专用车 A 款为 11‰；B 款和 C 款均为 12‰。A 款折旧率表如表 5-8 所示；B 款折旧率表如表 5-9 所示；C 款折旧率表如表 5-10 所示。

表 5-8 A 款折旧率表

车辆种类	月折旧率‰				
	家庭自用汽车	非营业用汽车	营业用汽车		特种车
			出租	其他	
9 座以下载客汽车	6	6	11	9	/
10 座以上载客汽车	/	9	11	9	/
微型载货汽车	/	9	11	11	/
带拖挂的载货汽车	/	9	11	11	/
低速载货汽车	/	11	14	14	/
矿山专用车	/	/	/	/	11
其他车辆	/	9	11	9	9

表 5-9 B 款折旧率表

车辆种类	月折旧率（‰）
9 座（含 9 座）以下非营运载客汽车（包括轿车、含越野型）	6
出租汽车与及大于 6 吨载货汽车、矿山作业专用车	12
其他类型车辆	9

表 5-10 C 款折旧率表

车辆种类	月折旧率（‰）
9 座及 9 座以下非营运客车（含越野车）	6
出租车、轻微型载货汽车、矿山作业用车、带拖挂的载货汽车	12
其他类型车辆	9

4．交费义务

（1）A 款规定

除另有约定外，投保人应当在保险合同成立时交清保险费，保险费交清前发生的保险事故，保险人不承担赔偿责任。

（2）B 款规定

投保人应当按照保险合同的约定交付保险费。投保人未按约定交付保险费的，保险人可在约定期限后的 30 天内解除保险合同。

约定一次性交付保险费的，投保人在约定交费日后交付保险费的，保险人自保险费到账之次日起承担保险责任，保险期间止期不变；

约定分期交付保险费的，保险人按照保险事故发生前实际收取保险费与投保人应当交付保险费的比例承担保险责任。

（3）C 款规定

除保险合同另有约定外，投保人应在保险合同成立时一次交清保险费。保险费交清前发生的保险事故，保险人不承担保险责任。

保险合同约定分期交纳保险费的，对于自投保人未按合同约定交纳保险费之日起的期间内发生的保险事故，保险人不承担保险责任。

5．合同解除退费

（1）A 款规定

保险责任开始前，投保人要求解除保险合同的，应当向保险人支付应交保险费 5%的退保手续费，保险人应当退还保险费。

保险责任开始后，投保人要求解除本保险合同的，保险人按短期月费率收取自保险责任开始之日起至合同解除之日止期间的保险费，并退还剩余部分保险费。

（2）B 款规定

保险责任开始前，投保人要求解除合同的，保险人退还保险费，并按照《中华人民共和国保险法》的有关规定扣除手续费，手续费为保险费的 3‰。对于保险责任开始后投保人要求解除合同时如何退费未做规定。

C 款均未规定。

6．免赔率

A、B、C 三款免赔率对比，如表 5-11 所示。

表 5-11　A、B、C 三款免赔率

行业条款		事故免赔率	非指定驾驶人	非约定区域	违反安全装载规定	多次出险加扣
A	家用	负次要责任 5%，负同等责任 8%，负主要责任 10%，负全部责任或单方肇事事故 15%；无法找到第三方 30%；自行协商不能证明事故原因 20%	10%	10%	无	无
	非营业		无	10%	无	无
	营业		无	10%	5%	第三次起每次加 5%
	特种车	负次要责任 5%，负同等责任 10%，负主要责任 15%，负全部责任或单方肇事事故的免赔率为 20%；无法找到第三方 20%	无	10%	5%	无
	摩托车 拖拉机	负次要责任 3%，负同等责任 5%，负主要责任 8%，负全部责任或单方肇事事故 10%；拖拉机无法找到第三方 10%	无	无	无	无
B		I：负次要责任 5%，负同等责任 8%，负主要责任 10%，负全部责任或单方肇事事故 15%；无法找到第三方 30%； II：负次要责任 3%，负同等责任 5%，负主要责任 8%，负全部责任或单方肇事事故 10%；无法找到第三方 30%。不计免赔率：0；无法找到第三方 30%	家用 10% 其他无	10%	10% 营运货车实际装载货物风险类别高于保险单载明的加扣 10%	无
C		负次要责任 5%，负同等责任 8%，负主要责任 10%，负全部责任或单方肇事事故 15%；无法找到第三方 30%。摩托车不实行上述免赔	无	10%	无	无

注：当客户选择不计免赔时，A、B、C 三款加收保费均为车损险保费的 15%。

5.9.2　三者险条款对比

1．保险责任

A、B、C 三款对三者险保险责任基本相同，唯一区别在于 B 条款在责任限额内承担仲裁、诉讼等费用，A、C 两款均作为责任免除。

2．责任免除

（1）污染造成的损失

B 款规定“因污染引起的损失和费用（但不包括用于车辆使用的机油泄漏造成的损失）”责任免除，A、C 两款均将所有的污染作为责任免除，A、C 两款较严。

（2）车载货物掉落责任

A、C 两款没有单独列为责任免除，是作为保险责任的一部分。B 款将“车载货物掉落、泄漏、腐蚀造成的任何损失和费用”作为责任免除，B 款较严。

（3）违反安全装载规定

B、C 两款将因违反安全装载规定导致的事故作为责任免除；A 款特种车对于因违反安全装载规定导致保险事故发生的，不承担赔偿责任，其他条款无此约定。

（4）其他

C 款对于“保险机动车在行驶过程中翻斗突然升起、没有放下翻斗，自卸系统（含机件）失灵”导致的事故不负责赔偿。

3. 免赔率

A、B、C 三款对三者险免赔率对比，如表 5-12 所示。

表 5-12　A、B、C 三款对三者险免赔率对比

行业 条款		事故免赔率	非指定驾驶人	非约定区域	违反安全装载规定
A	家用	负次要责任 5%，负同等责任 10%，负主要责任 15%，负全部责任 20%	10%	10%	10%
	非营业		无	10%	10%
	营业		无	10%	10%
	特种车		无	10%	5%
	摩托车 拖拉机	负次要责任 3%，负同等责任 5%，负主要责任 8%，负全部责任 10%	无	无	无
B		I：负次要责任 5%，负同等责任 10%，负主要责任 15%，负全部责任 20%； II：负次要责任 3%，负同等责任 5%，负主要责任 8%，负全部责任 10%。不计免赔率：0	家用 10% 其他无	10%	10%；营运货车实际装载货物风险类别高于保险单载明的增加 10%
C		负次要责任 5%，负同等责任 10%，负主要责任 15%，负全部责任 20%。摩托车不实行上述免赔	无	10%	无

注：当客户选择不计免赔时，A、C 两款加收保费为三者险保费的 15%，B 款为 20%，B 款偏高。

思考题

1. 简述交强险出台的意义和背景。
2. 简述交强险和第三者责任险的区别。
3. 简述家庭自用汽车损失保险的保险责任。
4. 简述汽车损失保险的保险金额确定方式。
5. 简述第三者责任险的保险责任。
6. 简述全车盗抢险的保险责任。
7. 分别列出车损险和第三者责任险的附加险。

第 6 章　汽车投保实务

学习目标

- 了解不同汽车投保的不同要求。
- 了解投保的步骤与方式。
- 了解投保单的填写。
- 熟悉不同车辆适合的投保方案。
- 熟悉投保单的基本内容。

导入案例

老旧车投保的烦恼

2012 年 4 月，浙江省杭州市的王老先生终于有了自己的代步车。车子是朋友的女婿淘汰下来的，虽然车龄近 8 年，但保养得还算不错。过完户，王老先生想找一家保险公司重新投保。可保险公司了解车子的相关情况后，告诉他可以办理交强险，但不保车损险。

王老先生想不通了：尽管车子年份久了，但也是车，只要没到国家强制报废年限，就该一视同仁。事实上，《机动车强制报废标准规定（征求意见稿）》中，已取消私家车报废年限的限制，只注明报废行驶里程参考最大值为 60 万公里，如果按一年行驶 2 万公里计算，能开上 30 年。

为帮王老先生解开疑惑，记者采访了多家保险公司。虽然不同的保险公司对老旧车的定义各不相同，但大多对老旧车的投保设置了程度不一的限制，尤其是针对进口老旧车。

不同保险公司的限制各不相同。"六七年以上的老旧车来投保，还挺常见的。"太平洋财险浙江分公司车险部韦经理说。在太平洋，10 年以上车龄的老旧车一般情况下不承保自燃险、不计免赔险；15 年以上车龄的，则不保车损险。倘若是稀有型号的老旧车，如进口的，一般不保车损险。倘若是续保客户，一些条件可适当放宽。

在平安财险，如果是老客户续保，各种商业险基本可投；但如果为转保，则车龄 6 年以上不保自燃险，8 年以上不保车损险。"从第 5 年转投到平安，到了第 6 年，即算是续保。"平安财险浙江分公司车险部王经理解释。

"10 年以上的车子，车损险保一半，不保不计免赔险。进口老旧车可能还需向领导申请，做进一步判断。"浙江阳光财险车险部周经理介绍。

人保的限制条件则参考车子的价格、车龄和过往出险次数。浙江人保财险车险部核保中心的人员说，"车价 7 万元以上的老旧车，车龄 10 年以上（不含 10 年）且没发生过重大事故的，基本可正常承保各种商业险（转保的除外）。车价在 7 万元以下的，老旧车的限定为 8 年。8 年以上（不含 8 年）的，不保盗抢险、自燃险和车损险，且不做电话车险，需通过传统渠道投保。“进口老旧车则还需根据该车零配件的市场供应等情况，具体问题具体分析”。

相对而言，天平汽车保险浙江分公司的限制更宽松些。通常情况对老旧车投保没有限制，不过，会适当提高 8 年以上老旧车投保某些险项时的保费，如自燃险。

为什么老旧车投保，每家保险公司都会设定这样或那样的限制？各家保险公司车险相关负责人给的答复基本一致：老旧车出险率大、赔付率过高，还要冒一定的道德风险。

“车主一般不会像对待新车一样爱护老旧车，所以后者容易出事故，碰擦更常见。而且一些车已经停产，很难在市场上找到零配件，维修困难，进口老旧车更是存在这样的问题，一些大众车型则可能会适当放宽。”韦经理补充，“老旧车还很容易成为骗保者用来骗取保费的作案工具”，所以对老旧车投保做限制，是保险公司规避经营风险的一种方式。

在机动车辆保险市场中，类似王老先生的案例数不胜数，车险体系的日益革新与消费群体的不断扩大使得投保中的困惑越来越多。所以，了解投保的一般程序和细节就成了消费者减少麻烦的最重要方法。

6.1 汽车投保的基本原理

6.1.1 汽车投保的含义

汽车投保，指投保人向保险人表达缔结保险合同意愿的过程。汽车保险合同采用要约与承诺的方式订立，即订立保险合同包括投保和承保的过程。

要约又称为“订约提议”，是一方当事人向另一方当事人提出订立合同意愿的法律行为；承诺又称为“接受订约提议”，是承诺人向要约人表示同意与其缔结合同的意愿表示。

在现阶段，投保业务的开展主要包括两种方式，一是投保人主动向保险人表达缔结保险合同的意愿；二是保险人通过展业促使投保人主动向保险人表达缔结保险合同的意愿。

6.1.2 汽车投保中对不同使用性质保险标的的基本要求

1. 对营业车辆的要求

汽车投保对营业车辆的要求有以下几方面。① 不得单独投保第三者责任险。② 不得承保不计免赔特约险。③ 外地牌照车不保。④ 使用年限 5 年以上的车辆、4 年以上的出租汽车，原则上不予承保。⑤ 第三者责任险最高责任赔偿限额：客车 50 万元；出租车 20 万元；货车 20 万元。

2. 对非营业车辆的要求

汽车投保对非营业车辆的要求：不得承保土方车及环卫清运车。

3. 对各类新车的要求

汽车投保对各类新车的要求有以下 3 点。

① 必须提供发动机号及车架号才能承保，只提供一个要素的，不得承保全车盗抢险。

② 承保全车盗抢险时，须在保险单“特别约定”栏中加注：“全车盗抢险责任从本车取得正式牌照号码后生效”。

③ 取得正式牌照号码后，必须在 48 小时内以批单形式通知保险公司。

6.1.3 汽车投保的方式

1. 投保方式

国内财产保险投保方式五花八门，消费者办理汽车保险的时候大致有几种投保方式：保险公司直接投保、4S 店保险直赔业务、4S 店代理保险公司投保、保险公司电话投保、保险公司网上投保、保险代理公司投保、找专门的保险经纪人或保险经纪公司投保。

（1）到保险公司投保

车主亲自到保险公司投保，由保险公司的业务人员对每个保险险种、保险条款进行详细的介绍和讲解，并根据投保人的实际情况提出保险建议供参考，能选择到更适合自己的保险产品，使自己的利益得到更充分的保障。投保人直接到保险公司投保，由于降低了营业成本，商业车险费率折扣上会高一些。最重要的一点就是可以避免被一些非法中介误导和欺骗。

但是，到保险公司投保，客户必须事事自己动手操办，尤其是出险后索赔时，对于很多不了解理赔程序的客户来说，在办理手续时会觉得相对比较麻烦。

（2）电话、网上投保

电话和网络投保是近几年来比较流行的投保渠道，免去了保险中介人的参与，在保费方面的优势很强。消费者直接与保险公司沟通，但是在出险后的一切流程需要投保人自主执行。

随着近年来电话车险模式的成熟和火热，直接通过电话到保险公司投保已经成为一种新兴的投保方式。首先，电话营销因为免去了保险中介代理的参与，能拿到低于其他任何渠道折扣。其次，直接面对保险公司，避免被不良中介误导和欺骗。电话车险运营商均是保监会审核通过的优质企业，投保方式公正、透明，服务承诺有保障。以起步最早的平安电话车险的运营模式为例：在报价透明方面，直接按照保监会规定的折扣比例统一报价；同时，平安电话车险的投保电话均有录音，车主可随时要求复查自己投保时的录音。

但是，电话、网络营销保险在车辆出险后没有中介人帮助投保人进行对车辆的定损、维修和理赔，整个过程需要消费者自己解决，对于不了解理赔流程的消费者来说会是一件非常头疼的事情。而且，看到保险公司电话、网络营销商机的不只有正规的保险公司，中介公司和代理经纪人的电话轰炸、不合理竞争等，也给电话、网络保险营销带来了诸多麻烦，消费者要尽量选择正规公司的电话、网络营销渠道。

（3）代理人、经纪人上门服务

保险代理人受雇于保险公司，为其所受雇的保险公司推销保险产品，而保险经纪人和保险经纪公司受雇于投保人，不仅可以横向比较各公司条款的优劣，还可以根据投保人情况，为其量身定做。

保险经纪人是为客户采购保险产品的，最终还要保险公司进行承保。保险经纪人或经纪公司业务的增加会使保险公司保费收入大幅增加，国内保险行业规范仍有欠缺，无法避免会有一些不法商家与保险公司串通起来欺骗消费者。

（4）通过保险代理机构投保

由于目前各保险中介竞争比较激烈，为争抢客户，保险代理机构往往给予的保险折扣也比较大，相对而言价格会比较低廉。同时，保险中介可以上门服务或代客户办理各种投保、理赔所需的各种手续，对于客户而言会比较便捷。

但是，保险代理人为促成车主购买保险，经常对车主进行很多口头承诺，但在出险理赔时却无法兑现。一些非法保险中介个人会私自拖欠和挪用客户的保费，使保费无法及时、顺畅、安全地到达保险公司，使得投保人在后期难以正常享受保险公司的理赔。

（5）4S 店代理保险公司投保

4S 店是新车主投保之前的第一联系人，为了提高自身盈利和竞争力，4S 店与各大保险公司合作，增加了保险代理业务，性质与保险代理公司相同。

现在各品牌 4S 店都推出了一条龙的购车服务，车主在店内购车之后，即可在店里购买车辆保险。车主通过 4S 店购买车辆商业保险，日后如果出现意外而需要保险公司出险、赔偿时，不仅可以通过拨打保险公司的出险电话，还可以通过 4S 店的保险顾问进行报险。除此之外，通过 4S 店的保险顾问报险，车主可以享受“一对一”的直线服务。

但是，很多 4S 店是保险和汽车打包一起卖。各家 4S 经销商的促销方式不同，很多商家选用购车送保险的方式吸引消费者，高额的保费赠送乍一看与现金降价并无二致，但是消费者购车时的购置价是跟随汽车一生的，保费是一年一交的，消费者当时节省了部分保费，第二年续保的时候依然是以新车购置价格来计算保费，往往不划算。

2. 不同方式投保注意事项

（1）小心消费陷阱

在以上投保渠道的选择中，大多数消费者会选择在 4S 店投保，不管是选择代理还是直赔，在店内上保险省去了与保险公司沟通的麻烦。而对于平时出险较少的老车主来说，选择其他渠道购买车险的也不少，毕竟可以节省很大一笔保费。只是在中介的选择上，消费者要小心购买陷阱。

（2）投保过程一定要亲自参与

车主在为车辆投保时尽量去正规的保险公司办理，如果车主选择通过保险中介投保，最好亲自对保单进行确认，如果确实没有时间亲自去办理保险，需要委托相关的中介或保险代理人，也一定要通过查询保险公司等方式核实《保险代理人资格证》和《展业证书》等相关证件，并在其开具正规的盖有保险公司印章的收据后，再交付保费，并及时要求其在一定期限内置换正规发票和投保相关的合同及其他需要的票据，需要自己签名的地方，切记不可为省时间而让他人代劳。投保人拿到保单后要及时查询保单是否生效，除了保单编号外，还要逐一核对投保人、受益人、投保险种等细节。

6.2　投保流程

6.2.1　汽车投保条件

汽车投保必须具备以下 3 个条件：① 有公安交通管理部门核发的车辆号牌；② 有公安交通管理部门填发的《机动车行驶证》；③ 有车辆检验合格证。

6.2.2 投保步骤

投保流程，如图 6-1 所示。

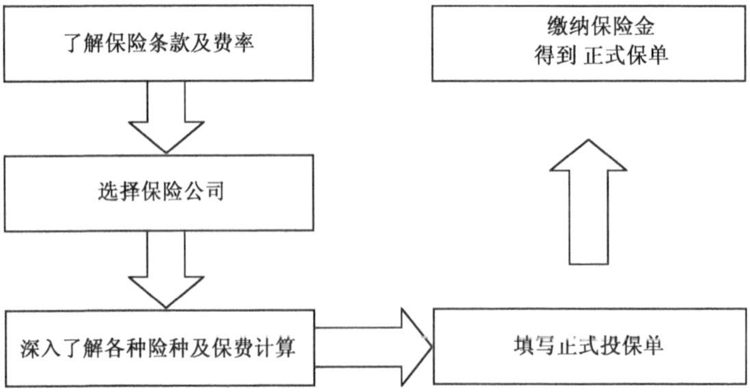

图 6-1 投保流程

1. 了解保险条款与费率

随着科学技术的发展，特别是通信与计算机网络的快速发展，使得消费者了解机动车辆保险条款和费率变得越来越方便和准确。消费者在投保前可以先通过网络等途径了解机动车辆保险的体系，险种内容和费率计算等问题。

2. 选择保险公司

我国经营机动车辆保险的保险公司很多，经营区域和市场表现各不相同，消费者在办理投保业务时首先要选择适合自己的保险公司，一般根据信誉、服务、性价比最佳的原则进行选择。特别是要清楚我国经营交强险的 22 家中资保险公司分别是什么，每家保险公司的商业车险选择的是 A、B、C 哪一条款。

3. 深入了解机动车辆保险条款和费率

消费者在投保前一定要仔细阅读机动车辆保险条款，尤其对于条款中的责任免除条款和要认真研究，对于条款中不理解的条文要记录下来，以便投保时向保险业务人员咨询。同时，消费者也要询问清楚自己的义务，要主动做到如实告知和保证义务。

4. 填制保险单

保险合同的要约一般要求为书面形式，所以汽车保险的投保需要填写投保单。投保单也称保单，经投保人如实填写后交给保险人，成为订立保险合同的书面要约。投保单是保险合同订立过程中的一份重要单证，是投保人向保险人进行要约的证明，是确定保险合同内容的依据。所以消费者在保险公司业务员详细介绍了机动车辆保险条款和建议投保的险种并完全清楚了条款中的相关内容后，应该认真填写《机动车辆保险投保单》。

5. 缴纳保险费、领取单证

保险公司业务人员在对投保单及投保车辆核对无误并出具保险单证本后，消费者要核对保险单证本上的内容是否准确、是否填写完全，确认无误后，最后履行的义务就是按照选择的交费方式交纳保险费。

交费后消费者可以从保险业务人员处领取自己的保险单及保险凭证，并妥善保管。同时，保险业务员要告知消费者个别保险单证要与行车执照随身携带，以备随时使用。

6.2.3　投保注意事项

1．车船税可以交由保险公司代缴

车船税也就是车船使用税，是对行驶于公共道路的车辆和航行于国内河流、湖泊或领海口岸的船舶，按照其种类（如机动车辆、非机动车辆、载人汽车、载货汽车等）、吨位和规定的税额计算征收的一种使用行为税。根据有关条例规定，车主在进行车险的投保时，必须同时缴纳车船使用税，车船使用税可由保险公司代缴，车主不需要去国家税务部门，就可以完成车船税缴纳。在交车险的时候，保险公司会将车船税计算出来。车船税按年征收，纳税人在规定的申报纳税期限内一次缴纳全年税款。对购置的新车船，购置当年的应纳税额自纳税义务发生的当月起按月计算，计算公式为：

应纳税额=（年应纳税额÷12）×应纳税月份数

2．新车车主如何买保险

交强险是法律强制规定要买的，所以买车就要买交强险。越是新车越应购买商业保险。首先，开新车的以新手为多，新手技术不熟练，出险的可能性大。其次，新车惹眼，容易被盗、被划。所以，对于新手加新车这一状况，除了第三者责任险外，建议将车损险、全车盗抢险、不计免赔险、车上人员责任险、玻璃单独破碎险等基本险种保齐。新车发生自燃的概率微乎其微，自燃险则可以考虑不保。

新手如果买了不计免赔，还要详细了解不计免赔险的赔偿范围，因为买了不计免赔并不意味着就可以任意索赔。车辆在上一年有无违章、理赔的记录，直接关系到下一年的投保优惠系数，续保时保险公司会根据上一年的索赔记录给车主予以优惠或加收保费。

3．二手车如何买保险

从2009年10月1号开始，新《保险法》正式实施。新《保险法》规定，保险标的转让的受让人直接承继被保险人的权利和义务。也就是说，在购得二手车后可直接承继原车主的权利和义务，无须前往保险公司办理过户手续，避免了因未及时过户造成出险后无法索赔的情况。

新《保险法》还规定，因保险标的转让导致危险程度显著增加的，被保险人应及时通知保险人办理过户变更手续，保险公司可依据危险程度增收保费或解除合同，否则，因转让导致保险标的危险程度增加而发生保险事故，保险公司不承担赔偿保险金责任。比如，原本是私家车，转让后被用作营运车，这就属于危险程度增加。这类车主应当及时到保险公司办理过户手续。

4．提前续保避免“空当”

目前车险市场实行的是“见费出单”的办法，如果没有特别约定，一般保单生效日期都是交费投保后的“次日零时”。当然，如果是投保人直接指定起讫日期，就可按照约定日期开始生效。所以，车险续保想要保证能够不出现“空当”，投保人最好提前几天投保下一期保险。如果等到上一期保单结束的当天再续保，可能就会出现保险空当期。

5. 汽车全保不是全赔

对汽车保险不是很了解的车主一般都认为“汽车全保”就是“全赔”，以为只要购买了“汽车全保”套餐，出了任何事故，都可以向保险公司索赔。事实上，并非如此。“汽车全保”，指除强制购买的交强险外，还包括车辆损失险、第三者责任险、车上人员责任险、盗抢险、不计免赔、车身划痕险等几个险种。“全保”并不是大家所理解的任何损坏都可保的情况，一般是把主险与几种附加险进行搭配的组合险。

投保的车辆出现事故时，车主应立即保护现场，保留相关证据；并通知保险公司工作人员察看现场及在48小时内备案，否则，保险公司有权拒绝赔偿。另外，每个险种的保险金额或责任限额也直接影响事故发生后的赔偿额，所以消费者也应该根据自身情况灵活调整自己投保险种的保险金额，尽量保足。

所以，消费者在在投保之前要做足功课，弄清楚各类保险条款及其适用范围非常必要。特别是要根据自己车辆的情况，如车辆的新旧情况、车辆的设备情况等，选择适合自己的险种。

6.3 投保单填写

6.3.1 投保单样本

投保单如表6-1所示。

表6-1 投保单样本

投保人	投保人名称/姓名				投保车辆数	辆
	联系人姓名		固定电话		移动电话	
	投保人住所				邮政编码	
被保险人	自然人 姓名		身份证号			
	法人或其他组织 名称		组织机构代码			
	被保险人单位性质	党政机关、团体 事业单位军队（武警） 使（领）馆 个体、私营企业 其他企业其他				
	联系人姓名		固定电话		移动电话	
	被保险人住所			邮政编码		
投保车辆情况	被保险人与车辆的关系	所有 使用管理		车主		
	号牌号码		号牌底色	蓝黑 黄 白 白蓝 其他颜色		
	厂牌型号			发动机号		
	VIN码			车架号		
	核定载客	人	核定载质量	千克	排量/功率	L/kW
	初次登记日期	年 月	已使用年限	年	年平均行驶里程	公里
	车身颜色	黑色 白色 红色 灰色 蓝色 黄色 绿色 紫色 粉色 棕色 其他颜色				
	机动车种类	客车 货车 客货两用车 挂车 摩托车（不含侧三轮）侧三轮 农用拖拉机 运输拖拉机 低速载货汽车 特种车（请填用途）________				
	机动车使用性质	家庭自用 非营业用（不含家庭自用） 出租/租赁 城市公交 公路客用 旅游客用 营业性货用				
	上年是否在本公司投保商业机动车保险		是		否	
	行驶区域	省内和邻省 市内省内和邻省固定路线 市内固定路线 具体路线：__________				
	是否为未还清贷款的车辆		是 否	车损险与车身划痕险选择汽车专修厂	是 否	
	上次赔偿次数	交强险赔款次数________次		商业机动车保险赔款次数________次		
	上一年度交通违法行为	有 无				

续表

投保主险条款名称				
指定驾驶人	姓名	驾驶证号码		初次领证日期
驾驶人 1				__年__月__日
驾驶人 2				__年__月__日
保险期间	_____年_____月_____日零时起至_____年_____月_____日 24 时止			
投保险种		保险金额/责任限额（元）	保险费(元）	备注
机动车交通事故责任强制保险		死、残，医疗费，财产损失		
机动车损失险：　新车购置价______元				
商业第三者责任险				
车上人员责任险	投保人数_______人	/人		
	投保人数_______人	/人		
附加车上货物责任险				
附加盗抢险				
附加玻璃单独破碎险	国产玻璃			
	进口玻璃			
附加停驶损失险：日赔偿金额____元_×___天				
附加自燃损失险				
附加火灾、爆炸、自燃损失险				
附加不计免赔率特约	机动车损失险			
	第三者责任险			
附加车身划痕损失险		5000 元		
附加新增加设备损失险				
附加可选免赔额特约		免赔金额：		
保险费合计（人民币大写）：		（　¥：		元）
特别约定				
保险合同争议解决方式选择		诉讼　　　　提交_____________仲裁委员会仲裁		

本保险合同由保险条款、投保单、保险单、批单和特别约定组成。

投保人声明：保险人已将投保险种对应的保险条款（包括责任免除部分）向本人做了明确说明，本人已充分理解；上述所填写的内容均属实，同意以此投保单作为订立保险合同的依据。

投保人签名/签章：

_______年______月______日

验车验证情况	已验车　　已验证　　查验员签名：　_____年_____月_____日_____时_____分		
初审情况	业务来源：　直接业务　　个人代理　　专业代理 兼业代理　　经纪人　　网上/电话业务 代理（经纪）人名称： 上年度是否在本公司承保：　　是　　否 业务员签字：　　　　　____年___月___日	复核意见	复核人签字：　　　____年___月___日

注：阴影部分内容由保险公司业务人员填写

6.3.2　投保单内容解析

1．投保单内容——投保人和被保险人情况

投保人是保险合同不可缺少的当事人，投保人除应当具有相应权利能力和行为能力外，

对保险标的必须具有保险利益。因此，投保人应当在投保单上填写自己的姓名，以便保险人核实其资格，避免出现保险纠纷。

被保险人必须是保险事故发生时遭受损失的人，即受保障的人；因此，投保单上必须注明被保险人的姓名。

同时，投保单上需要填具投保人与被保险人的详细地址、邮编、电话及联系人，以便合同生效后，保险人定期或不定期地向客户调研自身的服务质量或通知被保险人有关信息。

2. 驾驶员情况

驾驶员的住址、性别、年龄与婚姻状况、健康状况、驾龄、违章情况等，这是确定保险费的重要依据。

3. 保险车辆情况

（1）汽车本身资料

汽车本身资料包括：号牌号码（注明底色）、厂牌型号、发动机号、车架号、车辆种类、座位/吨位、车辆颜色等内容。

（2）车辆种类

按照车辆行驶证上注明的车辆种类填写，主要包括货车、客车、特种车等种类，或者国产车与进口车种类。

4. 险种名称、保险金额（或责任限额）、保险费明细与总和

投保单中险种反映投保人对保险产品的需求，保险金额或责任限额的数目反映投保人对自身风险大小的评定，所以险种名称和保险金额（或责任限额）的填写必须完全、准确、规范。保险费预算应该根据车辆相关信息核对计算，确保准确合理。

5. 保险期限

机动车辆保险的保险期限通常为一年，特殊情况下也可根据实际情况选择短期保险。

6. 特别约定项

特别约定项翔实记录保险公司与被保险人的协商保险项。对关于保险合同的争议解决方式做出了规定。

7. 投保人声明项

投保人声明项，是投保人对所投保的保险险种及责任免除等已了解清楚的一项说明，也是被保险人对所填写的本人信息和所投保车辆信息的真实性做出的保证，在发生保险核保与理赔时可发挥重要作用。

8. 投保人签章

投保人在对投保单所填写的各项内容核对无误，并对责任免除和被保险人义务明示理解后，须在“投保人签章”处签章，并填写日期。投保人签名、日期是该保险单生效的必要条件。

9．验车验证情况项

验车验证情况项，是保险公司审核投保车辆是否具有投保资格的必填项。查验人员签名、查验日期是明确查验责任的一种方式。

10．初审情况项

初审情况项，有利于保险公司明确保险销售渠道，明确保单签发责任和支付酬金。

11．复核意见项

复核意见项，是投保单有效的关键项，有助于明确投保复核责任。

6.3.3　投保单填写

投保单是机动车辆保险合同的形式之一，经投保人申请，保险人接受后，即成为保险合同的一部分，也是保险公司核保的依据。所以投保单要认真填写。

① 用蓝黑钢笔或签字笔填写。

② 由客户亲自填写，且由投保人及被保险人亲笔签字认可。

③ 应如实填写各项内容，如有不实填写，而被保险公司承保，保险公司也可依据不如实告知解除保险合同。

④ 应详细填写各项内容，不准空项，包括通信地址、邮编及各种通信方式，以便保险人随时联系客户。

6.4　展业与汽车投保方案选择

在投保业务的办理方式中，业务员上门占据了相当大的比例，这种方式也是消费者比较乐于接受的。同时，对于保险公司而言，主动积极地进行业务拓展不仅是保险公司业务员的本职工作，也是保险公司向消费者展示公司形象的最直接窗口。一定程度上讲，业务员的展业行为直接影响着保险公司的经营与发展，所以保险业务员的展业行为应该遵循一定的原则和方式。

6.4.1　展业

1．做好展业准备

业务人员进行展业活动前，必须做好以下几点准备。

（1）理论知识准备

了解《保险法》、《合同法》、《保险代理人法》和保险公司的相关规定。保险公司业务员在展业工作中首先应该明确自己的代理权限，在保险公司授予的权限内依照《保险法》、《合同法》中的相关规定，依法从事展业活动，并对自己的代理行为负法律责任。

掌握保险尤其车险的知识。在展业过程中，保险公司业务员必然会面临消费者关于车险条款和保险业务的各种疑问，专业、清晰的解答既能显示保险业务员的专业性，也能帮助消费者建立消费信心，缩短展业时间，提高效率。

掌握车辆知识，如结构、常见风险、预防方法等。保险业务员在车险展业中需要核对投保信息，特别是要仔细核对车辆的使用性质、使用年限、车辆种类、用途、附属设备价值等信息，这就要求保险业务员一定要掌握车辆构造与风险评定的专业知识。

（2）市场情况

调查辖区的汽车保有量、承保情况、事故频率、出险赔付等，同时，掌握市场动态和竞争对手的展业方向。

了解客户车型、目前的承保公司、保险期限，做好公关工作。对一些大客户，如大型企业，须对其做好调查。

（3）制定展业计划和目标

制订月、季、年度展业计划，确定展业目标，做好续保工作。

2. 开展保险宣传

在我国，由于国内保险业务停办了 20 年，导致消费者保险意识淡薄，不少人对保险比较陌生，有些企事业单位的领导对保险的职能和作用也认识不够；从 80 年代至今保险业飞速发展，消费者的认知速度远远赶不上保险产品与保险法规的更新速度，消费者往往对现行的保险条款和法规缺乏准确的理解；日益加快的生活节奏与越来越细化的社会分工，使消费者在日常生活中很少会主动了解保险产品和保险法规。所以，恰当的保险宣传对于保险业务的顺利展开和增强国民的保险意识具有重要的作用。

保险宣传的方式多种多样，如广告宣传、召开座谈会、电台和报刊播放或登载保险知识、系列讲座、印发宣传材料等。

3. 制定保险方案

一方面，由于每位投保人所面临的风险概率、风险程度不同，因而对保险的需求也各不相同，这需要展业人员为投保人设计最适合的投保方案；另一方面，初步成长起来的消费者对自己的消费行为越来越理性，消费者要求保险公司业务员针对自己的切实状况设计最适合自己的保险方案，以期望达到最大安全保障的基础上花费最小的成本。

提供完善的保险方案也是保险人加大保险产品内涵，展示自身专业素质，提高保险公司服务水平的重要标志。

保险方案的主要内容：① 保险人情况介绍；② 投保标的风险评估；③ 保险方案的总体建议；④ 保险条款及其解释；⑤ 保险金额和赔偿限额的确定；⑥ 免赔额及其适用情况；⑦ 赔偿处理的程序及要求；⑧ 服务体系及承诺；⑨ 相关附件（条款）。

6.4.2 保险方案选择

根据我国《保险法》、《道路交通安全法》中的相关规定，在中华人民共和国境内道路上行驶的机动车辆的所有人或管理人必须为其机动车辆办理机动车交通事故责任强制保险，除此之外的商业车险的选择与组合就成了消费者要面临的一个问题。以下根据市场中常见的 5 种情况给出 5 个机动车辆保险方案。

1．最低保障方案

险种组合：强制第三者责任险。

保障范围：只对第三者的损失负赔偿责任。

特点：只有最低保障，费用低。

适用对象：适用于那些认为自己驾驶技术高超，心怀侥幸心理，认为上保险没有用或急于拿保险单去上牌照的人。

优点：可以用来应付上牌照或检车。

缺点：一旦撞车或撞人，对方的损失能得到保险公司的一些赔偿，但自己车的损失只有自己负担。

2．基本保障方案

险种组合：车辆损失险+第三者责任险。

保障范围：只投保基本险，不含任何附加险。

特点：费用适度，能够提供基本的保障。

适用对象：适用于部分认为事故后维修费用很高的车主，他们认为意外事故发生率较高，很必要为自己的车和第三者的人身伤亡与财产损毁寻求保障。

优点：必要性最高。

缺点：不是最佳组合，最好加入不计免赔特约险。

3．经济保险方案

险种组合：车辆损失险+第三者责任险+不计免赔特约险+全车盗抢险。

特点：投保 4 个最必要、最有价值的险种。

适用对象：是个人精打细算的最佳选择。

优点：投保最有价值的险种，保险性价比最高，人们最关心的丢失和 100%赔付等大风险都有保障，保费不高但包含了比较实用的不计免赔特约险。当然，这仍不是最完善的保险方案。

4．最佳保障方案

险种组合：车辆损失险+第三者责任险+车上责任险+挡风玻璃险+不计免赔特约险+全车盗抢险。

特点：在经济投保方案的基础上，加入了车上责任险和挡风玻璃险，使乘客及车辆易损部分得到安全保障。

适用对象：一般公司或个人。

优点：投保价值大的险种，不花冤枉钱，物有所值。

5．完全保障方案

险种组合：车辆损失险+第三者责任险+车上责任险+挡风玻璃险+不计免赔特约险+新增加设备损失险+自燃损失险+全车盗抢险。

特点：保全险，居安思危才有备无患。能保的险种全部投保，从容上路，不必担心交通所带来的种种风险。

适用对象：经济充裕的车主。

优点：几乎与汽车有关的全部事故损失都能得到赔偿。投保的人不必为少保某个险种而得不到赔偿，承担投保决策失误的损失。

缺点：保全险保费高，某些险种出险的几率非常小。

在保险行业的经营过程中，各保险公司为了更好地拓展业务，分别开发出了各自不同特色的车险组合套餐，以供消费者选择。

思考题

1．简述投保的步骤。
2．简述营业用车投保的基本要求。
3．简述投保单填写的注意事项。

第 7 章　汽车保险核保实务

学习目标

- 了解核保的基本理论知识。
- 能够理解核保的基本要求。
- 能够掌握对各险种、各类型车辆核保的要点。
- 了解核保权限管理知识。
- 能够掌握验车的相关规定。
- 了解保险单证管理的要点。
- 能够对单证进行管理。

导入案例

车辆在修理中损坏是否赔偿

李先生的爱车该保养了。李先生开着爱车来到某修理厂。修理厂的小张师傅非常热情，帮助李先生办好相关的进厂修理手续。李先生说："那我将车开进去。"小张忙说："不用了，我帮您开进厂去，您到客户休息室喝杯水，看会儿电视，一会儿车保养好后，我再给您开回来。"李先生听了，非常满意，就将车钥匙交给小张，踏踏实实地到休息室休息去了。没过多会儿，小张推门进了休息室，满脸不自在，怯生生地对李先生说："实在对不起，我倒车时一不小心将您的车撞在铁柱子上，真对不起。"李先生一听，嗡的一下，好心疼啊。自从买了车以后，一直当成心肝宝贝，从来没有剐过、蹭过，今天……李先生夺门而出，看着凹瘪的后杠，心里那滋味就别提了。有心向小张发怒，但是看到他稚气、委屈、怯生生的表情，李先生心软了。还好，刚上了保险，赶紧报保险，向保险公司索赔。保险公司接到报案以后，立即派理赔人员赶到修理厂。一切查勘工作完成了，保险公司的理赔人员将李先生叫到一边，说："李先生您先别着急，我们刚刚听了您讲述的事故经过，并对受损车辆进行了鉴定。根据保险条款的规定，非常抱歉地告诉您，您爱车遭受的这种损失，保险公司将没办法赔偿。"李先生一听就急了，"为什么？我上了保险了，我的车撞坏了，应该属于你们条款中的什么'碰撞'责任呀！你们为什么不赔？"疑问解答如下。

李先生爱车的这种损失确实是由于碰撞造成的，属于保险条款中"碰撞"这一保险责任。但是，不是属于保险责任，保险公司就可以赔付了，还要看一下保险条款中规定的责任免除条款中是否规定了不予赔付的情形。在机动车辆保险条款责任免除条款中，有这样一条规定："在营业性维修场所修理、养护期间"造成的保险车辆的损失，保险公司不负责赔偿。李先生的车是在修理厂保养期间，由修理厂的员工驾驶过程中发生的碰撞事故，因此根据这一责任免除条款的规定，保险公司将无法赔付李先生爱车的损失。但是，根据《中华人民共和国合同法》第十五章第二百五十一条对“承揽合同”的定义，修理合同应该属于“承揽合同”的一种，根据第二百六十五条规定：“承揽人应当妥善保管定做人提供的材料以及完成的工作成果，因保管不善造成毁损、灭失的，应当承担损害赔偿责任。”因此，李先生可以根据这一法律规定，向修理厂进行索赔。

7.1 核保的基本理论

核保，指保险人对保险标的风险进行选择，即进行审核、筛选、分类，以决定是否承保及以何种条件承保，以使同风险类别的个体危险达到一致，从而维持保费的公平合理。这一风险选择的过程就称之为核保。

7.1.1 核保的意义

1. 对客户公平

维护各被保险个体之间的公平，实现的前提：必须依据保险公司指定的核保原理及规则进行核保。

核保必须遵循：持续性风险选择原则。核保员所做出的核保决定持续一致，公司所有的核保员对核保政策的掌握保持一致。

2. 对公司公平

基本符合精算要求、安全性，维护保险公司的健全经营和良好竞争力。

7.1.2 两级核保体制

核保工作原则上采取两级核保体制。① 展业人员、保险经纪人、代理人进行初步核保，主要是指业务争取，保证承保数量。② 由核保人员复核决定是否承保、承保条件及保险费率等，主要是指业务选择，保证承保质量。

7.1.3 核保人员的等级和权限

核保人员的等级和权限，如图 7-1 所示。一级核保人主要负责审核特殊风险业务，包括高价值车辆的核保、特殊车型业务的核保、车队业务的核保、投保人特别要求业务的核保，以及下级核保人员无力核保的业务。同时，还应及时解决其管辖范围内出现的有关核保技术方面的问题，如果自己无法解决应及时向上级核保部门反映。二级核保人主要负责审核非标准业务，包括不属于三级核保人业务范围的非标准业务，即在核保手册中没有明确指示核保条件的业务，主要指在日常工作中可能出现的承保条件方面的问题，如保险金额、赔偿限额、免赔额等有特殊要求的业务。三级核保人主要负责对常规业务的核保，即按照核保手册的有关规定对投保单的各个要素进行形式上的审核，也称投保单核保。

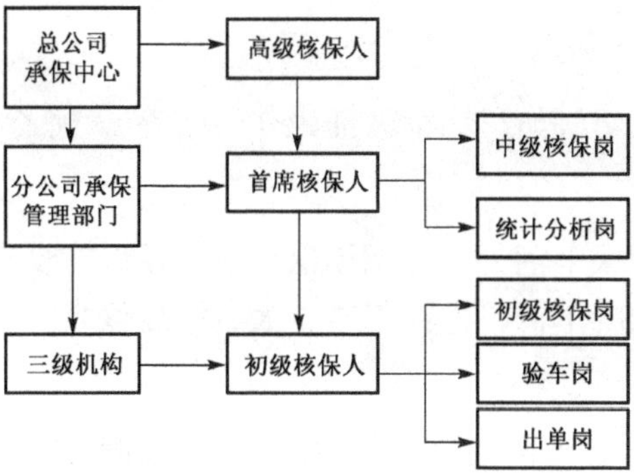

图 7-1　核保人员的等级和权限

7.1.4　核保的具体方式

1．标准业务核保和非标准业务核保

标准业务，指常规风险的业务通常由三级核保人完成标准业务的核保工作。

非标准业务，指风险较大的业务，如保险价值浮动超过核保手册规定范围的业务、特殊车型业务、军车和外地车业务、高档车盗抢险业务等，由二级或者一级核保人进行核保。

2．计算机智能核保和人工核保

计算机核保可大大缓解人工核保的压力，提高效率和准确性，减少核保过程中的人为负面因素。计算机不可能解决所有核保问题，对一些非程序化的、非常规业务的核保，仍离不开人员的参与。计算机智能核保与人工核保需要共存。

3．集中核保和远程核保

集中核保，可有效解决统一标准和规范业务的问题，实现技术和经验最大限度的共享。困难是经营网点分散，缺乏便捷和高效的沟通渠道。

远程核保，就是建立区域性的核保中心，利用互联网等现代通信技术，对辖区内的所有业务进行集中核保。这样做优点：不仅可以利用核保中心人员技术的优势，还可利用中心庞大的数据库，实现资源共享。同时，还有利于对经营过程中的管理疏忽及道德风险实行有效防范。

4．事先核保和事后核保

事先核保，指投保人提出申请后，核保人员在接受承保之前对投保人及标的的风险进行评估和分析，决定是否承保。

事后核保，是保险人承保后发觉保险标的风险超出核保标准规定而对保险合同做出淘汰的选择。结果表现为：继续承保；保险合同期满后不再续保；发现被保险人有错误申报的重要事实或欺诈行为后解除合同；行使合同的终止权终止合同效力等。

7.1.5　核保的主要内容

1．审核投保单

审核投保单包括：形式是否完整、清楚；内容是否准确（结合行驶证、投保人、标的、种类、牌照、发动机号、底盘号、颜色）。

2. 检验证件

结合投保车辆的有关证明（如车辆行驶证、介绍信等），进行详细审核。

3. 查验车辆

查验车辆包括：首次投保车辆、未按期续保车辆、投保三责后又加保车损的车辆、申请增加附加险的车辆、接近报废车辆、特种车辆、大事故后修复的车辆。

4. 核定保险费率

核定保险费率，应根据投保单上所列的车辆情况、驾驶人员情况和保险公司的《机动车辆保险费率标准》，逐项确定投保车辆的保险费率。

5. 计算保费

计算保费包括：一年保费、短期保费、合同解除时保险费。

6. 核保的重点项目

核保的重点项目包括以下几项。① 投保单是否按规定填写，有无错漏；保额是否合理。② 业务员或代理人是否验证和验车，是否向投保人告知。③ 审核费率标准和计收保险费是否正确。④ 对于高保额和投保盗抢险的车辆，重点审核有关证件。⑤ 对高发事故和风险集中的投保单位，限制承保条件。⑥对费率表中没有的车辆，视风险情况厘定费率。⑦审核其他情况。

核保运作的基本流程，如图 7-2 所示。

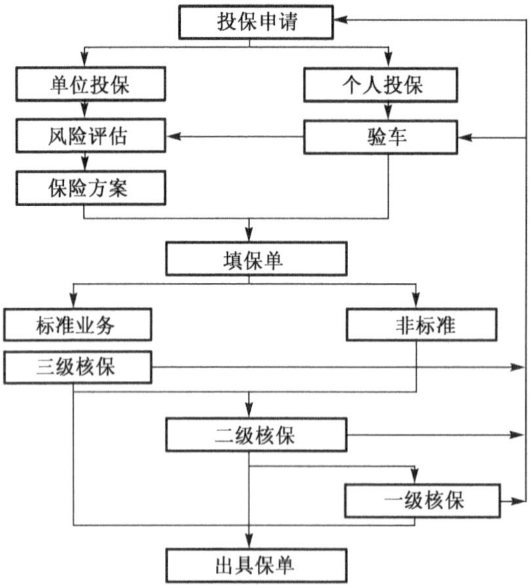

图 7-2　核保运作基本流程

7.2　机动车辆核保的基本要求

7.2.1　总体要求

加大优质客户的展业力度，提升优质客户的数量和业务占比。按照分险种、分客户、分车型、分渠道核算的结果逐步缩减亏损业务，有效达成车险业务减亏、止亏的目的，争取实现车险业务的承保效益。

1．合规经营原则

合规是车险承保管理的重要内容，车险业务要符合监管政策、公司管理制度和当地行业协会的要求。

2．效益经营原则

车险业务发展以效益为核心，争取优质业务，提升业务品质，实现车险经营效益。

3．差异化管理原则

对不同的机构、不同的业务、不同的客户在业务政策、费用政策、管理模式方面实行差异化管理。

4．动态调整原则

根据机构管理水平和经营结果的变化，对机构的业务政策、费用政策和管理权限进行动态调整。

7.2.2　基本要求

各机构要提高合法经营意识，加强车险运营的内部控制，严格执行保监会批准的条款费率和手续费标准，杜绝乱用费率、滥用系数等变相降费行为，具体要求如下。

1．合规使用条款

凡行驶证车主或所有人一栏中含有“运输公司”、“物流公司”、“汽车服务公司”、“出租公司”、“搬家公司”、“租赁公司”、“储运公司”等字样公司的营业性车辆不论以直接或间接营利为目的，均应按营业性车辆承保；不能界定使用性质的，原则上也按营业性车辆承保。

单位车落户在个人名下或公车改革后落在个人名下的客车，以行驶证车主名称作为被保险人，按家庭自用汽车投保。

对于行驶证上车主或所有人一栏为个人的货车，如行驶证的使用性质明确营业或非营业性质，按照行驶证性质确定适用的费率；如行驶证没有明确使用性质，对于 2 吨以下的货车如确实属于家庭自用的，可按非营业货车投保，2 吨以上（含 2 吨）的货车原则上按照营业货车投保。

行驶证车主为法人代表的车辆，应按照家庭自用车承保。

自卸车根据使用性质归入非营业货车或营业货车。

油罐车、气罐车、液罐车按照特种车一承保；其他罐式货车按特种车二承保。

冷藏车、保温车按特种车二承保。

警车、普通囚车、医院的普通救护车、殡葬车按照其行驶证上载明的核定载客数，适用对应的非营业客车的费率。

集装箱拖头按照特种车四承保。对于集装箱体，要求按照车上货物险进行承保，不能使用挂车、新增设备等条款进行承保。

教练车、邮政公司用于邮递业务、快递公司用于快递业务的机动车适用企业非营业客车或非营业货车费率。教练车可在投保了非营业用汽车损失险后加保“机动车教练责任扩展特约条款”。

非集装箱牵引车按照准牵引总质量对应吨位货车的费率承保，挂车第三者责任险按照同吨位货车对应档次保险费的 30%计收。

旅游用车按照营业用汽车的公路客运营业客车承保；具有公交营业执照的短途郊县客运按照营业用汽车的城市公交营业客车承保（需注明固定路线）。

正三轮摩托车费率按照摩托车排量分类确定费率，参照车辆行驶证和车辆号牌正确区分正三轮摩托车和三轮汽车，对于难以区分的，应使用费率较高的类型。

对于投保人的“短程提车险”需求，根据投保人所选择的具体提车时限原则上按“月费率”进行计收保费，并据此承担短期提车的保险责任，统一按“非营业用车”类的条款费率进行承保，即客车使用“企业非营业客车”类同等车型费率，货车使用“非营业货车”类同等车型费率。

对于长期租用租赁公司的车辆作为单位固定的行政用车的，如有相关文件证明，且该单位管理良好，车辆有专业的驾驶人员驾驶，并且被保险人为承租单位，且承租期在一年以上，提供租赁协议的，可以按照非营业用车承保。

装有起重装置的起重运输车根据行驶证载明的相应吨位按照非营业或营业货车承保。

联合收割机原则上保险期间不得少于 6 个月，并要求投保人在投保单上明示“在保险期内不申请退保”，同时在保单上特别约定“经投保人和保险人商定，保险期间内不得退保”。

农机主管部门发放车辆牌照的农用三轮车、变形拖拉机按照拖拉机承保；公安车管部门发放牌照的按照相应吨位的货车承保。

对于半挂型主车和挂车分别具有行驶证的，应分开承保。货车、牵引车的牵引头（非集装箱拖头），按照准牵引质量对应的营业用货车或非营业用货车费率承保；其拖挂部分（无动力装置的道路机动车）按照挂车承保，依据其车型和使用性质适用相应的挂车费率。

2. 合理确定责任限额与保险金额

车辆损失险保险金额：新车购置价以整车报价为依据，各机构可根据承保车辆的新车重置价格或发票进行调整，但调整金额原则上不得超过 10%。

车龄较长的车辆（特别是已经不再生产的车型）必须以该车的二手车市场交易价格确定全损时的赔偿金额。

盗抢险的保额：由投保人与保险人在投保机动车的实际价值以内协商确定，但不得超过投保时该车的市场交易价格。

3. 正确使用费率调整系数

对于上年度投保的机动车，可通过信息平台获得该车辆往年赔款记录的，根据历史赔款记录正确使用费率调整系数；投保人如能够提供上一保险年度（或两年及以上）赔款记录相关证明的，按规定进行费率调整；新车及无法获得以往赔款记录的车辆系数为“1”。

同时投保车损险和三者险时，可按规定的系数区间使用“多险种同时投保”系数。

“客户忠诚度”费率调整系数，要求投保人在续签保单，且上年保险期间为一个保险年度时，方可使用。

“安全驾驶”系数根据该机动车上一年度无交通违规记录，如无法得到上年度数据信息的，该系数为“1”。

“约定行驶区域”的“省内”、“固定线路”、“场内”三项系数不得同时使用，家用车不能使用“固定线路”和“场内”费率调整系数。

家用车不得使用“承保数量”费率调整系数。

“指定驾驶人”、“性别”、“驾龄”和“年龄”系数仅适用于家庭自用汽车指定驾驶人的情况，当指定多名驾驶人时，以该四项系数乘积最高者为准。新保家庭自用车业务费率调整系数只能按规定使用：多险种同时投保、平均年行驶里程、约定行驶区域、指定驾驶人、性别、驾龄、年龄，而且，“指定驾驶人”、“性别”、“驾龄”、“年龄”必须同时使用。

“经验及预期赔付率”系数和“管理水平”系数仅限车队业务使用，且两者不能同时使用。经验及预期赔付率依据是满期赔付率，各机构可根据所掌握的投保车队信息，估算以往的满期赔付率（含已决赔款和未决赔款），或根据往年业务的费率和赔款情况，预估新业务的赔付率。

费率调整系数不适用于摩托车和拖拉机的费率调整。

按照保监会的要求，每一险别承保时使用系数累计调整幅度均不得超过 30%的上限，超过 30%时按照 30%计算。

4．对老旧车型加强风险管控

老旧车型，应在可带动其他业务发展的情况下方可予以承保，且应满足以下条件。

① 被保险车辆损失金额大于实际价值时，保险公司按照实际价值扣除残值后计算赔偿，保险责任即时终止；被保险车辆损失金额大于实际价值时，所需更换的零配件为替代件或拆装件（即旧件）。

② 不到 4S 店或品牌服务站维修。

③ 禁止承保车身划痕险、盗抢险、不计免赔险。

5．投保车辆使用性质的确定原则

投保车辆的使用性质以行驶证或机动车辆登记证所载内容为参照，根据机动车的具体使用情况准确界定，行驶证或机动车辆登记证未载明或不明确的，尚未入户的车辆，以原始购置发票所载明的购车人信息为准。如果兼有两种使用性质的车辆，按照费率高的性质确定。

商业险保单必须与交强险保单载明的车辆使用性质保持一致，如果实际使用性质与行驶证载明的使用性质不一致，应按照费率就高不就低原则执行。

6．农用车、低速载货汽车的承保规定

农用车、低速载货汽车的承保规定如下。

① 不得以任何理由拒绝或拖延承保摩托车、拖拉机、农用车、低速载货汽车交强险。

② 在办理农用车、低速载货汽车业务时，要严格查验车辆行驶证或车辆合格证及车辆实物，对所列车辆外廓尺寸规格、总质量、汽车型号、发动机缸数、发动机额定功率等技术参数，比对与国家标准规定的属于拖拉机、低速载货汽车或三轮汽车的技术标准是否一致。

③ 必须做到验车承保，并拍照留存。凡任意一项技术参数超过国家新标准的，按照保监会的规定适用其实际参数对应的费率档次。

7. 高价车承保规定

高价车承保规定有以下两点。

① 新车购置价 200 万元以上为高价车，高价车按照各公司差异化承保授权办理，超承保权限书面上报。

② 高价车业务原则上不得承保不计免赔特约条款。新车购置价 500 万元以上高价车承保商业车损险，保险金额按照低于新车购置价的 80%确定。

8. 高档品牌汽车承保规定

高档品牌汽车承保规定如下。

① 高档车品牌根据市场动态，批次确定。第一期纳入的品牌有：宝马、奔驰、悍马、保时捷、路虎、凌志（雷克萨斯）、克莱斯勒、林肯、法拉利、兰博基尼、英菲尼迪、劳斯莱斯、宾利、迈巴赫。

② 列明品牌及其下属各系列车辆投保商业车损险业务，须根据不同的新车购置价区间（含起点不含终点），按照以下规定使用上浮的车型系数：新车购置价在 70 万～150 万的高档车，车型系数 1.3；新车购置价在 150 万～300 万的高档车，车型系数为 1.5；新车购置价在 300 万以上的高档车，车型系数为 2.0。

③ 符合上述品牌的车辆承保时，新车购置价不低于北京时代精友车型数据库标准价格数据，不得下浮。除根据协会车险信息平台查询结果据实使用无赔款优待系数外，不得使用任何向下浮动的折扣系数（含单车或车队系数）。

9. 挂车承保规定

挂车承保规定如下。

① 所有挂车必须实行验车承保，并拍照存档。验车人应签署验险承诺书，严禁仅凭购车发票、二手交易发票等资料办理挂车商业险、交强险业务。

② 原则上同一被保险人投保挂车与主车（牵引车头）要一一对应，不得人为拆离。

③ 严禁承保异地牌照业务。

④ 挂车（包括带有特种车类罐体的挂车）承保商业险，应使用 1.3 的整单上浮系数且不得使用任何除无赔款优待以外的下浮系数。多次出险业务还应根据费率浮动规章另行上浮费率。

10. 黑灰名单业务承保管控要求

凡列入行业协会黑名单的客户，在全区范围内禁止承保商业车险，仅可承保交强险。公司黑名单车辆各公司不得承保商业险，确需承保应向车险部逐笔报批，保费金额不得低于标准保费，禁止使用任何下浮的折扣系数。

列入灰名单的客户，除根据出险次数严格按照费率规章执行费率上浮，在续保时不得使用任何下浮的折扣系数，并按照以下条件承保商业险：① 投保车损险，保险金额在车辆实际价值以内确定；② 第三者责任险限额最高不超过 10 万元；③ 不得承保不计免赔险和划痕险；④ 营业性货车不得承保车上货物责任险，车上人员责任险每座限额不得超过 5 万元。所有列入黑灰名单客户不得支付手续费。

11．异地车辆承保规定

严格执行承保标的验车制度，验车人应签署《验车承诺书》，并拍照存档。要求客户提供身份证与行驶证原件，核实投保人与车辆的关系。投保人与被保险人的关系，确保投保人、被保险人对承保车辆具有可保利益。

对投保人、被保险人通信地址、联系地址等信息进行有效识别，确保被保险人信息准确，确保保险合同的订立符合法律要求。

提供的异地车辆承保证明材料应具有证明效力，可包括被保险人或车主本地居住的房产证、租房协议、房屋租金发票、车辆的交易合同、车辆在本地的货运协议、工程承包合同，上述证明资料必须认真核实，并复印归档备查。

禁止承保异地高风险业务。禁止承保车辆注册地为外省且被保险人为外地身份证的车龄超过一年的营业车辆。

12．多次出险非新车单车业务承保管控要求

所有出险 3 次及以上车辆脱保 3 个月后承保的，其上年度出险记录仍然计算在内，并按照赔款次数上浮费率，不得使用任何下浮折扣系数。对于上年度出险 5 次及以上的业务，在续保时执行黑灰名单管控要求。非新车是指车龄 2 年及以上车辆，对 0～1 年新车，承保时只要符合行业协会规定即可。

13．商业车险费率系数使用规范

商业车险费率系数使用规范有以下方面。

① 所有车辆禁止使用“上年无交通违法记录”系数。

② 营业性车辆应据实使用“年均行驶里程”中大于等于 3 万公里以上系数。

③ 新车或首次投保商业险业务严禁使用任何单车折扣系数。新车车队业务使用的车队折扣系数值为“1”。不得使用“经验及预期赔付率”、“车队管理”、“承保数量”等车队系数。新车一律执行标准保费。

④ 上期保单出单日至本期保单出单日之间发生过车辆所有权转移的业务视为首年投保，不得使用“续保”折扣系数，并且商业险无赔款优待和交强险费率不浮动。

⑤ 营业性货车、低速载货汽车、营业性挂车、出租车、租赁车、特种车中的与工程有关的专用车辆（包括特种车一以外的罐式货车、起重、装卸、升降、搅拌、挖掘车辆等行业高风险业务），不得使用任何除无赔款优待以外的向下浮动的折扣系数（包括单车系数和车队系数）。特种车二类高风险业务执行 1.3 的费率上浮系数。

⑥ 同一保险车辆跨省投保或跨主体投保视为转保业务，不得使用“续保”优惠折扣。

⑦ 商业险脱保 90 天以上业务不得使用续保优惠系数。同时所有出险 3 次及以上车辆脱保三个月后承保的，其上年度出险记录仍然计算在内，并按照赔款次数上浮费率，不得使用任何下浮折扣系数。

⑧ 列入灰名单业务不得使用任何下浮折扣系数。

⑨ 挂车不得使用除无赔款优待以外的任何下浮系数，并应使用 1.3 的上浮系数。

14．新车购置价浮动要求

新车购置价以北京时代精友车型数据库标准价格数据载明的新车购置价（含税价）为准，

原则上不得向下浮动。

禁止更改车型数据库匹配的车辆基本信息或套用车型、不得随意降低车辆购置价，对车型标准信息数据库中涵盖的车型信息，同类型车辆购置价与系统价格差距较大的应严格按照行业自律公约规定办理。车型数据库未涵盖的车型，承保公司应向区分公司提供行驶证、购车发票、车辆出厂合格证等材料或其他车辆信息，由区分公司申请加入车型数据库后选择使用。

15. 批单业务管理规定

涉及保单内容变化的批改时，按照以下对批改项目的要求，提交区公司核保，并根据核保岗要求协助提供相关证明资料。

① 起保后加保车损、盗抢险、玻璃、自燃等险种的，需上报加保申请并验车（拍照）。

② 车辆报废退保，需要提供车辆报废证明，并收回保单正本。

③ 车辆转卖退保需提供车辆交易票或买卖协议书。

④ 被保险人改变投保意向要求退保的，要收回保单正本，保期未开始的需承担 5%的费用，起保后的按短期费率计收保费。

⑤ 出单员或业务员失误造成退保，必须收回所有包括保单正本、保险证、标识、保险费发票等在内的保险凭证。退保操作除按批改实务操作规程执行外，每笔业务处以 10 元罚款。

⑥ 因交强险重复投保退保的，必须提供重复保期且起期在前的保单正本，并复印留档。

⑦ 交强险退保严格按照规定的退保原因执行，但涉及专属业务、车辆转卖外地等情况时，在提供相关证明资料后可同意退保处理。

⑧ 变更车辆使用性质要求批改的，提供变更后的车辆行驶证原件并复印留档。

⑨ 车损险保额或新车购置价的增减批改，须提供车辆购置发票。

⑩ 严禁进行车型、新车购置价、车架号、发动机号等车辆关键信息的批改。如确需变更，应书面说明变更理由上报保险公司车险部。因经办人自身原因造成上述商业险保单关键信息的重大失误，必须采取退保后重新出单方式处理。该操作记录将计入业务差错率，并按照规定对经办人进行处罚。

⑪ 非新车变更车牌号、变更被保险人、变更车户的批改处理均应在批文中注明变更原因和变更类型，说明是否发生车辆所有权转移；如行驶证车主发生变化，必须同时进行车主的变更。

16. 手续费跟单管理规定

手续费跟单管理规定有以下方面。

① 手续费跟单系统根据风险地图将车险业务跟单费用配置为 A、B、C、D、E 五类业务，执行差异化的手续费上限。

② 业务来源的选择与手续费支付有直接关系，直销业务不得提取任何手续费。

③ E 类业务、特种车二高风险业务跟单手续费上限不得突破 5%。

④ 低速载货汽车、拖拉机、三轮汽车货车三类车辆原则上不提取手续费。

⑤ 黑灰名单业务或续保、转保业务车龄大于 2 年出险 5 次及以上的业务，不论脱保是否 3 个月（所有权转移的除外），原则上不提取商业险手续费。

⑥ 交强险统一手续费上限 4%。

⑦ 各公司特定渠道手续费比例由上级分公司统一专门配置。有渠道码的业务必须首先录入渠道码，没有渠道码的则必须录入项目代码。

⑧ 鼓励各公司通过降低折扣、调整承保方案（减少高亏险种增加盈利险种）、调整手续费比例等方式实现业务类别的转化，尤其是 D、E 类业务的优化。

17. 行业协会车险信息共享平台

保险行业协会车险信息共享平台提供了某些区域机动车辆承保及理赔信息查询功能。通过对投保车辆前三年交强险、商业险的承保、理赔相关信息查询，判断车辆是否续保、上年度出险次数、所有权转移等数据信息。各财险公司在办理车险业务过程中，费率调整系数必须与车险信息共享平台结合使用。

7.3　分险种承保要点

7.3.1　家庭自用车承保要点

家庭自用车承保要点如下。

① 对于续保车辆，如果上年出险次数在 2 次以上（含 2 次），续保时必须从严审核；如果上年出险次数在 4 次以上（含 4 次），且累计赔款超过保单保费 60%的原则上不予续保，特殊情况提高承保条件（包括调高承保费率）降低销售费用后报分公司书面批复后承保。

② 车龄超过 8 年（含 8 年）的非续保车辆原则上不承保不计免赔险。

③ 上海大众、一汽大众、富康以外的车龄超过 10 年（含 10 年）的车辆原则上不承保车损险及相关附加险。

④ 严格控制单独承保车损险、盗抢险。

⑤ 新车购置价在 10 万元以下、配件价格相对较高的经济型家庭自用汽车必须提高车损险费率系数，新车购置价在 5 万元以下的车辆原则上不得在新车购置价的基础上下浮。

⑥ 车龄在 3 年以上的家庭自用汽车禁止承保划痕损失险，划痕损失险未出险的续保车辆可按上一保险年度的条件承保车身划痕损失险；严格控制承保车身划痕损失险的不计免赔率特约险。

⑦ 投保时要求指定驾驶人的，被指定驾驶人必须为 3 年以上驾龄的驾驶员。

⑧ 控制承保新上市不足 1 年的新车型，如若承保必须使用车辆损失险车型系数，且保单的“调整系数”不得低于 1.1。

⑨ 严格控制承保套牌车车损险，如八闽、福汽、云豹、奔得、红星、警兴、美鹿、三星、中联、航天、女神、狼山、紫琅、富奇、莱福等。

⑩ 提高赔付率较高车型的承保条件。

7.3.2　非营业用车承保要点

非营业用车承保要点如下。

① 积极发展非营业客车的承保。

② 政府机关、事业单位的乘用车辆可承保盗抢险不计免赔附加险。

③ 大型企事业单位、管理较为规范的单位行政用车鼓励承保高额三者险。

④ 车龄 10 年以上（含 10 年）的车辆谨慎承保不计免赔特约险。

⑤ 集体招标、政府采购、行业统保业务所有车辆可按统一条件承保。

⑥ 2 吨及以下的小吨位货车须根据车辆实际使用性质确定是否按照非营业用车承保。

⑦ 原则上限制 5 吨及以上非营业货车的承保，特殊车队业务报分公司书面批复后承保。

⑧ 严格控制承保附表一内列举车型的车辆损失险。

7.3.3 营业用车承保要点

营业用车承保要点如下。

① 新保车队和个人营业用车原则上不承保不计免赔特约险。

② 车龄超过年 8（含 8 年）的营业用车原则上不予承保车损险及相关附加险。

③ 营业货车的第三者责任险保额原则上不超过 50 万元，7 座以上营业客车的第三者责任险保额不超过 100 万元。

④ 禁止承保挂军、警牌照的营业货车。

⑤ 自卸车、渣土车原则上不予承保不计免赔特约险，第三者责任险保额不高于 50 万元，不得承保农用自卸车。

⑥ 2 吨以下小货车控制承保盗抢险及玻璃单独破碎险。

⑦ 牵引车和挂车分别具有行驶证的要分别出单，原则上要求主车与挂车同时投保。

⑧ 提高沃尔沃、青年、北方等高档营运客车的承保条件。年保费规模在 100 万以上的大型集团业务逐单上报分公司审批。

⑨ 历年保单的满期赔付率在 70%以上的营运车队续保时须扣减销售费用，历年保单的满期赔付率在 80%以上的营运车队原则上不予续保。

⑩ 严格控制承保低速载货汽车。严格控制没有在车辆管理所登记的无牌照车辆。严格控制承保大吨小标（行驶证登记核载质量明显小于车辆实际核载质量）车辆。

7.3.4 特种车承保要点

特种车承保要点如下。

① 鼓励承保专业运钞车、高速公路养护车等低风险业务。

② 严格控制承保水泥搅拌车、泵车等混凝土工程车。

③ 按照施工工地的交通环境确定挖掘机、土方车等施工车辆的承保条件，禁止承保用于开挖山石或矿藏的挖掘机。

④ 严格控制承保个人所有或挂靠的油罐车、液罐车、气罐车，禁止承保高压化工品罐车。

⑤ 油罐、液罐、气罐牵引车，牵引车原则上按“特种车一”费率承保，挂车按油罐、液罐、气罐挂车费率承保。

⑥ 严格控制承保特种车的玻璃单独破碎险。

7.3.5 摩托车、拖拉机承保要点

摩托车、拖拉机承保要点如下。

① 严格控制承保摩托车和拖拉机的车损险。

② 严格控制承保摩托车车上人员责任险。

7.4　主要险别承保要点

7.4.1　汽车盗抢损失险承保要点

汽车盗抢损失险承保要点如下。

① 盗抢险出险率、赔付率高的地区控制承保盗抢险，原则上禁止承保盗抢险不计免赔特约险。

② 老龄车（参考车龄的年限设置）承保盗抢险，必须合理确定保额，在折旧后实际价值基础上下浮 20%确定保险金额。

③ 盗抢率高的车型严格控制承保盗抢险，如本田雅阁、金杯、五菱七座客车等。

④ 禁止单独承保盗抢险。

⑤ 严格控制承保不足一年保险期限的盗抢险 。

7.4.2　车体玻璃单独破碎险承保要点

车体玻璃单独破碎险承保要点如下。

① 老龄车控制承保玻璃单独破碎险。

② 控制承保营运客车的玻璃单独破碎险。

③ 特种车、防弹玻璃等特殊材质玻璃标准保费需上浮 10%。

7.4.3　新增设备损失险承保要点

新增设备损失险承保要点如下。

① 新增设备的保险金额应按实际价值确定。

② 承保新增设备险必须核实新增加设备的真实性，并提供确定新增设备保险金额的证明材料，如果新增设备有多项，须提供设备详细清单。

③ 新增设备损失险承保时必须在特别约定中注明新增设备的具体内容及价格。

④ 车身喷画、商标、防爆膜，以及不固定安装在车上的便携设备等不得作为新增设备投保。

⑤ 新增设备严格控制承保车身大包围。

7.4.4　其他险承保要点

驾驶人伤亡责任险、乘客伤亡责任险承保要点：① 鼓励承保非营业、家庭自用车辆高保额车上人员责任险；② 严格控制单独承保车上人员（驾驶人）责任险。

承运货物损失责任险承保要点：① 承运货物损失责任险赔偿限额原则上不超过 20 万元；② 严格控制从事危险货物运输车辆投保车上货物损失责任险。

附加险不计免赔特约险原则上不予承保附加险不计免赔。

7.5 核保权限管理

7.5.1 核保分级权限管理

商业车险按照自动核保、三级、二级、一级的权限审核体系在核心业务系统设置。对于管理力量薄弱的机构按照三级、二级的审核权限设置，自动核保的范围另行规定。

1．需提交一级核保人审核的高风险业务

（1）投保单审核权限

投保单审核权限：机动车损失保险金额在180万元以上的营业用车、150万元以上的特种车、200万元以上的家庭自用汽车和非营业汽车，新增设备和车损险保额累计控制；营业货车商业三者险的责任限额在投保不计免赔附加险时，责任限额在100万及以上的投保单；车上人员责任险的每人责任限额50万以上或总保额300万元以上的投保单；单车承运货物责任险的责任限额在20万及以上的投保单；随车携带物品损失险的保险金额在10万元以上的投保单；车龄12年以上的非营业客车、车龄8年以上的非营业货车、车龄6年以上的营业用车、车龄10年以上的家庭自用汽车、车辆6年以上的特种车投保车损、盗抢及相关附加险的；3年以上车辆投保盗抢险选择不计免赔率特约险的；车龄6年以上投保专修厂维修特约险的；车龄6年以上投保零配件更换特约险的车辆；车龄在2年以上投保发动机单独损坏特约险、车轮单独损坏特约险；车龄在2年以上投保置换新车费用补贴特约险的。保险起期在系统录入日期之前的投保单。

（2）批单审核权限

批单审核权限：对二级核保人审核通过的保单进行增减类批改；批单生效日期在批单录入日期之前的批单。

2．需提交二级核保人审核的高风险业务

（1）投保单审核权限

二级核保人的核保权限应注意以下方面。

① 机动车损失保险金额在30万元以上的营业用车和特种车、30万元以上的家庭自用汽车以及50万元以上的非营业汽车，新增设备和车损险保额累计控制。

② 营业货车商业三者险的100万责任限额仅限于未投保不计免赔附加险的投保单。

③ 车龄6年以上的非营业用车、车龄4年以上的营业用车、车龄6年以上的家庭自用汽车、车辆4年以上的特种车投保车损、盗抢及相关附加险的。

④ 控制承保各类改装车辆，基层营业机构在分公司书面批复同意后方可录入核心业务系统。

⑤ 控制承保军车、公安、武警牌照的车辆。单笔业务或挂军牌的货车原则上不予承保，军车、公安、武警牌照的机关乘用汽车在分公司书面同意后可以承保。

⑥ 禁止承保个人出租车业务，严格控制承保挂靠的个人出租车业务，出租车业务经分公司书面批复同意后方可承保。

⑦ 上一保险年度出险在3次（含）以上的个人业务，承保年度满期赔付率在70%以上的车队业务。

⑧ 严格控制承保古老车型、稀有车型和特异车型，对于保费规模在30万以上的车队业

务中的该类车型在承保前报分公司二级核保人审批。

⑨ 在和销售附表列举的赔付率较高车型的销售商进行保险代理业务合作之前，承保条件需经分公司批准。

⑩ 车龄在 3 年以内的车辆投保盗抢险附加不计免赔的投保单。

⑪ 分公司审核的附加险包括：车身划痕损失险、置换新车费用补贴特约险、发动机单独损坏特约险、车轮单独损坏特约险、专修厂维修特约险、零配件更换特约险、新增设备损失险。

⑫ 以下业务须通过内联单形式上报分公司同意后方可承保：a.厂牌型号为五菱、长安、松花江等高顶篷面包车及本田系列轿车的车辆承保全车盗抢险；b.家用车按照企事业单位承保；c.承保灰色名单中的车队的业务；d.承保附表一内列举车型的车辆损失险；e.承保沃尔沃、青年、北方等高档营运客车；f.宇通、大迪、新龙、川江等营运客车承保玻璃破碎险。

（2）批单审核权限

批单审核权限：三级审核权限范围内的所有批单。过户批单由四级审核。

3. 三级承保人审核的业务

以下业务在不突破保单审核权限的情况下，由三级承保人审核。

（1）客户分类业务

客户分类业务：① 历年出险率及承保年制赔付率均在 50%以下（含 50%）的客户业务；② 历年赔付情况较好，即交强险和商业车险的承保年制综合赔付率在 60%以下（含 60%）的续保业务。

（2）标的分类业务

① 非营业用车：a.机关、团体、企事业单位自用的载运乘客车辆；b.保费规模达 5 万元以上或承保数量在 10 台以上的车辆统保业务，如果交强险和商业车险的综合满期赔付率在 60%以下，且能合理确定车辆的实际价值，存在突破车龄或险种控制的业务（突破业务占已承保业务数量比例控制在 20%及以下），书面上报分公司同意后可予承保；c.2 吨及以下的小吨位货车须根据车辆实际使用性质承保，特约“如用于营运，发生保险事故造成的损失，保险人不承担赔偿责任”后按照非营业用车承保；d.大型企事业单位、管理较为规范的单位行政用车鼓励承保高额三者险；e.保费规模达 5 万元以上或承保数量在 10 台以上的车辆统保业务，如果交强险和商业车险的综合满期赔付率在 60%以下，对新车购置价在 60 万元以上的车辆，书面上报分公司同意后可选择承保“专修厂维修特约险”。

② 营业用车：a.保费规模达 10 万元以上或承保数量在 20 台以上的团体业务，同时在公司投保交强险（交强险和商业车险的承保年制综合赔付率在 60%以下），存在突破车龄或险种控制的业务（突破业务占已承保业务数量比例控制在 10%及以下），书面上报分公司同意后可予承保；b.原则上新保车队的车辆不保不计免赔险；但如果新保车队的营业货车同时投保了交强险、三者险、车上人员责任险（全部座位必须投保），营业客车同时投保了交强险、三者险后，经分公司书面同意后可承保不计免赔险；c.新车购置价 60 万元以上的车辆，同时投保了交强险、三者险、车上人员责任险（全部座位必须投保）后，并且可带动其他业务发展的情况下，承保划痕、不计免赔险；d.车龄在 3 年以内、非厂牌型号为五菱、长安、松花江等高顶篷面包车及本田系列轿车的车辆，同时投保了交强险、三者险、车上人员责任险（全部座位必须投保）后投保盗抢险附加不计免赔；e.上述提及的营业货车的第三者责任险保额

不超过50万元和营业客车的第三者责任险保额不超过100万元。

③ 摩托车：鼓励承保摩托车商业三者险；严格控制承保摩托车车损险、车上人员责任险。

④ 家用车：a.新车购置价在30万元以上60万元及以下或车龄6年以上的家庭自用汽车，同时投保了交强险、三者险、车上人员责任险（全部座位必须投保），而且没有投保划痕、不计免赔险的业务；b.新车购置价60万元以上的车辆，同时投保了交强险、三者险、车上人员责任险（全部座位必须投保）、专修厂维修特约险后并且可带动其他业务发展的情况下，允许承保划痕、不计免赔险。c.未出险的续保车辆可按上一保险年度的条件承保车身划痕损失险；d.仅承保三者险、车上人员责任险及其附加险。

⑤ 拖拉机：商业三者险及车上人员责任险。

⑥ 特种车：a.承保专业运钞车、高速公路养护车等低风险业务；b.原则上严格限制承保混凝土搅拌车、泵车等水泥工程车，挖掘机等营业性特种车辆，特殊情况需经分公司书面同意后方可承保；c.单保第三者（责任限额≤50万元），特殊情况需经分公司书面同意后方可承保。

⑦ 低速载货车：仅承保商业三者险和车上人员责任险。

（3）险种分类业务

险种分类业务：① 车上人员责任险、保额在50万以下的三者险；② 除营业货车外的新车购置价在8万元以上车龄在8年以下的非营业、家用车和车龄在6年以下营业客车的自燃损失险或火灾/爆炸/自燃损失险；③ 可选免赔额特约险；④ 法律援助及费用补贴特约险。

7.5.2 审核权限管理

1. 保单审核权限

保单审核权限，如表7-1所示。

表7-1 保单审核权限表

	三级权限≤（万元）				二级权限≤（万元）				一级权限 >（万元）			
险种名称				车上人员	车损	三者	盗抢	车上人员	车损	三者	盗抢	车上人员
家庭自用汽车	30	50	30	20	200	100	200	50	200	100	200	50
非营业汽车	50	50	50	20	200	100	200	50	200	100	200	50
营业用汽车	30	20	30	20	180	100	180	50	180	100	180	50
特种车	30	20	30	10	150	50	150	30	150	50	150	30
摩托车	0	10	—	—	1	30	—	5	1	30	—	5
拖拉机	0	10	—	—	5	30	—	5	5	30	—	5

备注：车上人员责任险的每人责任限额50万元以上或总保额300万元（含）以上的保单，由二级核保人审核。

2. 批单审核权限

批单审核权限，如表7-2所示。

表7-2 批单审核权限表

险别名称	注 销	退 保		加减费批单		内容批单
	三级权限	三级权限	二级权限	三级权限	二级权限	三级权限
商业车险	起保之前	不涉及计算公式变动的所有退保批单	涉及计算公式变动的所有退保批单	加费批单（除二级保单的加费批单外）	减费批单及所有二级保单的增减批单	所有内容型批单

7.6　机动车保险验车规定

为进一步提高车险业务的承保质量，促进车险的精细化管理，强化营业机构的风险意识，有效控制承保风险，特制定本规定。

验车承保实行“谁承保、谁验车、谁签字、谁负责”的原则，原则上业务员就是验车人，由验车人员对拟承保车辆进行检验后，按照验车单项目规范填写，交给基层营业机构核保人初步审核通过后，方可录入核心业务系统。核保人对于验车单有疑义的，可另行委派查勘人员验车。验车人对验车单信息的真实性负责。

7.6.1　验车目的

通过对拟承保车辆的检验达到以下目的。

① 为是否承保、如何承保提供建议和依据。

② 发现新车购置价值确定、实际价值确定、条款选用、车辆种类、使用性质等承保中存在的问题，并予以纠正。

③ 控制被保险车辆先出险后投保现象的发生。

④ 为可能发生的理赔提供原始资料（如标的照片、行驶证复印件等）。

⑤ 有针对性地提出投保提示，履行说明义务。

7.6.2　验车范围

1．免验车辆

免验车辆包括：① 按期续保的车辆，包括上年在其他公司承保的车辆；② 单独承保第三者责任险及其所属附加险的车辆；③ 汽车销售商代理的新车业务。

2．抽查验车

下列情况车辆，可以对承保标的进行抽查验车：① 凡一次性在同一保险公司投保 30 台以上机关、团体、事业单位乘用车的业务；② 凡一次性在同一保险公司投保 50 辆以上的车队业务。

3．验车范围

无论是否属于免验车辆还是抽验车辆范围，属于下列情况的车辆，承保前必须逐车检验。

① 上年在某保险公司承保，未按期续保的车辆。

② 上年在某保险公司投保，新增加投保险种的车辆。

③ 从其他公司新转入某保险公司投保，未按期续保的车辆。

④ 在保险期间内加保车辆损失险、盗抢险及相关附加险的车辆。

⑤ 使用年限超过 8 年的车辆。

⑥ 承保全车盗抢险的车辆。

⑦ 全部损失保险金额超过实际价值的车辆。

7.6.3　验车程序

验车程序有以下几点。

① 根据投保人提供的机动车行驶证、机动车登记证、机动车出厂合格证明或进口凭证等车辆证明文件进行验证、验车。

② 对承保车辆进行实地验车，核对发动机号、车架号，必要时应当场拓印发动机号、车架号。

③ 拍摄标有验车日期的验车照片。

④ 填写验车单并签字，提出予以承保或提高承保条件的承保建议。

⑤ 将验车照片、机动车行驶证、机动车登记证、机动车出厂证或进口证明等文件复印件粘贴于验车单背面和投保单、承保建议一起交由核保人审核。

⑥ 核保人认为有疑问的车辆，可另行安排其他验车人进行验车，并重新填制验车单。

⑦ 业管部门将验车单与投保单、保单一起留档备查。

7.6.4 验车内容

验车内容包括以下几个方面。

① 检验车辆的车型、颜色、牌照号码、发动机号、VIN 码或车架号码，是否与行驶证、投保单相符。

② 安全操作可靠性检查，转向、制动、灯光、喇叭、雨刮器、轮胎等是否工作正常。

③ 发动机、车身、底盘、电器设备四大部分的技术状况。

④ 检查车辆是否配有消防、防盗设备。

⑤ 检验车辆的新旧程度，是否与行驶证、投保单相符，被保险车辆的保额、实际价值确定是否准确。

⑥ 检验被保险车辆是否有被撞击或被划伤的痕迹，是否存在出险后投保的可能。

⑦ 检验车辆条款使用是否准确，车辆种类选择是否与实际相符，对窜用条款、不按实际车辆种类承保予以纠正。

7.6.5 验车实务处理

验车实务处理有以下方面。

① 各公司应根据自身的实际情况建立验车规定实施细则。

② 凡属验车范围的车辆必须按验车内容、验车程序进行验车，并根据验车结果提出承保建议。

③ 验车后必须填制验车单并签字或签章。

④ 验车结果必须作为承保人判断是否予以承保或以何种条件承保的依据。

⑤ 验车单必须与投保单一起留档备查。

⑥ 不需要验车的车辆，必须提供上年的保单复印件，属于贵宾客户的，必须提供上年承保清单及赔付情况说明。

⑦ 对属于验车范围的车辆，验车人不验车，或不如实填写验车单的，将暂停出单一个月，并取消一切年终评优资格。如造成公司经济损失的，根据损失程度，按总公司的监察条例予以处罚，对存在故意欺诈行为的移送司法机关处理。

⑧ 对核保人无视验车结果予以违规承保的，将取消其核保人资格，并按其造成后果的严重性，予以处罚。

⑨ 建立验车登记，以便对验车工作进行考察与监督，业务人员的验车执行情况，将作为

业务人员年终考核的重要指标之一。

7.6.6　规范验车照片

规范验车照片有以下几个方面。

① 验车照片不少于 2 张。2 张照片的侧重点及具体要求：1 张为车前方 45 度角全车照片，1 张为前照片对角位置的车后方 45 度角全车照片。

② 验车照片必须能清晰地反映被验车辆的牌照号码（没有牌照的车辆，如新车、部分特种车，应拍摄临时牌照或移动证）。

③ 验车照片必须能真实反映验车日期。

④ 验车照片必须真实反映被保险车辆的实际情况。

7.6.7　规范填制验车单

规范填制验车单有以下方面。

① 验车单必须按实际情况如实填写。

② 有必要的必须把发动机号码、车架号拓印粘贴在验车单相应位置。

③ 必须将验车照片、行驶证复印件粘贴于验车单背面。

④ 验车人必须在验车单上签字或签章，并根据验车结果提出验车建议。

7.7　单证管理

7.7.1　单证管理的目的

单证管理的目的：为了加强重要空白保险单证的管理，防范风险，完善内控机制，保证资金和单证的安全，促进业务健康发展。

7.7.2　重要空白单证的定义与范围

重要空白保险单证，指各项保险业务所使用的印有顺序编号，一经签单即承担经济责任，产生法律效力或以此作为收款书面依据的有关凭证。重要空白保险单证按类型分为：定额保单、空白保单、批单、保险证、有价单证，等等。

7.7.3　单证管理的职责

分公司客户服务中心，负责制定单证管理制度，组织实施本单证管理办法，负责在规定范围内的单证印制，负责对总公司发放的单证及自行印制的单证的保管，以及对各营业单位单证的发放、回收、需销毁单证移交等工作的指导和监督，定期对各营业单位单证管理工作进行检查，对重要空白保险单证进行专项管理等工作。

营业单位是公司重要空白保险单证的使用和管理部门，主要职责有：执行单证管理办法，严格重要空白保险单证的领用、入库、发放、核销等手续；设专人、专柜保管本部门的重要空白保险单证；负责对本单位出单员、保险港、直接业务和代理、预约保险业务单证的签发、回收、核销；设定直接业务领用单证的最高限额；根据相关部门核定的代理、预约保险业务初次领用单证数量设定代理、预约保险业务领用单证的最高限额；对库存进行管理和检查；定期对业务档案进行整理、装订和归档；发现有重要空白保险单证被盗、遗失等情况，应及时向本单位总经理室和分公司客户服务中心报告，并在媒体声明作废。

营业单位专（兼）职单证管理员，负责对重要保险单证进行实物收发和保管。单证管理员须报分公司客户服务中心备案。单证管理员如有变动，需报分公司客户服务中心备案后再进行严格的工作移交。由营业单位交接人进行移交，营业单位综合部经理和分公司客户服务中心负责监督移交，移交清单四方签字，并将移交存在的问题以书面形式报分公司总经理室和营业单位总经理。

7.7.4 单证管理工作流程

1．重要空白保险单证的设计、印刷

重要空白保险单证的格式、设计必须严格按照总公司统一制定的格式印刷使用。重要空白保险单证格式必须具备下列要素：正本、副本上端套印公司标志和名称；投保人、被保险人、保险金额、保费金额、保险险种、相关保单号和批单号；单证签发日期、签发人、复核人；单证流水编号；单证联次的确定，应满足收款入账、业务登记、理赔给付的需要。单证联次中必须有一联为档案存根联。

分公司开办的地方险种或自行设计的保单，其保险条款、保单格式、联次等必须按总公司印制单证的要求，由分公司相关事业部、客户服务中心共同设计，设计样本报总公司相关部门审核批准后才能印制。分公司应选择资质优良的印刷单位承印地方性单证，并将确定的印刷单位报总公司销售管理部备案。

分公司单证管理员根据已在使用的各类重要空白保险单证的实际用量和单证库存情况填写《重要空白保险单证领库申请》，由部门领导签字盖章后，传真至总公司销售管理部，同时在单证系统中做领库申请。

2．重要空白保险单证入库、保管

收到印好的重要空白保险单证，分公司单证管理员必须会同相关人员，两人同时验收入库，及时将入库数登入分公司单证收发明细账，并录入单证管理系统，进货单与《重要空白保险单证领库申请》订在一起存档备查。

各营业单位单证管理员对重要空白保险单证的入库、发放、使用、销号、库存情况必须及时登入单证收发明细账和单证结报手册，并及时录入单证管理系统。

单证收发明细账和单证结报手册由分公司客户服务中心单证管理员和营业单位单证管理员双方签字后启用，单证结报手册和单证收发明细账视同财务账本一样保管，不得有丢失、缺页和随意涂改现象，对记错账的要用划红线加盖单证管理员私章改正。

3．重要空白保险单证的管理、发放和领用

公司对重要空白保险单证实行分级管理。分公司按照规定负责对各营业单位的单证管理工作进行检查；各营业单位单证管理员按照规定负责对本营业单位、办事处、直接业务和代理、预约保险业务的单证发放、回收和核销进行管理。

分公司单证管理员按照“定量控制、差额领用”的管理原则，对各营业单位单证管理员

发放各类备用重要空白保险单证。并对单证签发部门的实际使用数量和库存数量进行检查。

每周一是分公司客户服务中心发放单证的时间，各营业单位综合部或单证管理员要预计好一周单证的用量按时前来领取。如指派其他人员前来领取时，须在《单证领用表》中签字确认被指派人员姓名，因未按规定完善手续而导致不能领取单证，责任自负。

各营业单位单证管理员要根据业务发展的需要，掌握各类单证的使用情况和需求，提前30天上报需求数量较大的保单。

重要空白保险单证的领用、发放、核销由各级单证管理员负责办理。领用、发放、核销情况必须及时在单证收发明细账和单证结报手册中登记、签收，单证结报手册按办事处、直接业务和代理、预约保险业务分类设账，不同种类单证单独设立账页，不得混淆。

（1）营业单位领用

除由单证管理员在单证系统申领外，综合部经理或单证管理员还须在《单证领用表》中确认本次领取单证人员姓名，通过自己姓名的邮箱以 OA 形式发送至客服中心单证管理员的邮箱，领单人在分公司单证结报手册上签收。营业单位单证管理员要及时登入本单位单证收发明细账的“收单”栏，并录入单证管理系统。

（2）营业单位出单员领用

出单员向本营业单位单证管理员领用并在单证结报手册上签领，营业单位单证管理员及时在电脑单证管理系统中录入领用情况。出单员向单证管理员领取单证后，须将其放置于出单室上锁的柜子妥善保管，不得擅自携带回家。由于未及时录入单证管理系统、未妥善保管空白单证而产生的问题，要追究相关人员责任。

（3）代理、预约保险单位出单领用

代理单位即经保监会审核具有兼业代理资格，并与公司签订代理合同的单位。预约保险单位即与公司签订了预约协议的单位。营业单位因业务需要拟由上述单位代为出单的，由营业单位业务经办人填写《代理、预约保险业务单证申领表》，报相关事业部审核同意并核准首次发放保险单证的数量后，向本单位单证管理员领取并签收。领取保单后，业务经办人须在当天工作日内送达代理、预约保险单位。如因特殊情况无法送达的，须将保单交回单证管理员处保管，不得随身携带。

代理、预约保险单位领用必须根据事业部核准发放的数量，按“差额补足”的原则领用，不能超出核准发放的数量。代理、预约保险单位要按“先领、先使用、先结回”的原则使用单证。营业单位单证管理员应及时将单证领用情况录入单证管理系统。

（4）交接手续

业务经办人与代理、预约保险单位交接单证时应办理严格的交接手续。领取单证：业务经办人将保单送交代理、预约保险单位时，代理、预约保险单位须在《领取单证交接表》上签章确认，业务经办人将单证交接表交回本单位单证管理员留存。结回单证：代理、预约保险单位结回保单须填写《结回单证交接表》，业务经办人应核对需结回的保单是否与交接表上的清单一致，并在交接表上签字确认。交接表由业务经办人随保单一并交回公司，代理、预约保险单位留存一份。

营业单位单证管理员应及时对业务经办人结回的保单进行清点，确认无误后，单证管理员在交接表上签字，并留存交接表原件，业务经办人留存复印件。

严禁对没有与公司签订有效代理合同、预约协议的代理、预保险单位发放空白保险单证。

严格按照合同约定，对代理、预约保险单位结算保费及结回单证，如实在单证结报手册上进行的核销。对结回的保单，营业单位单证管理员先在单证结报手册上进行登记，然后在单证管理系统中进行核销。

代理、预约保险单位结回的保单要与直接业务保单分别存放，不同的代理、预约保险单位要分别按保单印刷流水号大小顺序装订，做到账物相符，并将保费发票业务联粘贴在对应的保单、批单上。

代理、预约保险单位领用的单证必须在三个月内结回。保险代理合同、预约协议终止，要对代理、预约保险单位领取的单证进行清理，收回尚未使用的单证。

（5）业务员领用

业务员首次领用须填写《代理、预约保险业务单证申领表》，由事业部审核同意并核准发放数量后，向本单位单证管理员领用。领取保单后，须在当天工作日内送达出单点。如因特殊情况无法送达的，须将保单交回单证管理员处保管，不得随身携带。单证管理员应将领用情况及时录入单证管理系统。业务员领用的单证在一个月之内必须回收。

4．重要空白保险单证的签发、核销和归档

（1）保险单证的签发

签发重要空白保险单证，必须准确、完整，与投保人提供的投保单或批改申请内容一致，并加盖相关印章（承保业务专用章或法人章、骑缝章）。

① 在规定的时限使用复写材料全部联次一次性如实签发。

② 通过公司业务系统签发的保单必须输入保单流水号，不通过公司业务系统签发的保单必须补录入公司的业务系统，补录时必须录入保单流水号，便于单证管理系统保单的核销。

③ 各级单证管理员必须及时将单证入库、发放、回收、核销情况输入单证管理系统。

④ 签发批单应注明对应的保单号。

⑤ 单证签发部门对在用的重要空白保险单证应设专人负责，每周五清点，并做好使用记录和相关工作。

⑥ 严禁在重要空白保险单证（经特批的定额保单除外）上预先加盖承保业务专用章。

⑦ 任何部门和个人不得转让、代开、私开各类重要空白保险单证。

（2）保险单证的核销

营业单位单证管理员发放重要空白保险单证时应登记单证结报手册，并由领用人签领。收回单证时，单证管理员在单证结报手册作销号登记，同时在单证管理系统中核销。

直接业务每次发放的单证不得超过一周的用量。营业单位单证管理员每周五对本周单证的使用情况进行一次核销，并按核销数量发放单证。

各级单证管理员应充分利用单证管理系统的功能，每月做好未核销单证账龄分析。常用单证未核销账龄不得超过 1 个月，其他单证未核销账龄不得超过 3 个月。

（3）保险单证的作废

对于填写错误或其他原因需要作废单证，必须各联加盖“作废”戳记，在单证结报手册登记后归入业务档案，不得擅自撕毁或缺联。对正常核销的单证转作废时，必须在单证管理系统中录入转作废的原因，如注销、污渍、破损、打印问题等，严禁不作任何说明。

（4）保险单证的注销

对于已签发的保单如未收到保费等原因需注销，必须收回保单正本等签发的所有单证，保单各联加盖“注销”戳记，在单证系统中作转注销后归入业务档案，不得擅自撕毁和缺联。

（5）保险单证遗失、被偷盗和挂失

对于因各种原因遗失或其他原因需要挂失的保险单证必须于发现后的 24 小时之内书面通知分公司客户服务中心，并由责任人在 48 小时内在媒体声明作废，并将作废声明报客户服务中心备案。代理、预约保险单位遗失保单，应由代理、预约保险单位书面通知营业单位的业务经办人或单证管理员，并办理登报声明作废手续。营业单位单证管理员将遗失保单报告及登报作废声明上报分公司客户服务中心。

（6）保险单证的销毁

对于因各种原因停用的重要空白保险单证，应及时收回、整理、处理销毁。单证销毁前要进行清点、登记造册。分公司单证管理员要填制《重要空白保险单证销毁清单》（一式三份），报分公司总经理室审核批准后，将需销毁的保险单证移交行政管理中心，由行政管理中心组织销毁，并由稽核室会同有关部门共同派员监销，参加销毁的人员必须在销毁清册上签名盖章。销毁清册存放在分公司档案室永久保存。对于因条款、费率变动或过时等原因需要销毁的其他保险单证，销毁时参照此条办理。

（7）保险单证的归档

已使用的保险单证由出单人员及时归档。归档的方法：按险种、直接业务、代理、预约保险业务分别归档。对通用保单、各险种专用格式保单归档应区别对待。

① 对通用保单（AHAA）按险种、保单号由小到大顺序（含注销保单全部联次）归档，因打印错误等原因作废的保单（全部联次）按印刷流水号由小到大顺序不分险种另行装订归档。

② 对各险种专用格式保单按保单种类，直接业务、不同的代理、预约保险单位分开，按保单印刷流水号由小到大顺序归档。作废和注销的各联保险单证必须按印刷流水号顺序和正常使用的单证放在一起归档。

正常使用的批单附在相应的保单后归档，作废批单按印刷流水号由小到大顺序不分险种另行归档。保费发票业务联应粘贴在相应的保单或批单上。

同一保单号项下的所有单证的归档顺序为：保单、保险财产清单、被保险人清单、投保单、批单、批改清单、批改申请等，同一保单项下的批单按出单的时间顺序归档。

每年三月前，将上年保单按上述方法整理，并根据厚薄程度每 25 份、50 份或 100 份一本装订成册后归档。每本案卷的第一页要附上承保目录，内容包括保单印刷流水号、保单号、被保险人，并根据上年度的所有装订成册的业务档案登记《承保案卷目录》（供档案查询、档案移交使用）。业务档案保管期不得低于 10 年，2 年以上的业务档案交分公司行政管理中心统一管理。各级单证管理员要严格将业务档案专库存放，保证有关查询、检查。

（8）重要空白保险单证定期检查、审核制度

各营业单位单证管理员每月要充分利用单证系统的功能，对所管单证进行一次盘点，将实际库存与单证收发明细账所记载的数额进行核对后，逐笔录入单证管理系统中的盘点表。盘点中发现问题，应及时查明原因，报分公司客户服务中心。盘点操作之后，须打印

单证盘点表，并由综合部经理及单证管理员共同签字。单证管理员须妥善保管单证盘点表以备检查。

营业单位综合部经理必须每月定期检查本单位各类重要保险单证的使用情况，发现问题马上报告本单位总经理和分公司客户服务中心。

分公司客户服务中心必须每 3 个月对各营业单位保险单证的领用、使用、销号、回收、库存、保管情况进行一次检查，并做好记录备查。

思考题

1. 简述核保的基本内容。
2. 简述核保的基本要求。
3. 讨论汽车核保灰色车辆的处理规定。
4. 讨论保险单证管理的重要性。

第 8 章　机动车辆保险理赔实务

学习目标

- 了解机动车辆保险理赔的一般流程。
- 掌握机动车辆保险理赔的计算方法。
- 熟悉机动车辆保险理赔的内容。

导入案例

发生事故未报警，掉头回家惹麻烦

2010 年 2 月，夏先生为名下的小客车向某保险公司投保了机动车商业险。2010 年 9 月 11 日凌晨 3 时，夏先生驾驶被保险车辆沿河北省涿州市桃园路自东向西行驶至桃园环岛处因采取措施不当与路基转盘相撞，至车辆损坏。事故发生后，夏先生觉得交通事故并未撞伤他人，因此未及时报警，驾车驶离了事故现场，回家睡觉。第二天，夏先生才向交警报案。随后，夏先生到保险公司理赔，遭到拒绝，故夏先生诉至法院，要求保险公司支付车辆维修费 27420 元及拒赔期间的交通费用。

保险公司辩称，夏先生在事故发生后驾车逃跑，事故的性质和原因无法确认，无证驾驶和醉酒驾驶都不能赔偿，在无法排除醉酒和实际驾驶人的情况下，不同意赔付。此外，保险公司还向法院提交事故现场查勘询问笔录，用以证明夏先生在交通事故发生后擅自驾车逃跑。

【法官分析】依据事故现场查勘询问笔录及夏先生本人陈述可知，事故发生后夏先生并没有及时通知保险公司，且也未在第一时间通知交警到场对事故进行处理。可见，在保险事故发生后，夏先生并未及时履行通知义务，并驾车擅自驶离事故现场，导致保险公司无法核实事故发生的性质及原因，故保险公司有权依照双方保险条款的约定，拒绝赔付车辆财产损失保险保险金。据此，夏先生要求保险公司支付维修费的诉讼请求没有得到法院支持。此外，夏先生并未就其主张的交通费提交相应证据予以证明，且该笔费用系基于保险公司违约提出的损失赔偿，故法院也未予以支持。

【法官提示】保险事故的发生是保险人进行理赔的前提，而保险事故发生后出险通知义务是索赔和理赔程序的第一个环节，是投保人、被保险人及受益人负担的合同义务之一。保险事故发生后，首先要确定事故责任及车辆损坏程度与事故发生是否存在直接因果关系，这些都需要投保人在事故发生后及时向公安交警部门及保险公司进行报案，积极配合他们进行事故调查。一旦投保人像本案中的夏先生那样，图一时省事，怠于履行自身义务，驾车驶离，导致事故责任或车辆损失无法查清时，将承担相应的不利后果，如果肇事车辆造成损害后果特别严重，因其行为还有可能被定性为刑事犯罪，将承担相应的刑事责任。

8.1 机动车辆保险理赔概述

8.1.1 保险理赔的概念

保险理赔，指当保险合同所规定的保险事故发生后，保险人履行合同的承诺，对被保险人因事故导致的损失进行经济补偿或给付的处理程序。

保险理赔是保险人损失补偿义务的体现，也是被保险人利益得以保障的体现，更是保险合同法律性的体现。所以，保险理赔必须依据保单条款并结合政府有关法规、法院判决、有关行业权威部门出具的鉴定遵循规范的操作流程进行，确保理赔准确、合理。

8.1.2 机动车辆保险理赔的意义

机动车辆保险理赔工作是保险政策和作用的重要体现，是保险人执行保险合同，履行保险义务，承担保险责任的具体体现。机动车辆保险理赔工作质量好坏，直接影响到保险公司的信誉，对机动车辆保险业务的开展甚至其他产险业务的拓展都有举足轻重的影响，同时也决定了保险公司自身的经济效益。

理赔工作是加强车险防灾减损的重要内容和依据。机动车险理赔工作的主要作用是在保险标的遭受保险责任范围内的自然灾害和意外事故损失后及时给予被保人经济补偿；机动车险理赔工作的另一个作用是在理赔处理过程中和理赔以后能起到加强防灾、减少损失的作用。因为，一方面在事故发生后，保险标的及第三者往往还有加重损失的可能，需要采取必要的抢救和保护措施，尽量挽回部分可以避免的损失；另一方面，通过赔案的处理，可从中吸取经验教训，掌握机动车辆发生事故的规律。如对机动车辆使用性质、车型、车类以及车辆所有权（公有或私有）等进行事故赔案分类，或按事故性质进行分类。通过分类统计，找出机动车辆保险的发展方向。此外，可以通过赔案分类统计，以及典型案例，配合公安交通部门进行机动车辆安全行车教育，提醒广大驾驶员注意行车安全。

理赔工作是检验业务质量，促进业务开展的重要环节。通过理赔可以检查机动车辆承保质量，还可以通过理赔扩大宣传，提高保险公司信誉，促进机动车辆保险业务的拓展。

通过理赔，被保险人所享受的保险利益得到实现，也在一定程度上增强了人们的法律意识。

8.1.3 机动车辆保险理赔的特点

汽车保险与其他保险不同，其理赔工作也具有显著的特点。理赔工作人员必须对这些特点有一个清醒和系统的认识，了解和掌握这些特点是做好汽车理赔工作的前提和关键。

1. 被保险人的公众性

随着我国经济建设的大力发展，人民生活水平稳步提高，我国机动车辆保险的被保险人从曾经的单位、企业扩展到每个领域、每个行业的普通公民，被保险人的社会角色被极大地丰富化。但是，我国的汽车保险的被保险人在购买保险时具有较大的被动色彩，加上文化、知识和修养的局限，他们对保险、交通事故处理、车辆修理等知之甚少。另一方面，由于利益的驱动，检验和理算人员在理赔过程中与其在交流上存在较大的障碍。

2．损失幅度较小但损失率高

汽车保险的另一个特征是保险事故虽然损失金额一般不大，但是，事故发生的频率高。保险公司在经营过程中需要投入的精力和费用较大，有的事故金额不大，但是，仍然涉及对被保险人的服务质量问题，保险公司同样应予以足够的重视。另一方面，从个案的角度看赔偿的金额不大，但是，积少成多也将对保险公司的经营产生重要影响。

3．标的流动性大

由于汽车的功能特点，决定了其具有相当大的流动性。车辆发生事故的地点和时间不确定，要求保险公司必须拥有一个运作良好的服务体系来支持理赔服务，主体是一个全天候的报案受理机制和庞大而高效的检验网络。

4．受制于修理厂的程度较大

保险公司在保险合同项下承担的仅仅是经济补偿义务，对于事故车辆的修理及相关的事宜并没有负责义务。于是，修理厂在机动车辆保险理赔中扮演了很重要的角色，修理厂的修理价格、工期和质量均直接影响汽车保险的服务。

5．道德风险普遍

汽车保险具有标的流动性强，户籍管理中存在缺陷，保险信息不对称等特点，以及汽车保险条款不完善，相关的法律环境不健全及汽车保险经营中的特点和管理中存在的一些问题和漏洞，给了不法之徒可乘之机，汽车保险欺诈案件时有发生。

8.1.4　理赔工作的基本原则

机动车辆理赔工作涉及面广，情况比较复杂，在赔偿处理过程中，特别是在对机动车辆事故进行查勘定损工作过程中，必须提出应有的要求和遵循一定的原则。

① 树立为保户服务的指导思想，坚持实事求是原则。整个理赔工作过程主要体现保险的经济补偿职能作用。当发生交通事故（或机动车辆水灾、火灾事故）后，保险人要急被保险人所急，及时指导和安排保险事故发生后的施救与理赔工作，千方百计避免扩大损失，尽量减轻因灾害事故造成的影响，及时安排事故车辆修复，并保证基本恢复车辆的原有技术性能，使其尽快投入生产运行。同时要及时处理赔案、支付赔款，以保证运输生产单位（含个体运输户）生产、经营的持续进行和人民生活的安定。

在现场查勘、事故车辆修复定损及赔案处理方面，要坚持实事求是的原则，在尊重客观事实的基础上，具体问题作具体分析，即严格按条款办事，又结合实际情况进行适当灵活处理，使各方都比较满意。

② 重合同、守信用、依法办事。保险人是否履行合同，就看其是否严格履行经济补偿义务。因此，保险人在处理赔案时，必须加强法制观念，严格按照条款办事，该赔的一定要赔，而且要按照赔偿标准及规定赔足；不属于保险责任范围的损失，不滥赔，同时还要向被保险人讲明道理；拒赔部分要讲事实、重证据、要依法办事，坚持重合同、守信用，只有这样才能树立保险信誉，扩大保险的积极影响。

③ 坚持实事求是，贯彻“八字”理赔原则。“主动、迅速、准确、合理”是保险理赔人

员在长期的理赔工作实践中总结出的经验，是保险理赔工作优质服务的最基本要求。“主动”就是要求保险理赔人员对出险的案件，要积极、主动地进行调查和现场查勘，掌握出险情况，进行事故分析，确定保险责任。“迅速”，就是要求保险理赔人员查勘、定损处理迅速，不拖沓；在赔案处理过程中要求对赔案核的准，赔款计算及案卷缮制快，复核、审批快，使被保险人及时得到赔款。“准确”就是要求从查勘、定损以至赔款计算，都要做到准确无误，不错赔、不滥赔、不惜赔。“合理”，就是要求在理赔工作过程中，本着实事求是的精神，坚持按条款办事。在许多情况下，要结合具体案情准确定性，尤其是在对事故车辆进行定损过程中，要合理确定事故车辆维修方案。

理赔工作的“八字”原则是辩证的统一体，不可偏废。如果片面追求速度、不深入调查了解，不对具体情况具体分析，盲目结论，或者计算不准确，草率处理，则可能会发生错案，甚至引起法律诉讼纠纷。当然，如果只追求准确、合理、忽视速度，不讲工作效率，赔案久拖不决，则可能造成极坏的社会影响，损害保险公司的理赔形象。总的要求：从实际出发，为保户着想，既要讲速度，又要讲质量。

8.1.5 理赔工作人员应具备的条件

保险公司一般都有专职的理赔人员，经营规模较大的保险公司都设立有专职的理赔部门专门处理赔案工作。机动车辆理赔工作是一项技术性、业务性很强的工作。因此，要求从事机动车辆理赔的人员必须具备以下条件。

① 树立廉洁奉公、秉公办事、认真负责的工作作风。在理赔工作中，理赔人员接触对象广泛，要同保户、修理厂直接打交道，在与不同对象的接触中，也往往是对理赔人员思想觉悟、工作作风的检验。个别人考虑个人利益，为了达到其目的，会以请客送礼、行贿等手段拉拢腐蚀理赔人员。也有个别保户，更多的是第三者受害方无理要求，态度蛮横。因此，理赔工作人员首先应热爱保险事业，关心爱护保险公司声誉，为人正派，实事求是，坚持真理；其次，要热爱机动车辆保险理赔工作，且有从事机动车辆技术工作的实践经验，有一定的工作能力；自觉服从领导，遵纪守法，团结同志，要有任劳任怨的奉献精神，严格按照理赔人员工作守则行事。

② 熟悉保险条款和有关业务规定，有实事求是的工作态度。赔案处理的根据在保险合同条款。理赔人员必须认真领会和掌握保险条款。在现场查勘时，对事故现场情况进行客观地、实事求是的研究分析，在搞清事故出险原因，确定是否属于保险责任后，应合理地确定损失程度，详细鉴定修理范围，制定合适的维修方案，特别是涉及第三者的损失，要本着实事求是精神慎重处理。

③ 熟悉并掌握有关专业知识。机动车辆种类繁多，车型复杂，特别是进口车型，要达到定责定损合理、准确，则要求理赔人员熟练掌握事故查勘要领，掌握和了解我国的道路交通法规及道路交通事故处理办法，熟悉机动车辆构造及其工作原理，了解事故车辆修理工艺，准确制定修理方案，准确掌握汽车配件价格，了解汽车配件市场动态。另外，道路交通事故往往涉及第三者的物体损失及车上货物损失。因此，要求理赔人员还要了解和掌握很多相关的知识，以及赔偿标准。一般来讲，理赔工作质量高低，能否把好理赔出口关，往往取决于理赔人员对所涉及的专业知识熟悉和掌握的程度。如果不懂有关专业知识，定责定损时就会无说服力，人云亦云，不可避免要出现漏洞，影响保险公司的声誉及经济效益。

8.1.6　理赔主要工作内容及流程

机动车辆保险理赔工作的基本流程如下：

接报案→现场查勘→事故原因分析→立案→鉴定损失→收集资料→理赔核算→支付赔款→结案、归档。

相关链接

事故处理及索赔程序

1. 单方事故的处理及索赔程序

单方事故，指不涉及人员伤（亡）或第三者财物损失的单方交通事故。比如：碰撞外界物体，自身车辆损坏，但外界物体无损坏或无需赔偿。

单方肇事是最为常见的一类事故，因为不涉及第三者的损害赔偿，仅仅造成被保险车辆损坏，事故责任为被保险车辆负全部责任，所以事故处理非常简单。

（1）报案。事故发生后，保留事故现场，并立即向保险公司报案。

（2）现场处理。① 损失较小（1 万元以下），保险公司派人到现场查勘，并出具《查勘报告》。② 损失较大（1 万元以上），如查勘员认为需要报交警处理，会向交警部门报案，由交警部门到现场调查取证，并出具《事故认定书》。

（3）定损修理。① 车主将车辆送抵定损中心并同时通知保险公司，定损。② 修理厂修车。③ 车主提车。

（4）提交单证进行索赔。收集索赔资料交保险公司办理索赔手续。

（5）损失理算。保险公司收到齐备的索赔单证后进行理算，以确定最终的赔付金额。

（6）赔付。保险公司财务人员会根据理赔人员理算后的金额，向车主指定账户划拨赔款。

2. 双方事故的处理及索赔程序

双方事故，指不涉及人员伤亡，但涉及第三者财物损失、事故责任明确的双、多方交通事故。比如：车辆追尾，后车负全部责任，对方或两方车辆均损坏；碰撞防护栏，车辆负全部责任，护栏损坏也需赔偿。

（1）报案。① 事故发生后，保留事故现场，并立即向保险公司报案。② 如第三方损失为道路设施或第三方车辆，需向交警部门报案。

（2）现场处理：① 保险公司人员到达现场，并出具《查勘报告》。② 交警部门到达现场，并现场出具《事故认定书》。

注意：一般情况下，如果在向保险公司报案时，保险公司要求向交警报案，保险公司人员无需到现场处理。

（3）第三者修理。① 如果第三者是非机动车，则最好要求保险公司人员在进行现场处理时，直接达成三方（第三者、保险公司、车主）公认的一个核损价格，如果当场不能核定损失，则在进行第三者损失核定的时候或过程中，要求保险公司给出核损价格。注意：如果不经过保险公司允许，自行答应第三者有关索赔金额的承诺，这种承诺保险公司是有权推翻重来的，如果重新核定的价格与第三者的要求有差距，则这个差距会由车主自行承担。②如果第三者是机动车，则要分以下两种情况：第一，如果第三者同意与车主一同前往车主选定的修理厂进行修理，则当场不必支付第三者任何现金；第二，如果第三者要求去自己选定的修理厂进行修理，也就是说第三者将与车主去不同的修理厂进行车辆修理时，则第三者可能要求车主在事故现场先支付一部分修理费用，或称押金或定金，因为担心事后找不到车主或事后车主不认账。切记：现场掏钱，一定要立收据；支付一半的修理费用比较适当（因为也有可能发生事后第三者不认账的情况）。

（4）车辆定损修理。① 将车辆送抵定损中心并同时通知保险公司定损。② 修理厂修车。③ 车主提车。

（5）提交单证进行索赔。收集索赔资料交保险公司办理索赔手续。

（6）损失理算。保险公司收到齐备的索赔单证后进行理算，以确定最终的赔付金额。

（7）赔付。保险公司财务人员会根据理赔人员理算后的金额，向车主指定账户划拨赔款。

3. 多方肇事事故的处理及索赔程序

多方肇事事故，指涉及人员伤亡的双、多方交通事故。

（1）报案。事故发生后，事故各方车辆应停在原地，保留好事故现场，并立即向保险公司和交警部门报案。注意：如有人员伤亡，应立即送往医院，除非事发地段比较荒凉或无车经过，尽量不挪动事故车。因为如果用事故车将伤者送往医院，将造成事故责任无法认定。

（2）现场处理。交警部门到现场调查取证，并暂扣事故车辆、当事司机《驾驶证》和事故车辆《行驶证》。一般情况下，交警处理的事故保险公司查勘人员无需再到现场查勘。

（3）责任认定。交警部门根据事故情况做出责任判断，并向当事各方送达《责任认定书》；如当事各方对事故责任认定不服，应在收到《责任认定书》15日内向交警部门提出复议或向人民法院提出诉讼。

（4）伤者治疗。① 伤情诊断，医生对伤者进行检查，出具《病历》和《诊断证明》，并做出是否住院治疗的决定。② 住院治疗，医生对伤者进行治疗。③ 办出院手续，主治医生认为伤者无需再住院治疗的，伤者应办理出院手续并开具《出院证明》，注明出院后的注意事项，休养时间，护理时间及护理人数。主治医生认为伤者无需再住院治疗的，伤者拒不办理出院手续，赔偿义务人应通知交警部门，从主治医生证明伤者可以出院之日起的费用赔偿义务人可以不负责赔偿，保险公司也不会赔偿。如伤者出院之后需继续治疗的，医生出具《继续治疗费用预估证明》，合理的费用保险公司可以赔付。④ 伤残评定，伤者治疗结束后，可以到相关的鉴定机构进行伤残评定，如达到伤残等级，应取得《伤残等级证明》。⑤医疗担保和预付费用，当肇事各方无法承担医疗费用时，可以向保险公司提出申请预付医疗费用，凭医生出具的《医疗费用预估证明》和已交费用清单可以获得不超过所需费用50%的预付款。⑥医疗核损，保险公司在伤者治疗期间，会派医疗核损人员到医院及交警大队了解伤者的受伤情况和治疗情况，对治疗费用进行预估和监督。

（5）车辆定损修理。① 将车辆送抵定损中心并同时通知保险公司，及时定损。② 修理厂修车。③ 车主提车。

（6）赔偿调解。① 伤者治疗结束后，事故各方可到交警大队申请办理赔偿调解手续，也可到法院提起诉讼。法院及交警大队都会根据事故各方提供的证明材料，依据相关赔偿标准和法规条款进行赔偿调解，当事各方不服的可以向上级人民法院提起诉讼。② 涉及保险赔偿的事故，向法院提起诉讼时，可提请保险公司作为第二被告或第三人。

（7）提交单证进行索赔。付清相关费用，收集索赔资料交保险公司办理索赔手续。

（8）损失理算。保险公司收到齐备的索赔单证后进行理算，以确定最终的赔付金额。

（9）赔付。保险公司财务人员会根据理赔人员理算后的金额，向车主指定账户划拨赔款。

8.2　接受报案

在案件发生后，被保险人向保险人报案，履行如实告知义务，并希望保险人依照承诺进行损失经济补偿。此时，对保险人而言，称为接受报案。接受报案是机动车辆保险理赔的第一步，接受报案的处理流程、信息采集和服务态度直接关系到被保险人对保险人的信任，所以接受报案有着严格的流程和完整的内容体系。

8.2.1　接报案

1. 报案记录

报案记录工作主要内容：询问案情——查询出险车辆承保、理赔情况（包括商业机动车保险和机动车交通事故责任强制保险）——生成相应的报案记录——确定案件类型（本地自赔案、省内通赔案件和省间通赔案件）。

（1）询问案情

询问案情是保险人了解保险事故信息的第一环节，详细、系统、准确、真实、客观地了解事故状况，对保险人合理统筹安排理赔工作起着重要作用。接报案人员在询问案情时主要询问以下信息。

① 报案信息：报案人姓名、报案人联系电话、报案人手机；联系人姓名、联系人电话、联系人手机；报案日期、报案时间、出险日期、出险时间、出险原因等。

② 出险信息：出险地点、本车责任、是否交强险责任、事故经过、事故涉及的损失等。

其中，事故涉及的损失按"本车车损"、"本车车上财产损失"、"本车车上人员伤亡"、"第三者车辆损失"、"第三者人员伤亡"、"第三者车上财产损失"、"第三者其他财产损失"、"其他"的分类方式进行询问。涉及挂车交强险和商业第三者责任险赔付的案件，注意做好挂车报案信息和涉及损失的记录。

③ 保险车辆的有关信息：保单号码、被保险人名称、号牌号码、牌照底色和厂牌型号等。确认报案人提供的保单信息与此次报案系统带出的保单信息是否一致。涉及主车和挂车事故的案件，请同时了解挂车有关信息。

④ 第三方车辆信息及驾驶人员信息：对于涉及第三方车辆的事故，应询问第三方车辆的车型、号牌号码、牌照底色及保险情况（提醒报案人查看第三方车辆是否投保了交强险）等信息。如果第三方车辆也是本公司承保且在事故中负有一定责任，则一并登记，进行报案互碰关联处理。

⑤ 记录事故处理结果。

相关链接

车险询问笔录

被询问人：	性别：　　年龄：	职业：
工作单位：	询问时间：　　年　月　日	询问地点：

1. 请问：你是__________吗？现在能提供证明你身份的证件吗？（身份证、驾驶证等）

回答：

2. 请问：在_____年___月___日_____时_____分左右，是你驾驶______在____发生事故的吗？不是你的话，你知道是谁驾驶在前述地点发生事故的吗？

回答：

3. 请问：你是_________车的车主与被保险人吗？如果不是，请问你与车主、被保险人是什么关系？现在能提供本车车主、被保险人的电话吗？

回答：

4. 请问：在开动____________车前有没有发现本车什么地方有旧损？你是什么时间、地点在谁手中拿到本车的钥匙的？

回答：

5. 请问：车主或被保险人是否知道并同意你这次开本车去办什么事？有没有要求在什么地方、时间交车给谁？

回答：

6. 请问：你在这次驾驶_________车时，准备从哪里到哪里？去办什么事？能否有谁作证？电话多少？发生事故前行驶过哪些路线？

回答：

7. 请问：发生事故时车上有几人？本车上有没有人伤？分别是谁？坐在哪个座位？电话号码是多少？你及前附座有没有系安全带？

回答：

8. 请问：本次事故发生前较近的时间内你在哪里用过餐？吃了些啥？与哪些人一起吃的？能提供他（她）们的电话号码吗？有没有喝酒？

回答：

9. 请问：最近你身体有没有不适过？如果有，有没有就诊治疗过？有没有服用过什么药？

回答：

10. 请问：你在事故发生时的车速有多快？车停下时与事故地点有多远距离？周围有些什么情况？

回答：

11. 请问：在发生事故时你有何感觉？你认为造成本次事故的原因是什么？

回答：

12. 请问：发生事故后，你用什么号码向谁打过电话？所打电话的号码是多少？

回答：

13. 请问：事故发生后你有没有采取施救措施？是如何施救的？

回答：

14. 请问：事故发生后，你驾驶的车是自己熄灭发动机还是你关的？自己熄灭后有没有再起动过，当时发现车辆有哪些部位是本次事造成损坏的？

回答：

15. 请问：事故发生后有没有造成除你驾驶车辆外的其他方受损？分别是哪些？如果有，其他受损方的人员与你当时是如何商议处理的？其他受损方联系方式是什么？

回答：

16. 请问：你所回答及补充说明的是否是真实的事故经过？请确以上面的所有问题与你所有回答的是否一致？如果是一致，你同意签字或按手印确认吗？

回答：

17. 请问：你有什么要补充说明的吗？

回答：

郑重声明：被询问人回答的问题与事实不符，一切后果将自行承担！

被询问人： 询问人：

电话： 电话：

时间： 年 月 日 时间： 年 月 日

（2）查询承保信息

根据报案人提供的保单号码、号牌号码、牌照底色、车型、发动机号等关键信息，查询出险车辆的承保情况和批改情况。特别注意，承保险别、保险期间及是否通过可选免赔额特约条款约定了免赔额。涉及挂车的事故注意查询挂车的承保情况。无承保记录的，按无保单报案处理。

查询条件：可根据投保区域、出险日期、承保机构及单条件、多条件查询保单信息。

投保区域包括：本地保单、临时保单、省内通赔、省间通赔。

单条件查询的内容包括：保单号、车牌号、被保险人、车架号、发动机号。

多条件查询的内容包括：车牌号、车架号、发动机号、VIN 号、号牌颜色、车辆类型。

（3）查询历史出险、赔付信息

查询出险车辆的历史出险、报案信息（包括作为第三者车辆的出险信息），核实是否存在重复报案。对两次事故出险时间相近的案件，应认真进行核查，并将有关情况通知查勘人员进一步调查。

（4）生成报案记录

根据出险车辆的承保情况生成报案记录。① 出险车辆的交强险和商业机动车保险在一个保单号下承保的，生成一条报案记录。② 出险车辆的交强险和商业机动车保险在多个保单号下承保的，在报案时进行本车多保单关联处理，生成一条报案记录。

（5）“通赔”案件转报案

保险车辆在外地出险，按“通赔”实务相关规定处理。

（6）告知客户索赔程序及相关注意事项

① 发生机动车之间的碰撞事故的，应告知客户先通过交强险进行赔偿处理，超过交强险责任限额的部分，由商业保险进行赔偿。符合交强险“互碰自赔”条件的案件应引导客户按照交强险“互碰自赔”规定进行处理。

② 如当事人采取自行协商方式处理交通事故，应告知双方在事故现场或现场附近等待查勘人员；或在规定时间内共同将车开至指定地点定损。

③ 对于涉及人员伤亡，或事故损失超过交强险责任限额的，应提示报案人立即通知公安交通管理部门。

④ 对于通过可选免赔额特约条款约定了免赔额的，如果客户估计的损失金额低于约定的绝对免赔额，应对客户进行如下提示：a.损失金额低于绝对免赔额的保险人不负责赔偿；b.索赔后会引起下一保险期间费率的上涨。

如客户同意放弃索赔，应在报案处理界面上“处理结果”一栏中注明“因绝对免赔额客户同意放弃索赔”，并在报案系统中将报案记录注销，不进行查勘调度。

⑤ 对于超出保险期限，明显不属于保险责任的情况，应向客户明确说明，在报案处理界面上“处理结果”一栏中注明拒赔或不予受理的理由，并在报案系统中将报案记录注销，不进行查勘调度。

2．报案注销

根据《未决赔案管理规定》，符合报案注销条件的，按照规定的报案注销流程上报审批后，由有报案注销权限的操作人员在业务处理系统中进行处理。

报案注销必须满足以下条件之一：① 重复报案；② 不属于保险责任；③ 属于保险责任，但客户放弃索赔；④ 无效报案（客户报错案、接报案人员录入错误、产品线部门出错保单等）。因第①、③项原因注销，要有电话录音和客户书面申请或查勘人员的书面处理意见；因第②项原因注销，要有电话录音或查勘人员的书面处理意见；因第④项原因注销，要有责任人关于发生无效报案的书面说明。

3．涉及单证

接报案涉及的单证包括：《机动车辆保险报案记录（代抄单）》、《机动车辆特约救助书》。

8.2.2 调度

1．调度工作职能

常言道“救灾如救火”，在受理报案后，险情和理赔工作的基本原则要求接受报案的内勤人员主动、积极、迅速地对事故现场查勘、定损工作的人员和相关资料进行调度，以确保在第一时间安排恰当的工作人员进行事故的理赔处理，同时由于现场状况的不明确和复杂性也要求内勤人员随时根据理赔工作需要进行人员资料的再次补充或更改，所以，调度就成了理赔工作中起纽带作用的一个重要环节。调度工作主要包括：分损失项多次多级调度任务；调度查勘任务；调度定损任务；追加查勘任务；追加定损任务；调度任务提交第三方或通赔岗；

省内通赔案件查勘定损任务调度；省间通赔案件查勘任务调度；调度任务改派；调度任务注销；调度任务修改。

2．调度任务处理

（1）调度查勘任务

对属于保险责任范围内的事故和不能确定拒赔的案件，应立即调度查勘人员进行查勘。

① 调度方式。

a．直接调度、多级调度。直接调度，直接将任务分配给查勘机构或人员；多级调度，将任务分配给下一级调度机构或人员，然后由下一级调度机构或人员将查勘任务分配给查勘机构或人员。注意：多级调度人员不能选择本人；分配成功的任务在“查勘调度损失项状态”列表中显示为“查勘调度到人”状态。

b．案件级调度、损失项级调度。调度任务既可以按案件级调度，即以一个案件为单位调度给某组或人员；也可以按损失项调度，即以一个案件中的每个损失项（可以是一个主车，一个三者车，或者一项财产损失）为单位，调度给某组或人员。

② 打印或传送《机动车保险报案记录（代抄单）》给查勘人员。

将事故保险车辆的所有报案记录和承保信息以邮件、传真或打印的方式完整告知查勘人员。

③ 事故涉及人员伤亡的，应及时通知医疗跟踪人员。

事故涉及人员伤亡的，调度时需要先将车辆查勘任务调度到查勘岗，再将人伤任务调度到人伤跟踪岗。

（2）调度定损任务

当需要对未定损车辆发起定损任务时，可以使用调度任务中的“新增定损”将定损任务提交相关定损机构或人员。注意：定损内容应从下拉框里选择，不能手工输入。

（3）调度任务的注销、修改、改派

①“调度注销”、“改派”是当调度出的查勘或定损任务在没有被接收的情况下，调度可以进行调度注销或改派。

调度人员在选定调度任务，填写注销、改派原因后就可以对该任务进行注销、改派处理。注意：调度注销、改派的前提是下一处理机构或人员对该调度任务未接收、未处理。调度注销后的调度任务被置为“未指定接收人”状态等待处理。调度注销、改派一次只能处理一条调度任务。

②“调度修改”是在调度任务中填入的联系人、联系电话或约定查勘地点有变化时，可以通过调度修改功能将需要改动的内容进行修改处理。注意：调度修改，不能修改任务接收机构或人员。

（4）调度任务提交第三方或通赔岗

调度的查勘或定损任务由第三方机构或人员处理时，调度可以选择“第三方”或“通赔岗”。“第三方”代表非本公司的其他约定查勘调度机构或人员，“通赔岗”代表将任务提交给本地通赔岗人员，在由本地通赔岗人员提交给对方通赔岗人员，然后由接收地通赔岗人员将该任务提交查勘定损机构或人员。

（5）其他事项

需要通知承保公司的，应及时通知承保公司有关人员。需要提供救助服务的案件，应立即安排救助。对于客户需要提供救助服务的案件，确认其加保了相应救助服务特约条款的，应立即实施救助调度，并记入《机动车特约救助书》，按救助案件处理。对于未加保相应救助服务特约条款的客户，可协助其与救助单位取得联系。在客户同意支付相关费用的前提下，可以调度救助单位赶赴现场实施救助，但必须在《机动车特约救助书》付费方式一栏，选择“现场收费救助”项目。

3. 调度注意事项

调度应注意以下几点。

① 盗抢任务不能与其他任务同时提交查勘。

② 标的车和三者车进行查勘保存后，不允许在“新增查勘”中再次进行调度，如要修改查勘内容只能通过“查勘修改”功能来实现。

③ “新增定损”包括“新增车辆、财产定损”和“追加车辆定损”两种。“新增车辆定损”时，要判定该车是不是已经查勘，若查勘，应选择“已查勘未定损车辆”中的车牌号。“追加车辆定损”是对已核损通过的车辆追加新的定损任务（增补定损）进行的操作。

8.3 现场查勘

8.3.1 现场查勘概述

现场查勘主要帮助保险人掌握事故现场第一手资料，所以对于保险人判断事故原因、分清事故责任、做出损失核定乃至做出理赔决策起着决定性的作用，现场查勘的合法性、专业性、权威性、准确性直接决定了理赔工作的专业性、权威性和准确性。

8.3.2 工作要点和技巧

1. 查勘前的准备

（1）查阅抄单

① 保险期限。查验保单，确认出险时间是否在保险期限之内。对于出险时间接近保险起止时间的案件，要做出标记，重点核实。

② 承保的险种。查验保单记录，重点注意以下问题：车主是否只投保了交强险或第三者责任险；对于报案称有人员伤亡的案件，注意车主是否投保了车上人员责任险，车上人员责任险是否指定座位；对于火灾车损案件，注意是否承保了自燃损失险。

③ 保险金额、责任限额。注意各险种的保险金额、责任限额，以便在现场查勘时做到心中有数。

（2）阅读报案记录

阅读报案记录要了解以下几项。

① 被保险人名称，保险车辆车牌号。

② 出险时间、地点、原因、处理机关、损失概要。

③ 被保险人、驾驶员及当事人联系电话。

（3）查询涉案车辆历史出险记录

查询涉案车辆历史出险记录，有利于查勘时对可能存在道德风险和重复索赔的案件进行重点跟踪。

① 对报案间距较短的历史信息进行查阅，了解历史损失情况和当时照片反映的车况车貌，为查勘提供参照。

② 查阅涉案车辆近期注销或拒赔案件信息，严防虚假案件。

（4）携带查勘资料及工具

为了有利于准确有效地查勘，查勘人员出发前应该携带必要的相关资料和查勘工具。

① 资料包括：出险报案表、保单抄件、索赔申请书、报案记录、现场查勘记录、索赔须知、询问笔录、事故车辆损失确认书等。

② 工具包括：定损笔记本电脑、数码相机、手电筒、卷尺、砂纸、笔、记录本等。

2．现场查勘

（1）处理现场

① 到达查勘地点后，发现特殊情况，应及时向公司反馈。

② 如果保险标的尚处于危险中，应立即协助客户采取有效的施救、保护措施，避免损失扩大。

③ 有人员伤亡的、造成道路交通设施损坏的、不符合自行协商处理范围的，应提醒客户向交通管理部门报案，并协助保护现场。

④ 因阻碍交通无法保护现场的，查勘员可允许驾驶员将车移至不妨碍交通的地点，在附近等候查勘；若查勘员无法在合理的约定时间赶到现场的，可商定受损车辆到指定定损点进行第二现场查勘，若有必要可约定时间回出险地补看复位现场。

（2）查明肇事驾驶人、报案人的情况

① 查验肇事驾驶人和报案人的身份，核实报案人、驾驶人与被保险人的关系。

② 注意驾驶人员是否存在饮酒、醉酒、吸食或注射毒品、被药物麻醉后使用保险车辆情况，是否存在临时找他人顶替真实驾驶人员的情况。

③ 驾驶证是否有效，一般指驾驶证正页上有效日期是否过期；驾驶的车辆是否与准驾车型相符；驾驶人员是否是被保险人或其允许的驾驶人；驾驶人员是否为保险合同中约定的驾驶人；特种车驾驶人是否具备国家有关部门核发的有效操作证；营业性客车的驾驶人是否具有国家有关行政管理部门核发的有效资格证书。

（3）查验出险车辆情况

① 确认保险标的车辆信息。查验事故车辆的保险情况，号牌号码、牌照底色、发动机号、VIN 码/车架号、车型、车辆颜色等信息，并与保险单、证（批单）及行驶证所载内容进行核对，确认是否就是承保标的。

② 查验保险车辆的行驶证。查验行驶证是否有效，一般指行驶证副页是否正常年检；行驶证车主与投保人、被保险人不同的，车辆是否已经过户；已经过户的，是否经保险人同意并通过批单对被保险人进行批改。

③ 查验第三方车辆信息。涉及第三方车辆的，应查验并记录第三方车辆的号牌号码、车

型，以及第三方车辆的交强险保单号、驾驶人姓名、联系方式等信息。

④ 查验保险车辆的使用性质。车辆出险时使用性质与保单载明的是否相符，两种常见的使用性质与保单不符的情况：a.营运货车按非营运货车投保；b.非营运乘用车从事营业性客运。车辆是否运载危险品；车辆结构有无改装或加装；是否有车辆标准配置以外的新增设备（详见交通管理部门《机动车登记规定》）。

（4）查明出险经过

① 核实出险时间。对出险时间是否在保险有效期限内进行判断，对接近保险起讫期出险的案件，应特别慎重，认真查实。对出险时间和报案时间进行比对，是否超过 48 小时。了解车辆启程或返回的时间、行驶路线、委托运输单位的装卸货物时间、伤者住院治疗的时间等，以核实出险时间。

② 核实出险地点。查验出险地点与保险单约定的行驶区域范围是否相符；是否是营业性修理场所；是否擅自移动现场或谎报出险地点。

③ 查明出险原因。结合车辆的损失状况，对报案人所陈述的出险经过的合理性、可能性进行分析判断，积极索取证明，搜集证据；注意驾驶人员是否存在醉酒或服用违禁药物后驾驶机动车的情况（特别是节假日午后或夜间发生的严重交通事故）；是否存在超载情况（主要是涉及大货车的追尾或倾覆事故，需要对货物装载情况进行清点）；是否存在故意行为（一般是老旧车型利用保险事故更换部分失灵配件或已经索赔未修理车辆通过故意事故重复索赔）；对于公司服务专线提示出险时间接近的案件，须认真核查两起报案中事故车辆的损失部位、损失痕迹、事故现场、修理情况等，确定是否属于重复索赔。

④ 查明事故发生的真实性，严防虚假报案。发生碰撞的，要观察第一碰撞点的痕迹，是否符合报案人所称的与碰撞物碰撞后所留痕迹。因碰撞物的不同，碰撞点往往会残留一定的灰屑、砖屑、土屑、油漆等；发生运动中碰撞的，要重点考虑碰撞部位，如追尾事故因后车在碰撞时紧急制动会导致车头下沉，受损部位往往在保险杠以上更为严重；要对路面痕迹进行仔细观察，保险车辆紧急制动时会在路面留有轮胎摩擦的痕迹，有助于判断车辆发生碰撞前的行驶轨迹。

⑤ 对存在疑点的案件，应对事故真实性和出险经过进一步调查，可查找当事人和目击者进行调查取证，并作询问笔录。

⑥ 如被保险人未按条款规定协助保险人勘验事故各方车辆，证明事故原因，应在查勘记录中注明。

（5）估计事故损失情况

查明受损车辆、货物及其他财产的损失程度，估计事故涉及的各类损失金额，按查勘任务对应的损失标的为单位记录估损金额。记录、核定施救情况。

（6）初步判断保险责任

① 对事故是否属于保险责任进行初步判断。应结合承保情况和查勘情况，分别判断事故是否属于机动车交通事故责任强制保险或商业机动车保险的保险责任，对是否立案提出建议。对不属于保险责任或存在条款列明的责任免除的、加扣免赔情形的，应收集好相关证据，并在查勘记录中注明。暂时不能对保险责任进行判断的，应在查勘记录中写明理由。

② 初步判断责任划分情况。交警部门介入事故处理的，依据交警部门的认定；当事人根据《交通事故处理程序规定》和当地有关交通事故处理法规自行协商处理交通事故的，应协

助事故双方协商确定事故责任并填写《协议书》。对当事人自行协商处理的交通事故，如发现责任划分明显与实际情况不符，缩小或扩大责任的，应要求被保险人重新协商或由交警出具交通事故认定书。

（7）拍摄、上传及分拣事故现场、受损标的照片

① 对车辆和财产损失的事故现场和损失标的进行拍照。第一现场查勘的，应有反映事故现场全貌的全景照片（按拍摄要求：依次为左前、右前、左后、右后拍事故现场及事故车外貌，尽量反映出损失部位），反映受损车辆号牌号码，车辆、财产损失部位、损失程度的近景照片（拍摄时将车辆分为外观、底盘、内部、内饰、或分为车头、车尾、车左侧、车右侧、车底灯几个部分分别拍摄）；非第一现场查勘的，事故照片应重点反映受损车辆号牌号码，车辆、财产损失部位，损失程度的近景照片。对车辆牌照脱离车体、临时牌照或无牌照的车辆、全损车、火烧车及损失重大案件，要求对车架号、发动机号进行清晰的拍照。

② 拍摄相关证件及资料。保险车辆的行驶证（客运车辆准运证）、驾驶人的驾驶证（驾驶客运车辆驾驶人准驾证，特种车辆驾驶人操作资格证）；交警责任认定书、自行协商协议书、其他相关证明。查勘人员应将此环节相关证件、资料尽可能的拍照，照片汇总到车险理赔系统后，有利于核损、核赔环节从系统中进行审核。

③ 查勘现场照片拍摄的要求。拍摄第一现场的全景照片（能正确反映现场所处的位置）、痕迹照片、物证照片和特写照片；拍摄能反映车牌号码与损失部分的全景照片，为使车牌号码与损失部分在一张照片上反映出来，一般按受损部位一边的 45 度角对全车进行拍照；拍摄能反映车辆局部损失的特写照片；拍摄内容与交通事故查勘笔录的有关记载相一致；拍摄内容应当客观、真实、全面地反映被摄对象，不得有艺术夸张；拍摄痕迹时，可使用比例尺对高度、长度进行参照拍摄。

④ 查勘照片上传及分拣应该注意：相关证件及资料照片，应该在索赔清单中勾选，在单证资料上传中上传，并分拣到相应项目中；主车、现场查勘、痕迹对比及财产损失照片，分拣到涉案车辆（主车）中，三者车查勘照片分拣到涉案车辆（三者车）中。

（8）缮制查勘记录

① 根据查勘内容填写《查勘记录》，并争取报案人签字确认。查勘员应尽量详细填写《查勘记录》，以保证录入系统时查勘资料的完整性。

② 重大、复杂或有疑点的案件，应在询问有关当事人、证明人后，在《机动车保险车辆事故现场查勘询问笔录》中记录，并由被询问人签字确认。

③ 重大、出险原因较为复杂的赔案应绘制《机动车保险车辆事故现场查勘草图》。现场草图要反映出事故车方位、道路情况及外界影响因素。

④ 对 VIP 客户案件或小额赔案制定优先处理流程的，应在查勘记录中注明案件处理等级。

3. 指导报案人进行后续处理

（1）告知赔偿顺序

① 发生机动车之间碰撞事故的，应告知客户先通过交强险进行赔偿处理，超过交强险责任限额的部分，由商业保险进行赔偿。

② 交强险未在本公司承保的，应指导客户向交强险承保公司报案，由交强险承保公司对

第三者损失先行定损。

③ 符合交强险互碰自赔处理条件的，应向客户告知互碰处理后续流程。

（2）向报案人提供《机动车保险索赔须知》和《机动车保险索赔申请书》

① 在《索赔须知》中完整勾选被保险人索赔时需要提供的单证，双方确认签字后交被保险人或报案人。

② 指导报案人填写《索赔申请书》，告知报案人交被保险人签名或盖章后，在提交索赔单证时一并向保险人提供。

（3）告知客户后续理赔流程

① 查勘时不能当场定损的，查勘人员应与被保险人或其代理人约定定损的时间、地点；对于事故车辆损失较重，需拆检后方能定损的案件，应安排车辆到拆检定损点集中拆检定损。

② 向客户推荐公司特色理赔方案，引导客户选择快速、便捷的“一站式”后续服务。

③ 对于明显不属于保险责任或存在条款列明除外责任的，应耐心向客户解释，争取客户同意注销案件。

4. 涉及单证

现场勘查涉及的单证：《机动车保险事故现场查勘记录》及《附页》、《机动车保险事故现场查勘草图》、《机动车保险事故现场查勘询问笔录》及《附页》、《机动车保险快捷案件处理单》、《索赔申请书》、《机动车保险索赔须知》。

相关链接

交通事故现场

根据发生事故后现场的变化情况，交通事故现场可分为原始现场和变动现场。

原始现场是指事故发生后，车辆、人、畜和一切与事故有关的物体仍保持事故发生后的最初状态。

变动现场是指由于某种原因，使事故的原始状态发生部分或大部分更改。更改事故原始状态的原因通常有如下几种情形。

抢救受伤者：为了抢救事故受伤者而转移有关物体的位置或变更死者原来的倒卧位置。

保护不当：由于未及时封闭现场，有关痕迹被来往车辆和行人碾踏，使痕迹不清或消失。

自然破坏：由于雨雪等自然因素，使事故痕迹不清或消失。

允许变动：有特殊任务的车辆，如消防、警备、救险等车辆肇事后经允许驶离现场，或为了避免交通阻塞允许移动车辆或有关物体。

车辆驶离：发生事故后，驾驶员无意（未发觉）或有意（逃避责任）将车辆驶离现场。

伪造、变造现场：事故当事人为逃避责任或骗取保险赔偿金而采取的毁灭证据、嫁祸于人的行为，有意伪造或变动现场上的痕迹物证，致使现场的变动。

8.4 立案

8.4.1 立案前的准备

立案前的准备工作包括以下几点。

① 接收查勘资料，包括查勘记录及附页、查勘照片、询问笔录，以及驾驶证、行驶证照

片、复印件等。确保立案人员充分掌握查勘信息。

② 查阅出险车辆的承保信息。

③ 查阅出险车辆的历史赔案信息。

8.4.2　立案处理

1．判断保险责任

结合保险车辆的查勘信息、承保信息及历史赔案信息，分别判断事故是否属于商业机动车保险和机动车交通事故责任强制保险的保险责任，并选择正确的出险标志（商业＋交强或交强或商业）。

经查勘人员核实的重复报案、无效报案、明显不属于保险责任的报案，应提交客服专线进行报案注销处理。

2．录入估损信息

应区分交强险、商业车损险、商业三者险和车上人员责任险等险别，分别录入或调整估损金额。

（1）立案基本信息

立案估损信息页中第一部分为立案基本信息，损失分类可以选择“全损”、“非全损”、“玻璃独碎”和“盗抢”，赔案类别、出险区域、商业险赔偿责任、交强险赔偿、出险标志和出险原因都为可选项。立案处理人员可以根据实际情况进行录入。

（2）估损项

估损项，分为涉案车辆、财产损失、人员伤亡 3 部分。可以单击进入“车辆资料”选框查看具体损失。

（3）险别估损信息

估损金额按照承保险别分项录入，可进行修改，点击调整原因按钮输入调整原因，费用估损应填入除施救费以外的合计费用估损金额。车险理赔系统中要求录入的“估损金额”指赔案涉及保险财产（责任）的损失金额；“估计赔款”指考虑事故责任比例、免赔和保险金额（责任）限额等综合情况后公司应赔付的金额。比如：某事故我方负主要责任，责任比例为 70%，第三者损失 70 万元（承保的第三者责任限额为 50 万元），则车险理赔系统中第三者责任险项下估损金额录入为 70 万元，估计赔款录入为 49 万元。

（4）立案建议

可选择部分分为“需要追偿”和“巨灾代码”两部分，如果选择“追偿”，提交立案任务时将产生一条追偿任务。保险事故属于巨灾风险的，可选择对应的巨灾代码填入，便于统计巨灾损失。

8.4.3　立案处理时限

一般情况下应于查勘结束后 24 小时内立案，最晚于接报案后 3 日内，进行立案或注销处理；查勘所涉及的单证可在立案同时或之后收集。

根据《未决赔案管理规定》，如果车险报案后超过 14 天（对应 10 个工作日）仍未立案，车险理赔系统将不能直接进行立案处理。需要立案时，应按规定流程履行上报审批手续后，由有延时立案权限的操作人员在系统中进行处理。

新车险理赔系统中高级立案岗具有延时立案处理的权限，各省分公司可以根据授权情况设立相应的高级立案岗人员，超过省级分公司授权时限的案件提交总公司进行立案处理。

8.4.4 立案状态调整、立案注销、注销恢复、拒赔

1. 立案状态调整

立案后，应根据案情对出险标志进行调整，或调整估损金额。

2. 立案注销

根据《未决赔案管理规定》，符合立案注销条件的，按照规定的立案注销流程上报审批后，由有立案注销权限的操作人员在系统中进行处理。

立案注销必须满足以下条件之一：① 不属于保险责任；② 属于保险责任，但客户放弃索赔；③ 客户已报案，但自出险之日起两年内未提交索赔申请书及相关理赔单证的案件（无论客户是否已经在现场查勘报告及出险通知书上签字）；④ 无效数据（垃圾数据）。

因第①项原因注销，要有查勘或立案人员的书面意见；因第②项原因注销，要有客户的电话录音或书面文件，或查勘、立案人员的书面处理意见；因第③项原因注销，要有业务人员催办客户提交相关文件的往来信函或电话录音；因第④项原因注销，要有原录入人员签署的对输入错误的说明。

尚未核赔通过的计算书，或者立案已处理的案件，可以通过“立案注销拒赔登记”来进行立案注销操作。注销之后的案件不能再产生结案任务，并且所有的工作流节点都被注销，为失效状态；已经结案或核赔通过已送收付费系统的案件不能进行立案注销拒赔登记。

立案拒赔、注销原因：可选择部分分为“不属于保险责任”、“确认客户放弃索赔”、“超过索赔时效”、“无效数据”、“绝对免赔注销”五类。任务类型分为“客户申请注销”、“公司内部注销”、“案件拒赔”、“部分拒赔”四类。

3. 立案注销恢复

根据《未决赔案管理规定》，因上述立案注销条件第①～③项注销的赔案可以恢复；因第④项原因注销的赔案不得恢复。即对于不属于保险责任；属于保险责任，但客户放弃索赔；客户已报案，但自出险之日起两年内未提交索赔申请书及相关理赔单证原因的案件，按照规定的立案注销恢复流程履行报批手续后，由有立案注销恢复权限的操作人员在业务系统中进行处理。

4. 立案拒赔

对于不属于保险责任范围的事故，由有立案拒赔权限的操作人员在系统中做出拒赔进行处理。

8.4.5 涉及单证

立案涉及的单证包括：《延时立案申请表》、《报案注销申请表》、《立案注销申请表》、《报案注销恢复申请表》、《立案注销恢复申请表》。

8.5 定损

8.5.1 定损工作的内容

① 查阅查勘记录、承保情况、历史出险记录。了解事故损失情况和查勘员查勘意见；损失所对应的险别及赔付限额；历史出险记录是否有损失情况类似的可疑案件。

② 确定受损机动车和其他财产的损失情况，并对损失项目进行拍照。

③ 与客户协商确定修理方案，包括确定修理项目和换件项目。对需要询价、报价的零部件向报价岗询价、报价。确定修理工时费。与保险事故有关各方协商修理费用，协商一致后签订《机动车保险车辆损失情况确认书》。

④ 对需要核损的案件提交核损岗核损。

⑤ 引导客户选择保险公司合作修理厂进行事故车辆维修。

⑥ 对修复车辆进行复检和损余回收。

⑦ 确认施救费用。

8.5.2 工作要点和技巧

1. 机动车辆定损

（1）查阅查勘记录、承保情况、历史出险记录

① 查阅查勘记录，了解事故损失情况和查勘员查勘意见，对非本次事故的损失不予确定。

② 查看保险车辆承保情况，确定损失所对应的险别和赔付限额。定损时属于未承保险别的损失项应不予赔付（常见车上人员伤亡、新增设备损失、发动机进水损失），且定损金额不应超过各险别的最高赔付限额。

③ 仔细查阅涉案车辆出险记录，避免重复索赔，常见的情况是已经另案定损但未修理又发生事故；历史案件中定损更换的零件只是修理未更换。

（2）对受损车辆拍照，并对照片进行上传和合理分拣

① 定损人员使用数码相机拍摄照片时，相机应正确设置拍照日期，并尽量按一定顺序（比如从前到后，由外到内）对受损车辆进行拍照。

② 定损照片需含有能清晰反映车辆号牌的整车照片，受损部位的整体照片，能正确反映零部件的损失数量和受损程度的照片。

③ 对价值较高（单件超过 1000 元，各分公司可以根据实际情况调整）的受损零部件和需要更换的零部件、残损零配件等应单独拍照；发动机、蓄电池等内部件损坏，拆检前应掀起发动机罩拍摄全景受损照片；变速箱底壳、车架等底盘件受损，拆检前应上举升架拍摄全景受损照片；更换挡风玻璃的，要求对玻璃标记拍照，以便分辨国产或进口玻璃。

④ 每辆受损车辆应确定 1～2 张有代表性的标记照片，重点反应受损车辆损失概况。

⑤ 定损员应按照精简、高效、准确反映受损情况的原则做好待上传照片的筛选工作，严格控制上传车险理赔系统的照片数量。

⑥ 对于上传的案件照片，应该合理分拣。将车辆损失照片分拣到相应的涉案车辆中；对

于价值较高的受损零部件和需要更换的零部件、残损零配件照片，应在定损后，分拣到对应的定损项中。

（3）确定车辆损失情况

① 车辆定损基本原则。修理范围仅限于本次事故中所造成的车辆损失；能修理的零部件，尽量修复，不要随意更换新的零部件；能局部修复的不能扩大到整体修理；能更换零部件的坚决不能更换总成件；根据修复工艺难易程度，参照当地工时费用水平，准确确定工时费用；准确掌握汽车零配件价格。

② 确定保险车辆和三者车辆损失项目。注意在定损项目中剔除保险车辆标准配置以外的新增设备损失（未承保新增设备损失险）；区分事故损失与机械损失的区别（如机械故障、机械本身的损失、轮胎自爆轮胎的损失、锈蚀零部件的损失）；剔除保险条款中的除外责任所对应的损失（如发动机进水造成发动机的损失）；对照历史案件信息，剔除本次损失中重复索赔的项目。

③ 与客户协商确定修理方案，包括换件项目、修理项目、检修项目。坚持修复为主的原则，如客户要求将应修零部件改为更换时，超出部分的费用应由其自行承担，并在《机动车保险车辆损失情况确认书》中注明。

④ 残值的处理。残值折归被保险人的，应合理作价，并在定损金额中扣除；保险公司回收残值的，按照损余物资处理规定做好登记、移交工作。对于可修可换的零部件定损为更换的，尤其是一些价值较高的零部件，为防止道德风险，应要求回收残值。

⑤ 对更换零部件进行询价、报价。属上级公司规定的报价车型和询价范围的，向上级公司询价。不属上级公司报价范围的，根据当地报价规定，核定配件价格。上级公司对于询价金额低于或等于上级公司报价金额的进行核准操作；对于询价金额高于上级公司报价金额的，应逐项报价。

⑥ 工时费的确定。工时费的定价应以当地修理行业的平均价格为基础，并适当考虑修理厂的资质，与被保险人协商确定。一般轻微事故，可按维修项目分项定价；对重大事故的定损，应采取工时费包干的办法与修理厂进行谈判，一般应先谈妥工时费再拆解事故车辆，避免给谈判不成变更修理厂时带来被动。

⑦ 对超权限案件提交核损岗进行核损。核损未获通过的，按核损员要求对定损项目进行重新确定。

⑧ 出具《损失情况确认书》。核损通过后，可根据换件项目、修理项目的有关内容，与被保险人签订《机动车保险车辆损失情况确认书》（含零部件更换项目清单和修理项目清单）。《机动车保险车辆损失情况确认书》一式两份，经被保险人签字确认，保险人、被保险人各执一份。

（4）车辆送修

① 应主动向被保险人推荐与保险公司建立合作关系的协作修理厂。

② 投保人在投保时选择专修厂修理，应推荐具有保险车辆专修资格的修理厂。

③ 被保险人要求推荐、招标修理厂修理的，推荐、招标的修理厂应尽量选择资质为一级的汽车修理厂或专业汽车维修站，不得选择资质低于二级的汽车修理厂。

（5）修复车辆的复检

事故车辆修复完工，客户提取车辆之前，可选择安排车辆复检，即对维修方案的落实情况、更换配件的品质和修理质量进行检验，以确保修理方案的实施，零配件修理、更换的真实性，防范道德风险的发生，保证被保险人的利益。

在非协作修理厂修理的事故车辆，对单件损失金额较高的配件，为确保车辆按照定损要求修理，应该在修复完工后，进行车辆关键零部件的复检，确保已经更换新的配件。

复检的结果应在定损单上注明。如发现未更换定损换件或未按定损价格更换正厂件，应在定损单上扣除相应的差价。

（6）车辆定损时应注意的几个问题

① 追加定损。受损车辆解体后，如发现尚有因本次事故损失的部位没有定损的，经定损员核实后，可追加修理项目和费用。追加定损时，应注意区分零部件损坏是在拆检过程中、保管过程中、施救过程中发生，还是保险事故发生时造成的。

② 经保险人同意，对保险事故车辆损失原因、损失程度进行鉴定的费用可以负责赔偿。

③ 自行送修车辆的定损。受损车辆未经保险公司和被保险人共同查勘定损而自行送修的，根据条款规定，保险人有权重新核定修理费用或拒绝赔偿。在重新核定时，应对照查勘记录，逐项核对修理项目和费用，剔除其扩大修理和其他不合理的项目和费用。

2．非车辆财产损失的确定

第三者财产和车上货物的损失，应会同被保险人和有关人员逐项清点。

① 确定损失数量、损失程度和损失金额。同一保险标的要注意避免重复赔偿。

② 超过本级处理权限的，应及时报上级进行定损或核损。

③ 制作《机动车保险财产损失确认书》一式两份，由被保险人签字确认，保险人、被保险人各执一份。

财产损失的确定应注意以下几点。

① 损失修复原则。第三者财产和车上货物的恢复以修复为主；无法修复和无修复价值的财产可协商折价进行赔偿。

② 确定物损数量。交通事故中常见的财产损失有普通公路路产、高速公路路产、供电通信设施、城市与道路绿化等。相关财产的品名和数量可参照当地物价部门列明的常见品名和配套数量。受损财物的数量确定还必须注意其计算方法的科学性、合理性。

③ 损失金额的确定。对于出险时市场已不生产销售的财产，要依据原产品的主要功能和特性，使用市场上同类型产品替代。定损金额以出险时保险财产的实际价值为限。

④ 维修方案的确定。根据损失项目、数量、维修项目和维修工时及工程造价确定维修方案。对于损失较大的事故或定损技术要求较高的事故，可委托专业人员确定维修方案。

⑤ 常见财产损失处理办法。a.市政和道路交通设施，如广告牌、电灯杆、防护栏、隔离桩、绿化树等，定损中按损坏物产的制作费用及当地市政、路政、交管部门的赔偿标准核定。b.房屋建筑。了解房屋结构、材料、损失状况，然后确定维修方案，聘请工程专业人员根据维修方案制作预算，在合理预算的基础上与损失方协商达成赔偿协议。c.道旁农田庄稼。在青苗期按青苗费用加上一定的补贴即可，成熟期的庄稼可按当地同类农作物平均产量测算定损。d.家畜、牲畜。牲畜受伤以治疗为主。受伤后失去使用价值或死亡的，凭畜牧部门证明或协商折价赔偿，公路上散养的家畜不在赔偿范围之内。e.车上货物及其他货品。应根据不同的物品分别定损，对一些精密仪器、家电、高档物品等应核实具体的数量、规格、生产厂，

可向市场或生产厂了解物品价格。另外，对于车上货物还应取得运单、装箱单、发票，核对装载货物情况，防止虚报损失。

3. 施救费用的确定

（1）施救费用的界定

施救费用，指当保险标的遭遇保险责任范围内的灾害事故时，被保险人或其代理人、雇佣人员等为防止损失的扩大，采取措施抢救保险标的而支出的必要、合理的费用。

必要、合理的费用是指施救行为支出的费用是直接的、必要的，并符合国家有关政策规定。

（2）施救费用的确定

施救费用的确定要严格依照条款有关规定，并注意以下几点。

① 被保险人使用他人（非专业消防单位）的消防设备，施救保险车辆所消耗的费用及设备损失可以赔偿。

② 保险车辆出险后，雇用吊车和其他车辆进行施救的费用，以及将出险车辆拖运到修理厂的运输费用，在当地物价部门颁布的收费标准内负责赔偿。

③ 在施救过程中，因施救而损坏他人的财产，如果应由被保险人承担赔偿责任的，可酌情予以赔偿。但在施救时，施救人员个人物品的丢失，不予赔偿。

④ 施救车辆在拖运受损保险车辆途中发生意外事故造成的损失和费用支出，如果该施救车辆是被保险人自己或他人义务派来抢救的，应予赔偿；如果该施救车辆是有偿服务的，则不予赔偿。

⑤ 保险车辆出险后，被保险人赶赴肇事现场处理所支出的费用，不予负责。

⑥ 只对保险车辆的施救费用负责。保险车辆发生保险事故后，涉及两车以上的应按责分摊施救费用。受损保险车辆与其所装货物（或其拖带其他保险公司承保的挂车）同时被施救，其救货（或施救其他保险公司承保的挂车）的费用应予剔除。如果车货之间的施救费用分不清楚，则应按保险车辆与货物（其他保险公司承保的挂车）的实际价值进行比例分摊赔偿。

⑦ 保险车辆为进口车或特种车，发生保险责任范围的事故后，当地确实不能修理，经保险公司同意去外地修理的移送费，可予负责，并在定损单上注明送修地点和金额。但护送车辆人员的工资和差旅费，不予负责。

⑧ 施救、保护费用与修理费用应分别理算。当施救、保护费用与修理费用相加，估计已达到或超过保险车辆的实际价值时，可按推定全损予以赔偿。

⑨ 车辆损失险的施救费是一个单独的保险金额，但第三者责任险的施救费用不是一个单独的责任限额。第三者责任险的施救费用与第三者损失金额相加不得超过第三者责任险的责任限额。

⑩ 施救费应根据事故责任、相对应险种的有关规定扣减相应的免赔率。

⑪ 重大或特殊案件的施救费用应委托专业施救单位出具相关施救方案及费用计算清单。

4. 医疗跟踪与医疗费用的核算

（1）医疗跟踪

医疗跟踪，指保险车辆发生事故，造成人身伤亡的，由医疗跟踪人员对伤亡人员的抢救、治疗过程，死亡原因的鉴定和伤残等级的评定，以及相关费用的使用情况进行跟踪的过程。医疗跟踪的主要内容有：① 了解伤者基本情况、伤情程度；② 跟踪伤者治疗过程，协调对伤者的抢救和治疗方案；③ 告知保险人可承担的医疗费用范围；④ 对死亡原因的鉴定和伤残等级的评定进行跟踪和调查。

（2）医疗跟踪工作要点和注意事项

客服专线接到涉及人员伤亡的报案后，在调度查勘人员的同时，调度医疗跟踪人员对人员伤亡情况进行查勘。医疗跟踪人员对需进行住院治疗的人员及时启动重大伤人案件医疗跟踪流程。查勘定损人员要及时（第一时间）将所有涉及人员伤亡的资料、情况移交医疗跟踪人员，并作好交接登记。

医疗跟踪人员接到通知后，应及时与报案人（被保险人）联系，核对下列基本情况：①保险险种、保险标的、被保险人、保险单号码（交强险/商业险）、保险期限；② 出险时间、出险地点、出险原因、事故处理机关；③ 伤亡人员数量、伤亡者姓名、伤势程度、救治医院；④ 报案人（被保险人）及伤亡者联系人的联系方式。

医疗跟踪人员根据报案及了解的信息，及时赶赴医院。根据患者的伤势程度，估计损失金额。对有保险定点医院的，根据报案及了解的信息，在院医疗保险办公室的配合下，确认伤者为保险患者，双方在通知单中签字，院方按照定点医院管理办法和协议内容实施治疗方案。

医疗跟踪人员对住院治疗的伤者，实施从住院到出院的全程跟踪。伤者入院后原则上 24 小时内开展医疗跟踪，特重伤者应在离开监护室的两天内进行跟踪，并根据需要给伤者的伤势部位拍照。跟踪了解内容包括：① 被保险人的详细资料、出险时间、出险地点及出险原因；② 伤者姓名、性别、年龄、身份证号码、伤者出险时受伤情况、入院诊断、记录入院时的时间；③ 伤者工作单位、工资标准及工种、家庭情况（重点了解有无抚养义务情况）、护理人员情况（护理级别、护理人员姓名、工作单位、工资标准、护理时间）。

伤者入院后原则上每周跟踪一次，并填写《伤残人员医疗跟踪调查表》，对当前的治疗原则、治疗项目、用药范围、床位及护理级别、已发生的医疗费用详细记录，不合理费用要及时与经治医生沟通，修改治疗方案，并告知伤者及被保险人，并在表中注明。

伤者出院 3 日内，原则上完成《伤残人员医疗跟踪调查表》，条件允许的情况下，将伤者住院病历复印件、医疗费用清单一并转入资料收集或理算环节。

5．定损方式选择

（1）修复定损

“修复定损”是一般定损方式，选择“修复定损”需要进入第三方定损工具定损，损失确认单有详细更换项目和维修项目的明细。

（2）协议定损

“协议定损”只分别录入换件金额和工时费的总价，选择“协议定损”不能进入第三方定损工具，不录入更换项目和维修项目的明细。

（3）推定全损

“推定全损”只录入总定损金额。选择“推定全损”也不能进入第三方定损工具。

8.5.3　涉及单证

定损涉及单证：《机动车保险车辆损失情况确认书》、《零部件更换项目清单（代询价单）》、《修理项目清单》、《机动车保险快捷案件处理单》、《机动车保险车辆损失情况简易确认书》。

8.6 核损

8.6.1 核损工作职能

运用车险理赔系统对定损岗或报价岗提交的案件进行同步核损，实现理赔管控高时效、管控手段前端化。

检查查勘定损员是否按查勘定损规范完成现场查勘、定损，查勘定损资料是否上传完全。

通过审核承保情况、报案情况、查勘情况、历史出险记录等信息，审核事故是否属于保险责任，案件是否存在虚假成分。对可疑案件督促查勘员进行现场查勘或复勘。

审核定损结果的合理性、准确性。对不合理、不准确的部分进行核损修改，并要求定损员按核损结果重新核定损失。

8.6.2 工作要点和技巧

1. 对是否属于保险责任的复核

综合承保、报案、查勘、历史出险记录等环节的信息，判断事故是否属于保险责任，案件是否存在虚假成分。

① 浏览保单承保险别，审核事故损失是否能对应相应的承保险别，损失金额是否超过了对应险别的最高赔付限额。

② 查看保险期限，对邻近保险起期或止期的保险事故应提高警惕，要对查勘情况进行重点审核。

③ 核对被保险人与行驶证车主是否相符，不相符的是否已经过户，已经过户的有没有变更被保险人的批单。

④ 检查驾驶证、行驶证是否有效。

⑤ 检查事故现场照片是否符合拍摄规范（有无带车牌号的整车照片、拍摄能不能反映事故发生的全貌等），照片日期是否可疑（照片日期在报案时间之前的可能是虚假案件）。

⑥ 通过事故现场照片、查勘记录分析事故成因，判断是否存在虚假成分。需要现场复勘的，可联系查勘人员进行恢复现场复勘。

⑦ 对历史出险信息进行查阅，检查是否存在重复索赔的情况。

2. 对车辆定损结果的复核

（1）审查定损清单及事故照片

审查定损员上传的初（估）定损清单及事故照片的完整性，如上传资料不能完整反映事故损失的各项内容，或照片不能完整反映事故损失部位和事故全貌，应通知定损员补充相关资料。

（2）换件项目的复核

① 剔除应予修复的换件项目（修复费用超过更换费用的除外）。

② 剔除非本次事故造成的损失项目。

③ 剔除历史信息中已经定损更换但修理时未更换的重复索赔损失项目。

④ 剔除可更换零部件的总成件。根据市场零部件的供应状况，对于能更换零配件的，不更换部件；能更换部件的，不更换总成件。

⑤ 剔除保险车辆标准配置外新增加设备的换件项目（加保新增设备损失险除外）。

⑥ 剔除保险责任免除部分的换件项目。如车胎爆裂引起的保险事故中所爆车胎，发动机进水后导致的发动机损坏，自燃仅造成电器、线路、供油系统的损失等。

⑦ 剔除超标准用量的油料、辅料、防冻液、冷媒等。如需更换汽车空调系统部件的，冷媒未漏失，可回收重复使用处理等。

（3）车辆零配件价格的复核

① 车辆零配件价格的复核应该以定损系统本地化价格为依据，并在一定范围内上下浮动。已经经过报价的，以报价金额为准。

② 对于保单有特别约定的，按照约定处理，如专修厂价格，国产或进口玻璃价格等。

③ 残值归被保险人的，对残值作价金额进行复核。

（4）维修项目和方式的复核

① 应严格区分事故损失和非事故损失的界限，剔除非本次事故产生的修理项目。

② 应正确掌握维修工艺流程，剔除不必要的维修、拆装项目。

（5）维修工时和单价的复核

① 对照事故照片及修理件的数量、损坏程度，剔除超额工时部分。

② 以当地的行业维修工时标准为最高上限，参照出险地当时的工时市场单价，剔除超额单价部分。

3．车辆全损或推定全损的复核

（1）全损/推定全损的条件

① 事故车辆无法施救。

② 保险车辆的施救费用达到或超过保险事故发生时车辆的实际价值。

③ 事故车辆修理费用达到或超过保险事故发生时事故车辆的实际价值。

④ 当事故车辆修理费用与施救费用之和，达到或超过保险事故发生时事故车辆的实际价值时，可以与被保险人协商采取推定全损处理。

（2）全损或推定全损的计算

① 被保险人收回残余物资，定损金额=实际价值-残值。

② 保险人收回残余物资，定损金额=实际价值。

4．其他财产损失的复核

其他财产主要包括第三者非车辆财产和承运的货物。其他财产的核损主要包括损失项目和数量、损失单价，维修方案或造价的核损。可参照《非车险理赔实务指南》的定损规范处理。

5．对医疗费用的复核

医疗审核，指保险事故发生后，对受害人的医疗费用，按条款约定进行核审的过程。医疗费用主要包括医药费、诊疗费、住院费、住院伙食补助费、后续治疗费、整容费、必要的营养费等。

（1）医疗审核的依据

医疗审核的依据包括：① 保险条款的约定；② 国务院卫生主管部门组织制定的《交通事故人员创伤临床诊疗指南》、《最高人民法院关于审理人身损害赔偿案件适用法律若干问题的解释》等国家法律法规；③ 国家基本医疗保险标准、各省或地市基本医疗保险标准。

（2）医疗审核的内容和标准

① 医药费审核。医药费参照医保标准，根据医保用药范围审核。a.剔除非医保类药（或丙类药）部分和乙类药品的自费部分及其他非医保范围费用。b.剔除治疗非本次保险事故导致的创伤或与本次损伤无关的疾病，或者故意拖延出院时间而延长住院的医药费。c.剔除无原医院证明的擅自住院、转院、再诊、外购药品费用。d.剔除医嘱中记载的医疗活动项目与费用明细中不相符的项目和药品费用。e.剔除住院期间的伙食费（在住院伙食补助中给予赔偿）。

② 诊疗费审核。a.剔除超过医保标准范围的诊疗费及其他费用。b.剔除超过当地物价管理部门核定标准的会诊费。

③ 住院费审核。剔除超过医保标准的床位费及其他费用。床位费按住院天数和当地医保标准的单价计算。

④ 住院伙食补助费、住宿费审核。住院伙食补助费参照当地国家机关一般工作人员的出差伙食补助标准确定。受害人确有必要到外地治疗，因客观原因不能住院，受害人本人及其陪护人员实际发生的住宿费和伙食费，其合理部分应予赔偿，但应提供相关证明并参照当地国家机关一般工作人员的出差住宿标准确定。剔除超过标准的伙食补助费、住宿费。伙食补助费按住院天数和当地日补助标准计算。

⑤ 后续治疗费审核。后续治疗费是指对损伤经治疗后体征固定而遗留功能障碍需再次治疗的或伤情尚未恢复需二次治疗所需要的费用。后续治疗费根据受害人伤情和医院意见核定。a.对神经系统损伤（植物人、脑损伤等）造成的功能障碍，根据医疗终结时间，在残疾评定、支付残疾赔偿金后，不再支付后续治疗费。b.对生理性缺失（如牙齿脱落、颅骨缺损等）、或根据医疗证明或者鉴定结论确定必然发生的后续治疗费用（如内固定材料取出术），应参考以往当地医院类似治疗的费用，并依据省内《医疗服务价格手册》中的收费标准进行核算，确定相应的后续治疗费。

⑥ 整容费审核。剔除非为恢复生理功能而产生的整容费。

⑦ 必要的营养费审核。根据受害人伤残情况，参照医疗机构的意见确定。a.营养费的赔偿，应经治疗的医院或法医的鉴定，确认受害人需补充营养食品作为辅助治疗的，可以酌情赔偿。b.营养期间原则上仅限于住院治疗期间，或治疗医院或法医在营养证明中注明的营养期间。c.营养费参照当地国家机关一般工作人员的出差伙食补助标准予以确定。d.评残后不再支付营养费。

⑧ 植入性材料审核。植入性材料是指骨科、脑外科、口腔科及其他相关学科以恢复功能（非美容或整形）为目的而永久或临时性植入人体内的材料。植入性材料分国产普通型、国产特殊材料、进口材料等。a.按当地医保标准，剔除国产普通型、国产特殊材料、进口材料的自负比例部分。b.剔除治疗非本次保险事故导致的创伤而植入的材料费用。c.剔除非以器官功能恢复为目的的整容、整形植入材料费用。d.剔除烤瓷牙费用超过普通种植牙费用部分。

（3）其他费用审核

① 其他费用审核的内容，主要指死亡伤残费用，包括：丧葬费、死亡补偿费、受害人亲属办理交通事故支出的合理交通费用，残疾赔偿金、残疾辅助器具费、护理费、交通费、被扶养人生活费、误工费，被保险人依照法院判决或调解承担的精神损害抚慰金等。

② 审核的依据。根据《最高人民法院关于审理人身损害赔偿案件适用法律若干问题的解释》规定的标准审核。

a. 丧葬费，按照受诉法院所在地上一年度职工月平均工资标准，以 6 个月工资总额计算。

b. 死亡赔偿金，按照受诉法院所在地上一年度城镇居民人均可支配收入或农村居民人均纯收入标准，按 20 年计算。但 60 周岁以上的，年龄每增加 1 岁减少 1 年；75 周岁以上的，按 5 年计算。

c. 交通费，根据受害人及其必要的陪护人员因就医、转院治疗时实际发生的费用计算。交通费应当以正式票据为凭；有关凭据应当与就医地点、时间、人数、次数相符合。受害人亲属办理丧葬事宜支出的交通费等合理费用应当遵循合情合理的原则酌情确定。

d. 误工费，根据受害人的误工时间和收入状况确定。误工时间根据受害人接受治疗的医疗机构出具的证明确定。受害人因伤致残持续误工的，误工时间可以计算至定残日前一天。受害人有固定收入的，误工费按照实际减少的收入计算。受害人无固定收入的，按照其最近 3 年的平均收入计算；受害人不能举证证明其最近 3 年的平均收入状况的，可以参照受诉法院所在地或出险地相同或相近行业上一年度职工的平均工资计算。受害人死亡，其亲属办理丧葬事宜误工的，误工时间应当遵循合情合理的原则酌情确定。

e. 被扶养人生活费，根据扶养人丧失劳动能力程度，按照受诉法院所在地上一年度城镇居民人均消费性支出和农村居民人均年生活消费支出标准计算。被扶养人为未成年人的，计算至 18 周岁；被扶养人无劳动能力又无其他生活来源的，计算 20 年。但 60 周岁以上的，年龄每增加 1 岁减少 1 年；75 周岁以上的，按 5 年计算。被扶养人是指受害人依法应当承担扶养义务的未成年人或丧失劳动能力又无其他生活来源的成年近亲属。被扶养人还有其他扶养人的，赔偿义务人只赔偿受害人依法应当负担的部分。被扶养人有数人的，年赔偿总额累计不超过上一年度城镇居民人均消费性支出额或农村居民人均年生活消费支出额。

f. 残疾赔偿金，根据受害人丧失劳动能力程度或伤残等级，按照受诉法院所在地上一年度城镇居民人均可支配收入或农村居民人均纯收入标准，自定残之日起按 20 年计算。但 60 周岁以上的，年龄每增加 1 岁减少 1 年；75 周岁以上的，按 5 年计算。受害人因伤致残但实际收入没有减少，或者伤残等级较轻但造成职业妨害严重影响其劳动就业的，可以对残疾赔偿金作相应调整。

g. 残疾辅助器具，按照普通适用器具的合理费用标准计算。伤情有特殊需要的，可以参照辅助器具配制机构的意见确定相应的合理费用标准。

h. 护理费，根据护理人员的收入状况和护理人数、护理期限确定。护理人员有收入的，参照误工费的规定计算；护理人员没有收入或雇佣护工的，参照当地护工从事同等级别护理的劳务报酬标准计算。护理人员原则上为一人，但医疗机构或鉴定机构有明确意见的，可以参照确定护理人员人数。护理期限应计算至受害人恢复生活自理能力时止。受害人因残疾不能恢复生活自理能力的，可以根据其年龄、健康状况等因素确定合理的护理期限，但最长不超过 20 年。受害人定残后的护理，应当根据其护理依赖程度并结合配制残疾辅助器具的情况确定护理级别。

i．精神损害抚慰金，受害人或死者近亲属遭受精神损害，赔偿权利人向人民法院请求赔偿精神损害抚慰金的，根据《最高人民法院关于确定民事侵权精神损害赔偿责任若干问题的解释》予以确定。机动车交通事故责任强制保险在死亡伤残责任限额内，原则上最后赔付精神损害抚慰金。

③ 审核中应注意的问题如下。

a．死亡补偿费审核。属地原则：事故发生地或受诉法院所在地。区分城镇居民和农村居民。对于在城镇已暂住满一年的农村居民，可以按城镇居民人均纯收入标准计算。对于无暂住证明的农村居民，仍按户口簿上标明性质处理。注意死者实足岁数，上一年度标准在当地执行时限，满 60 岁及 75 岁死者的计算年限等。

b．交通费、住宿费审核。交通费按照交通事故发生地国家机关一般工作人员的出差车旅费标准计算，交通工具以普通公共汽车，火车普通硬席为主。剔除未提供正式票据，或正式票据与就医地点、时间、人数、次数不相吻合的部分；剔除超普通公共汽车、火车普通硬席以上的交通工具的票价标准的部分。受害人死亡的，受害人亲属因办理丧葬事宜所支出的交通费赔偿，一般以 2 人为限，特殊情况最多不超过 3 人。时间一般以 3 天为限。次数以每天 3 次为限。注意剔除 3 张以上的连号。

住宿费，剔除住宿人次、时间不合理的部分；剔除住宿标准超过国家机关一般工作人员的出差标准部分。

c．残疾赔偿金审核。按国家标准（GB18667－2002）《道路交通事故受伤人员伤残评定》中的计算公式计算。单等级伤残计算：

残疾赔偿金=伤残补偿年数×居民人均可支配收入×（11–残疾等级）/10

多等级伤残的综合计算按伤者的伤残赔偿计算方法加以计算。根据伤残赔偿总额、赔偿责任系数、赔偿指数等计算：

$$C=C_t \times C_1 \times (I_h+\sum I_a)\ (\sum I_a \leqslant 10\%,\ i=1,2,3,\cdots\cdots n,\text{多处伤残})$$

其中，Σ的下标为 $i=1$，上标为 n；C 为伤残者的伤残实际赔偿额；C_t 为伤残赔偿总额；C_1 为赔偿责任系数，即赔偿义务主体对造成事故负有责任的程度；I_h 为伤残等级最高处的伤残赔偿指数，即多等级伤残者，最高伤残等级的赔偿比例，用百分比（%）表示。

伤残赔偿指数是指伤残者应当得到伤残赔偿的比例。以伤残者的伤残程度比例作为伤残者的伤残赔偿比例。《道路交通事故受伤人员伤残评定（GB18667－2002）》将受伤人员伤残程度划分为 10 级，从第Ⅰ级（100%）到第Ⅹ级（10%），每级相差 10%。

I_a 为伤残赔偿附加指数，即增加一处伤残所增加的赔偿比例，用百分比（%）表示。存在Ⅰ级伤残时，其他等级被吸收，不计算赔偿附加指数。各地现有法律法规对 I_a 的取值规定不同，实践中要根据当地的相关规定进行计算。目前部分地区对 I_a 采用的取值方法为：Ⅱ级为 10%，Ⅲ级为 9%，Ⅳ级为 8%，Ⅴ级为 7%，Ⅵ级为 6%，Ⅶ级为 5%，Ⅷ级为 4%，Ⅸ级为 3%，Ⅹ级为 2%。附加指数合计（$\sum I_a$）不超过 10%，赔偿指数合计（$I_h+\sum I_a$）不超过 100%。

d．残疾辅助器具费审核。残疾辅助器具费指因残疾而造成全部或部分功能丧失需要配制补偿功能的器具的费用。根据普通适用器具价格乘以核定更换次数的器具费用与更换器具的维护费用之和计算。“普通”一般应当理解为低中档产品，“合理”即指中等费用水平。辅助器具的更换周期和赔偿期限参照配制机构的意见确定。一般来说，其费用支付期限取决于伤残人员对残疾辅助器具需要年限及残疾辅助器具的更换周期。同时参考我国人均寿命或人均期望寿命作为赔偿期限的界定标准。原则上残疾辅助器具赔偿至受害人 75 周岁止。

剔除配制的奢侈型、豪华型辅助器具与同类普通型中间价或合资型器具最低价之间的差价。剔除超过民政部门等相关机构标准的器具更换价格和更换年限标准的部分。

e. 护理费审核。护理费是因受伤人员生活不能自理，需家属、朋友或其他特聘人员对其陪护所应付的劳动报酬。护理费分两种情形，一是在住院治疗期间及出院康复期间因生活不能自理而需要由医护人员以外的其他特聘人员陪护所产生的陪护费；二是残疾评定之后因生活不能自理而需要聘请其他陪护人员所产生的陪护费（也称为今后护理费，或今后陪护费）。护理费的计算以接受治疗的医疗机构出具的证明材料为基础。

剔除超标准范围的护理费人数。护理人员原则上为一人，但医疗机构或鉴定机构有明确意见的，可以参照确定护理人数，一般以两人为限。住院期间的护理（陪护）人数应以医院经治医师的意见为主；出院后的护理（陪护）的必要性和陪护人数，医疗审核人员应根据病历中所述的出院情况和医院建议确定。

剔除超过计费标准的护理费部分。护理人员有收入的，参照误工费的规定计算；护理人员没有收入或雇佣护工的，参照当地护工从事同等级别护理的劳务报酬标准计算。

受害人定残后的护理，应当根据其护理依赖程度并结合配制残疾辅助器具的情况确定护理级别。

注意：医院的护理费是医疗服务项目费用的一部分，决不能与生活护理相等同。在审核时根据医嘱所注明的护理等级对照相应的价格标准核定其护理费。

f. 被扶养人生活费审核。调查户籍证明和实际被抚养人情况，剔除超过实际被扶养人数的扶养费金额。被扶养人还有其他扶养人的，赔偿义务人只赔偿受害人依法应当负担的部分，其余部分应予剔除。被抚养人有数人的，注意年赔偿总额不超过上一年度城镇居民人均消费性支出或农村居民人均年生活消费支出。综合考虑受害人是否因伤残导致实际收入减少等情况，来确定受害人丧失劳动能力的程度。原则上，保险人只对受害人达到五级以上（含）残疾的情况才赔偿“被扶养人生活费”。死亡或一级伤残其赔偿系数为 100%，一般情况下伤残等级每下降一个等级，酌情降低赔偿系数。

g. 误工费审核。误工时间审核，住院期间的误工时间以实际住院的天数为准，转院后住院时间交叉重叠的时间应剔除。剔除无医疗机构出具证明的误工时间。剔除超过《交通事故人员创伤临床诊疗指南》确定的标准，又无合理证明的误工时间。剔除伤残评定后的误工时间。

h. 收入证明审核，包括：受害人有收入证明的，应提供完税证明，或提供由工作单位加盖公章的包括其他人在内的工资发放表（内有扣除个人所得税的内容）；受害人无收入证明（包括家庭主妇、无业人员等）的，参照受诉法院所在地相同或相近行业上一年度职工的平均工资标准计算；剔除受害人在事故发生前为无劳动能力人、16 岁以下的未成年人、在校学生、按国家规定已退休人员的误工费。

8.6.3 核损注意事项

1. 结合本地具体情况设置个性化核损流程

按定损金额的大小设置是否需要核损：换件单价金额；单车损失金额；同一定损单合计金额。

按出险险别设置是否需要核损，如可以对划痕险、玻璃单独破碎险进行逐单核损。

对涉及特定机构的案件进行核损：① 对某下属分支单位承保的案件进行核损；② 对某代理机构承保案件的单独核损；③ 对某修理厂承修的事故车辆的定损情况进行核损。

对部分特殊案件进行核损：① 对省内通赔案件进行核损；② 对交强险互碰自赔案件进行核损。

2. 核损操作注意事项

车辆核损只能修改换件、修理、辅料的核损单价，不能修改定损价格。定损员需要参照核损价格对定损价格进行重新修改。

如果在车辆定损时，某些换件打上了回收标志，则在核损通过时，系统会自动发起一条损余回收任务。

8.7 报价

8.7.1 报价工作内容

报价工作内容包括：① 查看车辆信息；② 查看车辆定损信息；③ 查看零部件更换费用清单；④ 查看零部件修理费用清单；⑤ 查看零部件辅料费用清单；⑥ 查看待检测零部件清单；⑦ 金额汇总；⑧ 编辑报价意见，选择提交动作。

8.7.2 报价工作要点

报价人员在接到定损人员提交的车辆定损报价任务及零配件更换项目损失清单后，应认真核定该事故损失照片，确认零配件更换项目无误后，依据零配件信息核定零配件价格。

报价人员应认真收集、整理本地区的零配件价格信息，并及时通过零配件报价管理系统做零配件价格的本地化处理，以及零配件报价管理系统数据的实时更新、维护。

省级分公司报价人员应对所管辖的分支机构使用报价系统的情况进行监督、指导，对于报价处理中的问题应及时向主管领导汇报，并提出改正建议。

8.7.3 系统操作要点

“车辆报价”主要是对定损人员提交的车辆定损任务项下的车辆的“换件”价格进行“报价”处理。

车辆报价岗人员登录新车险理赔系统，在报价方式下单击【编辑】按钮进入第三方系统对车辆零配件价格、零配件辅料价格进行报价处理。关于第三方系统的具体操作方法，以第三方系统操作手册为准。

超过省级分公司报价权限的案件将由系统的九级报价岗提交至总公司远程操作平台进行处理，报价审核结果返回至省级分公司九级报价岗。

8.8　资料收集

8.8.1　资料收集工作内容

资料收集工作内容包括：① 对查勘发起的资料收集任务进行处理；② 发起理算任务；③ 发起预赔、支付/垫付任务；④ 对单证收集标志、是否收集齐全进行操作。

8.8.2　资料收集处理

资料收集任务在第一辆车查勘完成后产生。资料收集岗人员可根据前面环节填写的客户索赔所需清单开展单证收集工作。

首先需要对已收集和需要收集的资料逐一核对，在系统中，左侧所列清单为理赔所需单证，收集标志打勾表示已收集到单证，上传标志打勾表示已经上传单证的相关资料。完成以上操作后保存收集情况。

8.8.3　发起预赔、支付/垫付任务

若案件需要进行预赔，或进行交强险抢救费用支付/垫付，进入资料收集环节可发起预赔任务，或支付/垫付任务。

8.8.4　发起理算任务

当所有的定、核损任务，人伤跟踪任务和立案任务结束后，若需要理算，可针对该案对应的每张保单发起理算任务。

8.8.5　系统操作要点

系统操作要点包括以下方面。

① 对交强和商业混保情况，可以选择先发起交强或将交强、商业打包发起理算，理算员就能一次性处理。

② 若发起的理算任务还未被理算员接收，资料收集岗可以撤销理算任务。

③ 对于仅仅已接收，但没有保存的理算任务，可以先进行“任务放弃”，再进入资料收集环节撤销。

④ 资料收集环节可进行“查勘修改”和“立案修改”操作。

⑤ 发起预赔需注意：a.未立案，无法产生预赔任务；b.预赔是针对商业险而言的；c.已存在商业险计算书，不允许发起预赔；d.当前有未处理的预赔任务或该保单的预赔任务未核赔通过，不允许发起预赔；e.若商业险保单对应的立案已注销或正注销中，不允许发起预赔。

⑥ 发起理算任务需注意：a.当前报案还未立案，不能产生理算任务；b.当前报案下还存在未提交的立案任务，不能产生理算任务；c.存在未核损通过的车辆/财产任务，以及没有结束的定损任务，不能产生理算任务；d.存在未核赔通过的计算书，不能发起理算任务；e.只投

保了交强险，并且交强险已经做结案，不能发起理算任务；f.立案已注销或正在注销中，对应保单不能发起理算任务。

8.9 赔款理算

8.9.1 赔款理算工作内容

理算工作内容包括：① 审核赔案材料，对保险责任，索赔材料的真实合理性进行初审，对有疑问的材料提出复审意见；② 对立案定损录入数据有误的案件提出修改意见；③ 在本环节发现可疑赔案的情况，应提出处理意见后交调查岗审核；④ 对资料齐全的赔案进行理算，并保证数据的准确性和完整性。

8.9.2 赔款理算处理流程和系统操作要点

资料收集发起理算任务后，由理算员接收任务并缮制计算书。案件选择理算类型包括交强、商业单独理算及交强、商业险同时理算三种类型，理算顺序为先交强后商业。

1. 交强险理算

交强险系统自动带入第三者车辆和财产损失部分的定损金额。人员伤亡部分分别对应死亡、残疾等各损失项录入计算损失金额。生成理算结果后，核对计算结果是否准确，确认无误后提交核赔人员审核。如果是交强、商业同时发起理算任务的案件，可以将交强险计算书先暂存，再做商业险计算书，然后同时提交核赔；也可以先提交交强险核赔通过后再做商业险理算。

2. 商业险理算

系统自动带入车辆及财产定损金额，要获得正确的免赔率，必须正确选择责任类型及增加免赔率的条件，免赔率条件根据不同案件类型，需要判断是否存在以下情况：① 车辆是否发生全车车损；② 赔案是否不能证明事故原因；③ 标的车是否违反安全装载规定；④ 是否同一年度内发生多次赔款；⑤ 是否存在约定行驶区域外出险；⑥ 是否为单方肇事；⑦ 是否属于无法找到第三方；⑧ 是否为非约定驾驶员使用保险车辆发生保险事故；⑨ 盗抢险是否缺少相关单证（每项）等。

人员损失计算方法与交强险相同。不需要定损及核损的项目可以录入其他损失类，如停驶损失等。

在生成商业计算书前，如果已经有同保单的交强险计算结果，可以自动获取交强险赔款数据，并在往后的商业险计算中进行扣减。获取免赔率后生成计算书，确认计算结果无误后提交。

3. 理赔核算注意事项

① 如果发现定损金额与赔偿凭证金额不一致的情况，可以在其他扣除项进行扣减调整。

② 发现被保险人交来材料与定损数据不一致，需要新增定损任务或追加车辆定损的，可以在理算环节发起新增定损任务，交定损员重新定损。“新增定损任务”，指重新发起车辆或

财产损失定损任务；“追加车辆定损”，指已经定损过的车辆需要补充定损部分；注意加以区别，掌握正确的操作对象。

③ 理算修改，如查勘环节查勘信息录入有误，立案环节录入数据有误，定损环节损失类别确定错误，金额录入有误等，可进入“资料收集页面”进行修改。

④ 在理算环节计入的直接理赔费用必须严格按照财务管理规定录入计算，对应交强险和商业险所发生的费用分别录入。

⑤ 对追偿收入、损余回收等可以通过制作负计算书冲减赔款，或者对核赔通过后的数据做负数计算书进行修正。

⑥ 如果计算书生成后发现有误，可以在理算环节修改，理算注销，重新进行理算；如果已经提交核赔，需要由核赔环节退回后，进行修改。

⑦ 系统中“案后费用”录入是指经法院直接判决保险人赔偿，但超过保险合同约定赔付以外的费用。如保险合同约定需要免赔的，或在责任免除约定不予赔偿的损失，法院判决保险人赔偿的，该项费用计入“案后费用”。

⑧ 在本环节发现假赔案的情况，应提出处理意见并将案件提交调查。

⑨ 如果立案环节没有发起追偿，可以在理算环节选择发起追偿任务。

8.9.3 赔款理算涉及单证

赔款理算涉及的单证是《机动车辆保险赔款计算书》、《赔款确认书》。《机动车辆保险赔款计算书》如表 8-1 所示；《赔款确认书》如表 8-2 所示。

表 8-1 赔款计算书

保险公司：　　　　　　　　　　　　　　　　货币：单位元

立案编号			被保险人	
计算书号			出险日期	
保单号码			出险地点	
保险金额			出险原因	
保险期限				
分险别分项目列明计算公式及结果				
本案责任	保险标的损失		赔款小计	
	施救费用		预赔金额	
	查勘费用		实赔金额	
	其他费用		赔讫日期	
	权益转让		损余回收	
附件				
科（股）室意见：				
本公司领导核定：				

缮制：　　　　　　　　　　　　　　　　核赔：

表 8-2 赔款确认书

由**财产保险股份有限公司**分公司（以下简称**分公司）承保的车牌号为________，被保险人为______________，保单号为______________的保险车辆，于____年____月____日____时在______________与车牌号________发生双方保险事故，经华安保险北京分公司查勘员______查勘并确定本车损失金额________元三者车损失金额______元后，被保险人__________对以上标的及三者车定损金额无异议，并确认将此次事故三者方赔款_______元直接支付到_________账户，标的车赔款______元支付到被保险人_______账户，具体账户信息如下：

三者账户名：______________　　被保险人户名：______________

三者账号：______________　　被保险人账号：______________

三者开户行：______________　　被保险人开户行：____________

三者联系方式：____________　　被保险人联系方式：__________

被保险人签字：____________

三者方人签字：____________

查勘员签字：____________

____年____月____日

8.9.4 机动车交通事故责任强制保险赔款计算

1．基本计算公式

保险人在交强险各分项赔偿限额内，对受害人死亡伤残费用、医疗费用、财产损失分别计算赔偿。

① 总赔款=Σ各分项损失赔款=死亡伤残费用赔款+医疗费用赔款+财产损失赔款。

② 各分项损失赔款=各分项核定损失承担金额，即：死亡伤残费用赔款=死亡伤残费用核定承担金额；医疗费用赔款=医疗费用核定承担金额；财产损失赔款=财产损失核定承担金额。

③ 各分项核定损失承担金额超过交强险各分项赔偿限额的，各分项损失赔款为交强险各分项赔偿限额。

注意：“受害人”为被保险机动车的受害人，不包括被保险机动车车上人员、被保险人。

2．保险事故涉及多个受害人时的赔款计算

① 基本计算公式中的相应项目表示为，各分项损失赔款=Σ各受害人各分项核定损失承担金额，即：死亡伤残费用赔款=Σ各受害人死亡伤残费用核定承担金额；医疗费用赔款=Σ各受害人医疗费用核定承担金额；财产损失赔款=Σ各受害人财产损失核定承担金额。

② 各受害人各分项核定损失承担金额之和超过被保险机动车交强险相应分项赔偿限额的，各分项损失赔款为交强险各分项赔偿限额。

③ 各受害人各分项核定损失承担金额之和超过被保险机动车交强险相应分项赔偿限额的，各受害人在被保险机动车交强险分项赔偿限额内应得到的赔偿为：被保险机动车交强险对某受害人分项损失的赔偿金额=交强险分项赔偿限额×[事故中某受害人的分项核定损失承担金额/（Σ各受害人分项核定损失承担金额）]。

例：A 车肇事造成两行人甲、乙受伤，甲医疗费用 7500 元，乙医疗费用 5000 元。设 A 车适用的交强险医疗费用赔偿限额为 10000 元，则 A 车交强险对甲、乙的赔款计算如下。

A 车交强险赔偿金额=甲医疗费用+乙医疗费用=7500+5000=12500 元，大于适用的交强险医疗费用赔偿限额，赔付 10000 元。甲获得交强险赔偿=10000×7500/（7500+5000）=6000 元；乙获得交强险赔偿=10000×5000/（7500+5000）=4000 元。

3．当保险事故涉及多辆肇事机动车时的赔款计算

各被保险机动车的保险人分别在各自的交强险各分项赔偿限额内，对受害人的分项损失计算赔偿。

各方机动车按其适用的交强险分项赔偿限额占总分项赔偿限额的比例，对受害人的各分项损失进行分摊。某分项核定损失承担金额=该分项损失金额×[适用的交强险该分项赔偿限额/（Σ各致害方交强险该分项赔偿限额）]。

注意：① 肇事机动车中的无责任车辆，不参与对其他无责车辆和车外财产损失的赔偿计算，仅参与对全责、有责方车辆损失或本车以外人员伤亡损失的赔偿计算；② 根据交强险“无责代赔”机制，无责方车辆对全责、有责方车辆损失应承担的赔偿金额，由有责方在本方交强险无责任财产损失赔偿限额项下代赔；③ 肇事机动车中应投保而未投保交强险的车辆，视同投保机动车参与计算；④ 对于相关部门最终未进行责任认定的事故，统一适用有责任限额计算。

肇事机动车均有责任或均无责任的，简化为各方机动车对受害人的各分项损失进行平均分摊：对于受害人的机动车、机动车上人员、机动车上财产损失，某分项核定损失承担金额=受害人的该分项损失金额÷（N–1）；对于受害人的非机动车、非机动车上人员、行人、机动车外财产损失，某分项核定损失承担金额=受害人的该分项损失金额÷N；N 为事故中所有肇事机动车的辆数。肇事机动车中有应投保而未投保交强险的车辆的，视同投保机动车计算。

初次计算后，如果有致害方交强险限额未赔足，同时有受害方损失没有得到充分补偿，则对受害方的损失在交强险剩余限额内再次进行分配，在交强险限额内补足。对于待分配的各项损失合计没有超过剩余赔偿限额的，按分配结果赔付各方；超过剩余赔偿限额的，则按每项分配金额占各项分配金额总和的比例乘以剩余赔偿限额分摊；直至受损各方均得到足额赔偿或应赔付方交强险无剩余限额。

4．其他情况

受害人财产损失需要施救的，财产损失与施救费赔款累计不超过财产损失赔偿限额。

主车和挂车在连接使用时发生交通事故的，主车、挂车分别在各自的交强险责任限额内承担赔偿责任。主车、挂车的保险人对各受害人的各分项损失平均分摊，并在对应的分项赔偿限额内计算赔偿。主车与挂车连接使用时发生内部互碰，分别属于不同被保险人的，按互为三者的原则处理。

被保险机动车投保一份以上交强险的，保险期间起期在前的保险合同承担赔偿责任，起期在后的不承担赔偿责任。

对被保险人依照法院判决或调解承担的精神损害抚慰金，原则上在其他赔偿项目足额赔偿后，在死亡伤残赔偿限额内赔偿。涉及诉讼纠纷等特殊情况的，可按照精神损害抚慰金核定承担金额占死亡伤残费用赔偿项目下所有核定损失承担金额总和的比例，计算交强险对精神损害抚慰金的赔偿金额。

8.9.5 车辆损失险赔款计算

1. 全部损失的赔款计算

保险车辆在保险事故中发生整体损毁，或受损严重失去修复价值，即构成实际全损或推定全损。

（1）判断被保险机动车全部损失的条件

当被保险机动车发生的损失符合以下三种情形之一的，按全部损失计算赔款。① 核定修理费用≥被保险机动车出险时的实际价值。②（估计施救费用＋核定修理费用）≥被保险机动车出险时的实际价值。③ 估计施救费用≥被保险机动车出险时的实际价值。

（2）赔款计算公式

① 车损赔款=（实际价值–残值）×事故责任比例×（1–免赔率之和）；若被保险车辆不足额投保时：保险金额<实际价值，赔款=（保险金额–残值）×事故责任比例×（1–免赔率之和）。

② 施救费用赔款=［（核定施救费用–交强险对施救费赔偿金额）×事故责任比例×（保险金额÷投保时保险车辆的新车购置价）］。

2. 部分损失的赔款计算

被保险车辆足额投保时，车损赔款=（核定修理费用–残值）×事故责任比例×（1–免赔率之和）。被保险车辆不足额投保时，车损赔款=（核定修理费用–残值）×事故责任比例×（1–免赔率之和）×（保险金额/新车购置价）。

说明：若核定修理费用≥保险事故发生时保险车辆的实际价值，应按全部损失的计算方式计算赔偿。

施救费用赔款=［（核定施救费用–交强险对施救费赔偿金额）×事故责任比例×（保险金额÷投保时保险车辆的新车购置价）；核定施救费用=施救费用×（保险财产价值÷实际被施救财产总价值）。

3. 计算说明

保险事故发生时保险车辆的实际价值（简称“出险时实际价值”）按保险事故发生时保险合同签订地同种类型车辆市场新车购置价（含车辆购置附加费/税）减去该车已使用累计月数折旧后确定。① 出险时实际价值，实际价值=出险时新车购置价×（1–已使用月数×月折旧率）。② 新车购置价，保险事故发生时的新车购置价根据保险事故发生时保险合同签订地同类型新车的市场销售价格确定，无同类型新车市场销售价格的，由被保险人与保险人协商确定。③ 折旧率，按月折旧率计算，不足一月的，不计折旧。折旧率按条款规定的比率计算。

如果保险金额低于出险时实际价值，因总残余价值里有一部分是属保户自保的，所以这时残值应计算为：残值=总残余价值×（保险金额÷实际价值）。

在确定事故责任比例时，被保险人自行协商处理交通事故的，依据双方在《协议书》中各自承担的责任，依据保险条款约定的比例（即负主要责任 70%，负同等责任 50%，负次要责任 30%）计算赔偿。

8.9.6 第三者责任险赔款计算

1. 基本计算公式

第三者责任险赔款计算公式：

三者险赔款=（第三方损失）×事故责任比例×（1−免赔率之和）

① 当被保险人按事故责任比例承担的死亡伤残费用赔款、医疗费用赔款、财产损失赔款之和超过责任限额时，计算公式可简化为：

三者险赔款=责任限额×（1−免赔率之和）

② 任何肇事方应投保而未投保机动车交通事故责任强制保险或机动车交通事故责任强制保险合同已经失效的，视同其投保了机动车交通事故责任强制保险进行计算。

2. 主挂车的赔款计算

适用第三者责任险的计算公式，同时应注意以下几点。

① 主车与挂车连接时发生保险事故，在主车的责任限额内承担赔偿责任。主车与挂车由不同保险公司承保的，按主车、挂车责任限额占总责任限额的比例分摊赔款。主车应承担的赔款=总赔款×[主车责任限额÷（主车责任限额+挂车责任限额）]；挂车应承担的赔款=总赔款×[挂车责任限额÷（主车责任限额+挂车责任限额）]。挂车只投保了交通事故责任强制保险的，不参与分摊在商业三者险项下应承担的赔偿金额。

② 挂车未与主车连接时发生保险事故，在挂车的责任限额内承担赔偿责任。

③ 因交强险下主车与挂车连接使用时发生交通事故，对受害人的赔偿最高可以达到两个交强险保额，因此在计算商业三者险赔款时，应注意扣除主车、挂车两部分的交强险赔款。

例如：一投保机动车第三者责任险和机动车交通事故责任强制保险的车辆发生交通事故，在事故中所负的责任比例为70%，依据条款规定承担10%的免赔率；因投保时指定驾驶人，事故发生时为非指定驾驶人使用被保险机动车，增加免赔率10%。第三者责任险责任限额为5万元。此次事故第三方损失为250000元，其中财产损失80000元，医疗费用20000元，死亡伤残费用150000。设适用的交强险财产损失赔偿限额为2000元，医疗费用赔偿限额为1万元，死亡伤残赔偿限额为11万元。则第三者责任险赔款计算如下。

[（受害人死亡伤残费用−Σ各肇事方交强险对受害人的死亡伤残赔偿总金额）+（受害人医疗费用−Σ各肇事方交强险对受害人的医疗费用赔偿总金额）+（受害人财产损失−Σ各肇事方交强险对受害人的财产损失赔偿总金额）]×责任比例=[（150000−110000）+（20000−10000）+（80000−2000）]×70%=8.96万元（大于责任限额5万元）。

三者险赔款=责任限额×（1−事故责任免赔率）×（1−免赔率之和）=5万元×（1−10%）×（1−10%）=4.05万元。

8.9.7 车辆损失险、第三者责任险赔款计算应注意的问题

车辆损失险、第三者责任险赔款计算应注意的问题有以下几个方面。

① 赔款计算依据交通管理部门出具的《道路交通事故责任认定书》以及据此做出的《道路交通事故损害赔偿调解书》。当调解结果与责任认定书不一致时，对于调解结果中认定的超出被

保险人责任范围内的金额，保险人不予赔偿；对于被保险人承担的赔偿金额低于其应按交强险、商业险赔偿原则计算的结果的，保险人只在限额内对被保险人实际损失的金额进行赔偿。

② 对于不属于保险合同中规定的赔偿项目，但被保险人已自行承诺或支付的费用不予承担。

③ 法院判决被保险人应赔偿第三者的金额，如精神损害抚慰金等，未投保相应附加险的，不予承担。

④ 保险人对第三者责任事故赔偿后，对受害第三者的任何赔偿费用的增加不再负责。

⑤ 免赔率按条款规定确定，应特别注意下面几点。a. 因自然灾害引起的不涉及第三者损害赔偿的单纯车损险案件，不扣免赔，但对被保险人未尽到妥善保管或及时施救义务的案件除外。b. 营业用车多次出险加扣的免赔率，在实务中掌握最高为 30%。c. 对无法找到第三方加扣免赔的情况应注意：a）损失应该由第三方负责赔偿；b）第三方确实无法找到，对于有交警处理，或事故当事人私了等情况均不属于无法查找第三方。

8.9.8 机动车车上人员责任险赔款计算

机动车车上人员责任险赔款等于每人赔款总和。

“每人赔款”在驾驶人每次事故责任限额和乘客每次事故每人责任限额赔偿内分别计算，赔偿人数以投保座位数为限。

① 当扣除交强险对车上人员的赔款后，按被保险人事故责任比例应承担的每座车上人员伤亡赔偿金额未超过保险合同载明的每人责任限额时：每人赔款=扣除交强险赔款后按事故责任比例应当承担的赔偿金额×（1−免赔率之和）。

② 当扣除交强险对车上人员的赔款后，按被保险人事故责任比例应承担的每座车上人员伤亡赔偿金额超过保险合同载明的每人责任限额时：每人赔款=责任限额×（1−免赔率之和）。

“交强险对车上人员的赔款”是车上人员通过第三方交强险得到的赔款，等于每个受伤人员在第三方交强险各分项赔偿限额（医疗费用和死亡伤残赔偿限额）项下得到的赔款之和。

交强险对车上人员医疗费用赔款=Σ（除本车外其他肇事车辆交强险医疗费用赔偿限额项下对车上人员医疗费用的赔款）。

交强险对车上人员死亡伤残赔偿赔款=Σ（除本车外其他肇事车辆交强险死亡伤残赔偿限额项下对车上人员死亡伤残费用的赔款）。

同时涉及上述两项赔款的，应分别参与上述两种赔款的分配。

8.9.9 盗抢险赔款计算

1．全部损失

全部损失时，盗抢险赔款计算公式：

盗抢险赔款=保险金额×（1−免赔率之和）

① 如保险金额高于保险事故发生时被保险机动车的实际价值，代入实际价值计算。

② 被保险人索赔时未能提供《机动车行驶证》、《机动车登记证书》、机动车来历凭证、车辆购置税完税证明（车辆购置附加费缴费证明）或免税证明等原件，每缺少一项，增加 1% 的免赔率。

《机动车登记证书》是机动车办理了登记的证明文件，记载《中华人民共和国机动车登记办法》规定的登记事项，是在 2001 年 10 月 1 日以后开始办理的，因此，在确定此项免赔率时，应该充分考虑这种情况，对于 2001 年 10 月 1 日前所购车辆，被保险人确实无法提供的，可以不扣此项免赔率。

根据《机动车登记规定》（中华人民共和国公安部令第 102 号），机动车来历凭证指：a.在国内购买的机动车，其来历证明是全国统一的机动车销售发票或二手车交易发票。在国外购买的机动车，其来历证明是该车销售单位开具的销售发票及其翻译文本，但海关监管的机动车不需提供来历证明；b.人民法院调解、裁定或判决转移的机动车，其来历证明是人民法院出具的已经生效的《调解书》、《裁定书》或《判决书》，以及相应的《协助执行通知书》；c.仲裁机构仲裁裁决转移的机动车，其来历证明是《仲裁裁决书》和人民法院出具的《协助执行通知书》；d.继承、赠予、中奖、协议离婚和协议抵偿债务的机动车，其来历证明是继承、赠予、中奖、协议离婚、协议抵偿债务的相关文书和公证机关出具的《公证书》；e.资产重组或资产整体买卖中包含的机动车，其来历证明是资产主管部门的批准文件；f.机关、企业、事业单位和社会团体统一采购并调拨到下属单位未注册登记的机动车，其来历证明是全国统一的机动车销售发票和该部门出具的调拨证明；g.机关、企业、事业单位和社会团体已注册登记并调拨到下属单位的机动车，其来历证明是该单位出具的调拨证明，被上级单位调回或者调拨到其他下属单位的机动车，其来历证明是上级单位出具的调拨证明；h.经公安机关破案发还的被盗抢且已向原机动车所有人理赔完毕的机动车，其来历证明是《权益转让证明书》。

2．部分损失

全部损失时，盗抢险赔款计算公式：

赔款=（核定修理费用–残值）×（1–免赔率之和）

“核定修理费用–残值”，应不超过保险车辆的保险金额或实际价值。

8.9.10　附加险赔款计算

1．玻璃单独破碎险条款

附加险赔款等于实际发生的修理费用。

2．火灾、爆炸、自燃损失险条款

（1）全部损失

在全部损失情况下，附加险赔款计算公式：

赔款=（保险金额–残值）×（1–20%）

（2）部分损失

在部分损失情况下，附加险赔款计算公式：

赔款=（核定修理费用–残值）×（1–20%）

“核定修理费用–残值”不得超过保险金额。

（3）施救费用赔款

施救费用赔款计算公式：

施救费用赔款=实际施救费用×（保险财产价值÷实际被施救财产总价值）×（1–20%）

“实际施救费用×（保险财产价值÷实际被施救财产总价值）”不得超过保险金额。

3. 自燃损失险条款

（1）全部损失

在全部损失情况下，自燃损失险赔款计算公式：

赔款=（保险金额–残值）×（1–20%）

（2）部分损失

在部分损失情况下，自燃损失险赔款计算公式：

赔款=（核定修理费用–残值）×（1–20%）

“核定修理费用–残值”不得超过保险金额。

（3）施救费用赔款

施救费用赔款计算公式：

施救费用赔款=实际施救费用×（保险财产价值÷实际被施救财产总价值）×（1–20%）

“实际施救费用×（保险财产价值÷实际被施救财产总价值）”不得超过保险金额。

4. 车身划痕损失险条款

在保险金额内按实际修理费用计算赔偿，并相应批减保险金额。

赔款=实际发生的修理费用×（1–15%）

注意：在保险期间内，累计赔款金额达到保险金额，本附加险保险责任终止。

5. 新增加设备损失保险条款

新增加设备损失保险赔款计算公式：

赔款=（核定修理费用–残值–交强险对新增设备赔款）×事故责任比例×（1–事故责任免赔率）×（1–免赔率之和）

每次赔偿的免赔率以本条款所对应的主险条款规定为准。

①“核定修理费用”大于等于出险时被保险机动车所保新增设备实际价值的：

赔款=（出险时实际价值–残值–交强险对新增设备赔款）×事故责任比例×（1–事故责任免赔率）×（1–免赔率之和）

②“（核定修理费用–残值–交强险对新增设备赔款）×事故责任比例”大于等于被保险机动车所保新增设备保险金额的：

赔款=保险金额×（1–事故责任免赔率）×（1–免赔率之和）

③ 新增加设备出险时实际价值是指新增加设备的购置价减去折旧的金额后的金额，新增设备的折旧率以本条款所对应的主险条款规定为准。

6. 机动车停驶损失险条款

（1）全部损失

在全部损失情况下，机动车停驶损失险赔款计算公式：

赔款=保险合同中约定的日赔偿金额×保险合同中约定的最高赔偿天数

（2）部分损失

在计算赔偿天数时，首先比较《机动车保险车辆损失情况确认书》中约定的修理天数和从送修之日起至修复之日止的实际修理天数，两者以短者为准。即《机动车保险车辆损失情况确认书》中约定的修理天数大于或等于实际修理天数，以实际修理天数为计算基础。《机动车保险车辆损失情况确认书》中约定的修理天数小于实际修理天数，以《机动车保险车辆损失情况确认书》中约定的修理天数为计算基础。

① 赔偿天数未超过保险合同中约定的最高赔偿天数：

赔款=保险合同中约定的日赔偿金额×赔偿天数

② 赔偿天数超过保险合同中约定的最高赔偿天数：

赔款=保险合同中约定的日赔偿金额×保险合同中约定的最高赔偿天数

（3）赔偿后

赔偿后，相应批减保险合同中约定的最高赔偿天数。

批文格式：鉴于被保险人发生《车辆停驶损失险》责任范围内的保险事故，保险人已履行赔偿义务，赔款___元。根据保险合同的约定，本保险合同尚余最高赔偿天数___天，特此批改。

在保险期间内，累计赔款金额达到保险单载明的保险金额，本附加险保险责任终止。

注意：保险期间内发生保险事故时，约定赔偿天数超出保险合同终止期限部分，仍应赔偿。

7．附加交通事故精神损害赔偿责任保险条款

法院生效判决或经事故双方当事人协商一致并经保险人书面同意的、应由被保险人承担的精神损害赔偿责任，在扣除交强险对精神损害的赔款后，未超过责任限额时的赔款=（应由被保险人承担的精神损害赔偿责任–交强险对精神损失的赔款）×（1–20%）。

应由被保险人承担的精神损害赔偿责任扣除交强险对精神损害的赔款后，超过约定的每次事故责任限额或每次事故每人责任限额时：

赔款=责任限额×（1–20%）

8．车上货物责任险条款

车上货物责任险条款赔款计算公式：

赔款=（核定财产损失+核定施救费用–残值–交强险对车上货物赔款）×
事故责任比例×（1–20%）

“（核定财产损失+核定施救费用–残值–交强险对车上货物赔款）×事故责任比例”大于等于保险金额的：

赔款=保险金额×（1–20%）

交强险对车上货物赔款=Σ（除本车外其他肇事车辆交强险财产损失赔偿限额项下对被保险机动车车上货物的赔款）。

9．不计免赔率特约条款

不计免赔率特约条款赔款等于一次赔款中已承保且出险的各险种免赔金额之和。

下列情况下，应当由被保险人自行承担的免赔金额，保险人不负责赔偿：① 机动车损失保险中应当由第三方负责赔偿而无法找到第三方的；② 被保险人根据有关法律法规选择自

行协商方式处理交通事故，但不能证明事故原因的；③ 因违反安全装载规定而增加的；④ 投保时指定驾驶人，保险事故发生时为非指定驾驶人使用被保险机动车而增加的；⑤ 投保时约定行驶区域，保险事故发生在约定行驶区域以外而增加的；⑥ 因保险期间内发生多次保险事故而增加的；⑦ 发生机动车盗抢保险规定的全车损失保险事故时，被保险人未能提供《机动车行驶证》、《机动车登记证书》、机动车来历凭证、车辆购置税完税证明（车辆购置附加费缴费证明）或免税证明而增加的；⑧ 可附加本条款但未选择附加本条款的险种规定的；⑨ 不可附加本条款的险种规定的。

8.9.11 重复保险处理

重复保险，指投保人对同一保险标的、同一保险利益、同一保险事故分别向两个以上保险人订立保险合同，保险金额总和超过保险价值的保险。

重复保险的，各保险人的赔偿金额的总和不得超过保险价值。除合同另有约定外，各保险人按照其保险金额与保险金额总和的比例承担赔偿责任。保险价值指保险车辆出险当时的实际价值。

重复保险赔款的计算：赔款=核定赔款×（本保险合同的保险金额÷所有有关保险合同保险金额总和）。

8.10 核赔

8.10.1 工作内容要求

1．审核单证

审核单证包括：确认被保险人按规定提供的单证、证明及材料是否齐全有效，有无涂改、伪造；经办人员是否规范填写赔案有关单证并签字，必备单证是否齐全；签章是否齐全；所有索赔单证是否严格按照单证填写规范认真、准确、全面地填写。

2．核定保险责任

核定保险责任包括：审核被保险人是否具有保险利益；出险车辆的厂牌型号、牌照号码、发动机号、车架号与保险单证所载是否相符；驾驶人是否为保险合同约定的驾驶人；出险原因是否属保险责任；赔偿责任是否与承保险别相符；出险时间是否在保险期限内；事故责任划分是否准确合理。

3．核定车辆损失及赔款

核定车辆损失及赔款包括：车辆定损项目、损失程度是否准确、合理；更换零部件是否按规定进行了询报价，定损项目与报价项目是否一致；换件部分拟赔款金额是否与报价金额相符；残值确定是否合理。

4．核定人员伤亡及赔款

核定人员伤亡及赔款包括：根据查勘记录、调查证明和被保险人提供的交警事故责任认定书、事故调解书及伤残证明，依照国家有关道路交通事故处理的法律法规和其他有关规定进行审核。核定伤亡人员数、伤残程度是否与调查情况和证明相符；核定人员伤亡费用是否合理；被抚养人年龄是否真实，生活费计算是否合理、准确。

5. 核定其他财产损失赔款

核定其他财产损失赔款包括：根据照片和被保险人提供的有关货物、财产的原始发票等有关单证，核定财产损失、损余物资等有关项目和赔款。

6. 核定施救费用

核定施救费用包括：根据案情和施救费用的有关规定，核定施救费用有效单证和金额。

7. 审核赔付计算

审核赔付计算包括：残值是否扣除；免赔率使用是否正确；赔款计算是否准确。

8.10.2　核赔处理流程

属本级公司核赔权限的，经核赔人员签字后，报经理室或主任审批；属上级公司核赔的，核赔人员提出核赔意见，由经理室或主任签字后，报上级公司核赔。

上级公司核赔根据不同的案件，侧重审核以下内容：① 普通赔案的责任认定和赔款计算是否准确；② 有争议赔案的旁证材料是否齐全有效；③ 诉讼赔案的证明材料是否有效，我方的理由是否成立、充分；④ 拒赔案件是否有充分证据和理由。

8.11　结案

8.11.1　结案处理流程

结案处理流程如下。

① 赔案分级核赔、审批后，业务人员通知财会部门支付赔款。

② 审核领取赔款人身份证和被保险人出具的授权委托书，支付赔款。

③ 有关理赔单据清分：一联赔款收据交被保险人；一联赔款收据连同一联《机动车保险赔款计算书》送财务部门留存；一联赔款收据和另一联《机动车保险赔款计算书》连同其他案件单证材料存入赔案案卷。

④ 核赔通过后，在系统中做结案处理。

8.11.2　结案注意事项

结案注意事项有以下两方面。

① 交强险、商业险在一张保单承保的，可以分别结案。交强险结案产生相应的分赔案号（生成规则为：XDAA+结案年度+公司代码+序号）；确认可以全部结案后，产生总赔案号（生成规则为：WDAA+结案年度+公司代码+序号）。如果确认该立案号项下仅有交强或商业险，可以同时完成全部结案。如果立案号项下有部分未结案的数据，不允许做全部结案。

② 系统提供自动结案功能，但部分案件需要选择“手工结案”。如机动车停驶损失险条

款、代步机动车服务特约条款、异地出险住宿费特约条款、约定区域通行费用特约条款等需要出具批单冲减保额的案件等。

8.12 汽车理赔的注意事项

1. 自家车撞到自家人的不赔

所谓第一者、第二者是指保险人、被保险人（驾驶员视同于被保险人），除去这些人以外的，都视为第三者。在保险条款中规定被保险人或驾驶员的家庭成员不属于“第三者”的范畴。所以，如果车辆撞到自家人，商业三者险条款中规定为免责。同理，车辆之间互碰，如果属于同一单位所有，则不能互为三者，根据条款规定不赔，不能通过第三者责任险得到赔偿。

2. 车灯或倒车镜单独破损的不赔

该条免责条款的制定是为了对付某些修理厂的骗保行为。之前某些修理厂常常用换下来的破损车灯或倒车镜装到车型相同的其他车上来骗取赔款。因为这一免责条款，即使车主是无心的剐蹭也将得不到赔偿。但这一免责条款并不是所有的车损险条款都采用的，有的保险公司所使用的条款就予以理赔，但并非全部，所以客户在投保前还是要问明白。

3. 把负全责的肇事人放跑的不赔

如果车主与其他车辆发生碰撞，且责任在对方，不能因为赶时间嫌麻烦或其他原因放弃向对方要求赔偿的权利。车主一旦放弃了向第三方追偿的权利，也就放弃了向保险公司要求赔偿的权利。

4. 水深处强行打火导致发动机损坏的不赔

车辆行驶到水深处，发动机熄火后，驾驶员强行打火所造成发动机的损坏，车辆损失险是属于免责范围的，因为损失是由于驾驶员操作不当造成的。但为了给车主提供更充分的保障，保险公司开发了发动机特别损失险，如车主投保了此附加险，则可赔付。

5. 车辆修理期间造成的损失不赔

如果车辆在送修期间发生了任何碰撞、被盗等损失，保险公司都会拒赔，因为修理厂有责任妥善保管维修车辆。

6. 拖带没保交强险的车出事故的不赔

如果因为车主开车拖带一辆没有投保交强险的车或被没保交强险的车拖带没有投保第三者责任险的车辆上路，与其他车辆相撞并负全责的，商业三者险不会对此作任何赔偿。

7. 私自加装的设备不赔

不少车主会在买车后自己加装音响、电台、冰箱、尾翼或行李架等，一旦发生事故造成私自加装设备受到损失的，保险公司也不会对此赔偿。车主需要为自己加装的设备单独投保。

8. 报案不及时不赔

机动车辆保险条款基本险第 28 条、第 30 条和附加险全车盗抢险条款第 4 条规定，被保险人在保险车辆发生保险事故后 24 小时内应向事故发生地交警部门报案，同时一定要在 48 小时内向保险公司报案，否则有可能直接被拒赔。

9. 撞车了一定要先向第三方索赔同时向保险公司报案

在不幸出险后，被保险人必须先向第三方索赔，才有可能获得保险公司的赔偿。如果被保险人放弃了向第三方索赔的权利，而直接向保险公司索赔，保险公司将拒绝赔偿。因为一旦放弃了向第三方追偿的权利，也就放弃了向保险公司要求赔偿的权利。

10. 其他注意事项

被车上物品撞坏不赔，如果车辆被车厢内或车顶装载的物品撞击而造成损失，保险公司不负责赔偿。

没经过定损直接修理的不赔，如果车辆出险，车主需要先到保险公司定损，再修车，否则保险公司可能因无法确定损失金额而拒绝赔偿。

车辆零部件被盗的不赔，如果车辆只是零部件如轮胎、音响设备等被盗走，车主只能自担损失。

酒后驾车、无照驾驶，行驶证、驾照没年检的，或者实习期上高速发生事故的情形，保险公司也可以拒绝赔付。

思考题

1. 简述机动车辆保险理赔的流程。
2. 简述机动车辆保险理赔的原则。
3. 简述机动车辆保险理赔中查勘的主要内容。

第 9 章　汽车保险欺诈

学习目标

- 熟悉保险欺诈的成因。
- 熟练掌握保险欺诈的分类及表现。
- 理解保险欺诈的危害。
- 掌握保险欺诈的处理技巧。

导入案例

“1 万元汽车投保 50 万元”——车主涉嫌骗保

2008 年 3 月，一位车主到中国人保哈尔滨分公司申请理赔，称其今年 1 月在该公司投保的“奥迪 A6”车丢失，要求保险公司进行理赔。保险公司的保险独立调查人经过一番调查后发现，今年 1 月，车主到人保哈尔滨分公司给一台“奥迪 A6”车投保，因该车挂靠在某大公司，而该公司还是人保哈尔滨分公司的大客户，双方合作一直很好，所以保险公司很快为该车办理了保险。按车主提供的资料，该车价值 50 万元，投保了 50 万元保额的车损险、26 万元保额的盗抢险等。今年 3 月，保险公司接到车主的报案，称其在某小区吃饭时，将“奥迪 A6”车丢失，要求保险公司进行赔付。根据以往经验，保险公司觉得这起赔案有些蹊跷，于是，该公司的保险独立调查人着手进行调查。

经调查取证后，该案件终于水落石出。原来，“奥迪 A6”车原本是“奥迪 A3”，该车是 2003 年沈阳市某公司花 18 万元购进的，2008 年，车主从二手车市场花了 1 万元购买了该车。他通过更改该车档案，将其变成了价值 50 万元的“奥迪 A6”，并为该车在保险公司投保了高额的盗抢险。在保险公司，从保险独立调查人那里看到的资料显示，“奥迪 A3”和“奥迪 A6”的发动机号和车架号完全一致。

据保险独立调查人介绍，一般车辆骗保案很容易被察觉，惯用的手法就是，车辆一般为使用多年的名牌车，投保时间不长就会发生盗抢、烧毁等事件。

9.1　汽车保险欺诈及其成因

9.1.1　保险欺诈的定义

保险欺诈，一般也称保险犯罪。严格意义上说，保险欺诈较保险犯罪含义更广。保险当事人双方都可能构成保险欺诈。凡保险关系投保人一方不遵守诚信原则，故意隐瞒有关保险标的的真实情况，诱使保险人承保，或者利用保险合同内容，故意制造或捏造保险事故造成保险公司损失，以谋取保险赔付金的，均属投保方欺诈。凡保险人在缺乏必要偿付能力或未经批准擅自经营业务，并利用拟订保险条款和保险费率的机会或夸大保险责任范围诱导、欺骗投保人和被保险人的，均属保险人欺诈。保险欺诈一经实施，必然造成有害结果，有必要严加防范。

1．投保人、被保险人、受益人一方的欺诈表现

投保人、被保险人、受益人一方的欺诈的表现有以下几方面。

① 投保人、被保险人故意隐瞒真实情况，诱使保险人承保，而后伺机骗取保险金。如已发现或确诊严重疾病和不治之症，却故意隐瞒不作申报，竭力建立保险合同关系；已办好住院手续而后投保疾病保险，不作如实告知；已发生保险事故再行投保，并伺机等待恶劣气候，擅改事故发生日期，等等。

② 不具有可保利益投保，未经被保险人同意，私下投保以死亡为给付保险金条件的合同，或未经被保险人书面同意认可保险金额，甚至篡改保险金额骗赔，如未婚夫妻投保以死亡为给付保险金条件的保险，有的还蓄意涂改保险金额，而后制造意外事故，加害被保险人，骗取保险金。

③ 故意制造损失和意外事故。有的企业经营亏损，却故意高额投保，并在保险期间纵火，或造成机动车辆损毁；有的被保险人乘暴雨之机有意将滞销商品浸湿，企图以保险赔偿金弥补经营亏损。人身险中投保人或受益人故意杀害被保险人，或伪装第三者杀人和自然死亡，或伪装交通事故和其他意外事故死亡；有的被保险人自残，或除外责任期后自杀谋取保险金。

④ 故意扩大损失程度。保险标的遭遇保险责任范围内的部分损失，被保险人不仅不积极施救，而且还故意将库存积压品损毁，企图获取更多赔偿金；有的投保健康险，虽已痊愈仍不肯出院，诈领额外保险金和医疗补贴。

⑤ 故意虚构保险标的，捏造保险事故，谎称发生了保险事故。投保人以无经济利益的他人车辆、财物虚报为己有经济利益的标的投保，或将其他非保险标的损毁伪装成保险标的损失，或将他人尸体混充为被保险人尸体，或伪装自杀等手法骗赔。

⑥ 伪造、变造与保险事故有关的证明资料和其他证据，或者指使、唆使、收买他人提供虚假证明资料，或者编造虚假的事故原因。如虚列损失清单，伪造死亡证明，伪报失窃物品数量和价格；被保险人自然死亡伪称意外事故死亡，谋取双倍保险金。

透过上述种种欺诈谋骗表象，不难发现其实质是同一的，那就是利用保险特性，以较小的保险费支出，蒙混诱骗保险公司，力求获取高于保险费若干倍的保险赔付金。

根据日本已侦破的保险欺诈案统计资料，欺诈犯最主要的犯罪动机是谋取金钱。尽管资料显示其中具体动机有的是为了筹措周转资金，占 36.8%；有的表现为筹措旅费，占 23.5%；有的是为归还贷款，占 20.5%；有的则是因催讨借款受阻，对债务人背信而产生愤怒，遂杀害债务人，以保险金抵债，占 7.4%；有的则是由于房屋贷款，经济拮据而萌发谋骗保险金的，占 7.35%。此外，根据日本法务综合研究所的调查，参与保险欺诈的共犯，60.8%是主犯以金钱收买而与被害人无直接关系的第三者。日本是保险业发达国家，其对保险欺诈犯罪的调查研究较为深入，并积累了一定的资料，这些统计数据有一定的代表性。我国保险业正处于大发展的初期，保险法规尚在建立和健全之中，因而近年来我国保险欺诈案件发生数量较多。有的保险公司感叹骗赔率达 10%以上，有的保险人士则称“骗赔围逼保险公司”，而据已披露的保险欺诈案分析，其实质也都是为了谋骗保险金。

2. 保险公司业务人员及代理人的欺诈表现

保险公司业务人员及代理人的欺诈表现有以下两点。

① 引诱欺诈投保人，夸大保险责任或暗示投保人不如实告知，或超额承保，私下许诺给予回扣及其他利益，或与投保人串通共同谋骗。

② 保险公司工作人员利用职务上的便利，故意编造未曾发生的保险事故，虚假理赔，或与被保险人、受益人串通涂改保险合同档案资料，使之符合保险事故条件，私分保险赔偿金。

综上所述，不论投保人、被保险人、受益人的欺诈，还是保险公司业务人员及代理人的欺诈，其社会危害都是极大的，不仅直接造成保险标的物的经济损失、被保险人的人身伤害，侵害社会他人的合法权益，而且还损害了社会公共利益，违反了保险基本原则，破坏了保险公平、公正的交易秩序，阻碍了保险制度顺利发展的进程，因而保险界称保险欺诈为“黑色逆流”。

9.1.2 汽车保险欺诈的原因

汽车保险欺诈骗赔具有很大的隐蔽性，其原因比较复杂，概括起来大致有以下几方面。

1. 利益的驱动

高回报产生的强力诱惑。保险合同可以使投保人支出少量的保费，获得上百倍于保费的保险保障。低成本高收益在一定程度上为保险欺诈提供了动力源泉，促使他们期望诈骗成功而一夜暴富。

汽车修理的利润主要有两大块，一块是工时费，通常利润可以达到30%；另一块是材料费，正常利润是25%，而如果进行骗保则可达150%～250%，甚至更高。因此一些汽修厂利用自己既了解保险知识，又懂汽车构造的有利条件，在事故车辆维修时做手脚，偷梁换柱，以次充好，一方面向保险公司报损，索要更换部件和维修的高额费用，另一方面却用较低档的材料为客户修车，从中牟取暴利。

目前，车险的销售主要是通过代理人进行的。车主在保险公司授权的代理公司购买了保险，就盲目地认为该公司也有权为自己理赔，经销商也就顺坡下驴向客户做出承诺。而修理厂方面，也不甘落后地承诺可以提供一条龙服务，其中当然包括理赔。于是出于方便的考虑，客户往往会选择在自己的爱车发生损坏事故时，将车直接送到修理厂维修并委托修理厂代为向保险公司索赔修理费用，留下自己的驾照、行驶本、身份证等重要证件，这就给别有用心的汽修厂工作人员以可乘之机。

2. 保险意识的偏差

保险是指投保人根据合同的约定，向保险人支付保险费，保险人对于合同约定的可能发生的事故造成的财产损失承担赔偿保险金责任，或者当被保险人死亡、伤残、疾病或达到合同约定的年龄、期限时承担给付保险金责任的商业保险行为。从表面看，保险与赌博存在着许多相似之处，都可能以较小的支出获得较大的回报。投保人的心态不同，会产生不同的动机，实施不同的行为，造成不同的社会效果，演绎出不同的法律关系。保险提供的补偿以损失发生为前提，补偿额以损失价值为上限，不存在通过保险获得期望利润的可能。社会公众对保险认识的局限，往往造成比较多的投保人从个人的投资回报和利益角度来看待保险，因而，不少人的保险意识存在偏差，认为投保得不到赔偿就是“吃亏”，更有一些铤而走险的不法分子，抱着赌博的心态投保，投机取巧，以虚构保险标的、编造保险事故、夸大损失程度或故意制造保险事故等手段，致使保险人陷入错误认识而向其支付保险金，从中获取不正当的利益。这种行为的存在，给保险公司的正常经营构成威胁，影响着保险人的偿付能力。正因如此，我国新刑法制定了保险诈骗罪，以严厉打击这种不法行为，保证我国保险业的健康发展。

3. 保险法制观念不强

由于我国保险业刚刚起步，法律法规不健全，在百姓心中，保险欺诈被看成一种可以原谅的过错，人们甚至认为通过不正当手段从保险公司骗取保险金并非是违法的事，即使欺诈行为被识破，其声誉也不会受到多大影响。这种行为在司法机关工作人员中也有很多模糊认识，他们总将保险欺诈视为保户与保险公司的经济纠纷，最多认定为是保户不当得利，通常不作为违法犯罪来打击处理，客观上助长了骗保的不法之徒的嚣张气焰。另一方面，现行条款的医药费、伤残程度、第三者责任给付金等要以医院、交警队等部门开具的证明和裁决为准，但因为这些部门都不是经济责任承担者，再加之受社会不正之风的影响，交警、医院，甚至单位的工资、抚养人、被抚养人等证明都有虚假的内容，加大了保险的非正常赔付金额。一些明显作假的证明，在确认后保险公司可拒赔；但还有不少属于实际有假，但承办人员又无法用确凿证据推翻的证明，办案人员只能是望“证”兴叹，唯“证”是从了。

4. 司法支持力度不够

目前保险公司在发现骗赔行为时原则上要以具体案情为依据，先向公安部门报案，待警方初步调查后再作决定。涉案金额如果达不到立案标准，就只能通过到法院起诉来解决。但这样的诉讼案从立案到结案通常得半年左右，费时费力，往往保险公司都不会选择。同时，在车险理赔过程中，保险公司查勘和核赔工作的难度非常大，由于保险公司调查工作的成本比较高，案例发生的随意性较强，再加上各保险公司之间信息资源的闭塞，除非有人举报，要想大量查处骗赔案件，确实存在着一定的困难。况且保险公司都没有侦查权，理赔部门的调查工作往往还需要社会相关部门的支持与协作，如检察院、法院、公安机关、医院等。但是在具体调查核赔的过程中，并不是所有的相关部门都支持保险公司的工作。由于保险公司的调查权没有相应的、明确的法律支持，调查人员的法律地位也不明确，以致定损、核查工作大大受阻。这样，诈骗者不仅有诈骗可能成功的侥幸心理，而且知道，即使诈骗被人发现，也只不过同不诈骗一样领不到保险金，而无其他伤筋痛骨之虑。因此，在目前的法律环境下，骗赔失败可能受到的惩罚，相对于骗赔成功的获利而言，难以对犯罪分子形成足够的威慑，这就使得骗赔者更加有恃无恐。

5. 保险公司内在管理及制度的不完善

由于专业人才的匮乏，大多数保险公司的车险理赔部门缺乏足够的专业人员，无法辨识机动车辆保险欺诈分子及其团伙的伎俩，或者虽对欺诈者的行动有所察觉，却不知用何种有效有手段揭发和制止其犯罪行为。此外，由于缺乏具有保险专业知识的专业经营者，保险公司经营管理机制也不够完善，理赔程序不够严密，内部监督机制缺乏，使欺诈分子及其团伙有机可乘。

机动车辆保险经营的特殊性为犯罪分子提供了可乘之机，机动车辆保险险种多，交通事故涉及对象广泛且不确定，出险频率高，出险现场远近不一，涉案金额不大，保险公司理赔人员有时尽管对某些赔案有所怀疑，碍于无法调查取证或取证成本过高，也就不了了之，这些特点都为机动车辆保险骗保者提供了可乘之机和广泛的作案空间。

核保核赔缺乏必要的内控机制。一些保险公司采取粗放式经营，抱着“捡到篮里都是菜”的态度，不能在核保前对保险标的进行科学的风险评估，发生赔案时，第一现场查勘率不高，识别真假的能力不强。随着市场上机动车保有量的激增，机动车出险率大幅上升，理赔人员工作繁忙，难以有效地甄别骗赔案件。再加上一些保险公司为争夺市场份额，采取粗放式经营，导致代理人在招揽客户时置规章条例于不顾，只重数量不求质量，为日后的骗保埋下隐患。更有一些保险公司理赔人员缺乏职业道德，见利忘义，与汽修厂勾结串通，里应外合，更使得保险公司防不胜防。另外，保险人之间不能进行有效率的信息交流与数据共享，保险公司视对方为竞争对手，很少互相通报骗保骗赔情况，使居心不良的欺诈行为屡屡得逞。一些保险公司被诈骗后，为顾及自己的信誉和影响，采取不张扬的做法，使保险欺诈者更有恃无恐。往往一次事故，骗取多次赔款。

6. 整个社会尚缺乏诚信体系和健全的监控机制

由于不了解机动车辆保险欺诈行为的法律后果，把机动车辆保险欺诈当做一种取得经济效益的手段。现阶段，很多人并不了解我国《保险法》和《刑法》对保险诈骗犯罪的处罚规定，不了解该等行为的法律后果，以为这不过是与保险公司“玩游戏”，是一种高明的生财方式。除非涉及人身安全，否则不认为机动车辆保险欺诈是一种违法犯罪，甚至有人在网站上公开发文指引人们如何骗赔。

对于不构成刑事责任的小额骗赔案件，保险公司只能以拒赔处理，对当事人不能作任何惩罚措施，也没有任何教育、惩治的作用。如果在一个信用体系完善的社会，骗保等不诚信的事实一经确认，当事人的信用就会有不良记录，进而连带影响其所有的社会活动，这样不仅对于骗赔，甚至对其他的社会诈骗行为都有很强的威慑作用。

9.2 汽车保险欺诈的危害

骗保行为总是以投保时的不如实告知为前提，以投保后的不合法行为（制造、虚构事故，扩大、夸大事故损失，虚构或提供虚假的事故证明材料）为手段来达到目的。作为投保人来说，骗保行为可获得的收益主要体现为巨额保险金，以及以较低的保险费率获取高额的保险保障。

9.2.1 汽车保险欺诈的成本

1. 骗保行为的成本

骗保行为的成本包括行为暴露后的声誉损失、经济损失及承担的法律后果。

2．经济损失

故意未如实告知，保险人发现后可解除保险合同，对合同解除前发生的事故不承担赔付责任，并且不退还所交保费。

3．法律后果

对于通过各种非法手段骗取保险金的，如数额较大，就构成保险诈骗罪，行为人要承担相应的刑事责任。

4．声誉损失

骗保失败被公布，将失去个人、企业信用，遭受公众、舆论谴责，并对其未来造成影响。

9.2.2 汽车保险欺诈的危害

1．对保险公司的危害

机动车辆保险欺诈骗赔威胁到财产保险公司的生存与发展。机动车保险险种多、出险频率高、交通事故赔案涉及人员广泛，机动车保险赔付率一直居高不下，根据《中华人民共和国年鉴》公布的资料，2001—2004 年间，全国机动车保险赔付率平均为 56.41%。与高赔付率并行的，是低折扣和高手续费。

2006 年，个别地区的车险费率的折扣甚至达到了 2 折，同时，手续费率则居高不下，一些地区甚至高达 30%～50%。在高赔付率、高手续费、高折扣的基础上，不时出现机动车辆保险欺诈，无异于给已经难以为继的机动车辆保险雪上加霜。而机动车辆保险是我国各家财产保险公司的龙头业务，业务占比一直保持在 60%以上，机动车辆保险的长期亏损经营必然威胁到财产保险公司的生存与发展。

保险事业在国民经济中的地位越来越重要，保险制度不仅是一项经济补偿制度，而且还是社会保障系统中重要的一环。机动车辆保险是财产保险中第一大险种，其健康发展意义重大。据公安部交管局统计，2006 年全国共发生道路交通事故 378781 起，共造成 89455 人死亡，其中机动车驾驶人交通违法违规导致死亡 76350 人，占总数的 85.35%，可见机动车辆保险的市场价值和社会价值。而频繁且严重的机动车辆保险欺诈必然危害巨大：一是损害了整个社会的诚信建设，侵犯了国家的保险制度和公私财产的所有权；二是严重阻碍和扰乱了财产保险公司的正常经营活动进而使车险市场难以正常运行，因为保险合同具有射幸性，必须依据概率论和大数法则制定保险费率，但欺诈的发生模糊了事故的真实概率，使得费率难以确定，费率过高影响拓展市场，过低则影响偿付能力。

2．对投保人的危害

机动车辆保险欺诈侵害了其他投保人的利益。保险公司是根据过往大量损失统计资料，遵循概率论和大数法则，通过精算来确定应向投保人收取多少保险费的。

当机动车辆保险欺诈成为一种普遍存在时，如果保险公司无法把损失统计资料中属于欺诈部分的损失剔除出来，据此制定出来的费率，必定高于投保人承担实际风险损失所应承担的费率，这将导致诚实的保户必须为获得保险保障而支付额外的保险费。

如果保险公司能把损失统计资料中属于欺诈部分的损失剔除出来，虽然投保人投保时未因机动车辆保险欺诈的存在而多支付保险费，但是，若保险公司在赔付过程中未能识别机动车辆欺诈伎俩，因此而多支付了赔款，也会导致偿付能力低下，无法保证正常的赔付，必然损害其他诚实的投保人的利益。

从表面上看，骗赔损害的只是保险公司的利益，事实上最终受害者也包括广大消费者。首先，由于车险费率是根据历史风险数据进行精算厘定的，从长期来看，如果骗赔得不到遏制，将直接导致未来车险费率上升，也就是说，消费者最终不得不为骗赔分子"买单"。其次，有些不法修理厂或代理人在车主并不知情的情况下，私自用车主的事故车及个人资料到多家公司骗赔。甚至采取各种形式对汽车做手脚，通过扩大损失从理赔中获利，对汽车造成严重损坏，而这种内伤往往是客户在取车时很难发现的，这将会使车辆的安全性能降低，安全程度大打折扣。选择正规修理厂修理车辆，妥善保管身份证、行驶本、驾驶证等重要证件，不要轻易交给他人，以免他人虚报资料索赔，即使必须交给其他人帮自己办事时使用，也应只提供复印件，并在复印件上注明用途；尽量亲自办理出险索赔手续，如需委托代理人员办理车险索赔事宜，应先向保险公司了解相关委托代理的手续，并在车辆维修期间，随时关注车辆修理情况；出险后务必在第一时间拨打保单上保险公司的电话报案。如果拨打代理机构的电话报案，并不能算作有效报案；不要随意将车借给不太熟悉的人，如果自己或家人在车辆使用过程中有出险记录，要注意定期拨打保险公司咨询电话，查询自己的出险记录。

3. 对保险业的危害

机动车辆保险欺诈阻碍保险事业的发展。最大诚信原则是保险事业正常运行的基础，被保险人和保险人双方均应最大限度履行告知、弃权与禁止反言等义务，其诚信要求比一般的经济合同要求更严格，否则保险事业无法运行，也失去了保险自助、助人的本质意义。机动车辆保险欺诈的存在恰恰打破了保险经营的最大诚信原则，扭曲了机动车辆保险的正确功用，使保险沦为不法分子及其合伙人谋取不当利益的工具。保险欺诈犯罪在威胁财产保险公司生存的同时，让真正需要投保的诚实投保人对保险的诚信产生怀疑，"望保却步"，阻碍保险事业的发展。

4. 对社会的危害

机动车辆保险欺诈侵蚀社会道德，败坏社会风气。保险欺诈分子及其团伙利用机动车辆编造或故意制造保险事故，损害他人财产，影响道路交通安全，造成他人人身伤害和财产损失，扰乱社会秩序，进而严重地侵蚀社会道德，败坏社会风气。

9.3 汽车保险欺诈的特征

车险骗赔是指投保人、被保险人、修理厂、代理人故意捏造虚假车险事故，或歪曲、掩盖真实情况，夸大损失程度，意欲骗取保险赔偿的行为。

9.3.1 车险骗赔的特征

1. 索赔方式

索赔方式：回避正常的理赔处理程序；索赔态度异常；利用宣传媒介对保险公司施加压力；利用不良势力对核赔工作人员进行恐吓。

2．骗赔手段

骗赔手段：先险后保；一险多赔；虚假事故；低损高赔；移花接木（配件、车辆）；虚构标的（标的、三者）；转嫁损失。

3．骗赔方法

骗赔方法可谓是层出不穷，在部分沿海发达城市甚至出现司机用胶带把自己固定在座位上，抱着两床棉被开车到高速公路故意制造交通事故的事件。

9.3.2　欺诈案件的共性

车险骗赔案件具有隐蔽性、职业化、团伙化等特点，与其他保险诈骗类型相比，车险骗赔金额小，数量多，更难察觉。但车险骗赔案也存在一些共性。

1．事故大多不在第一现场

大部分骗赔案的报案人不在第一现场，一般都是在修理厂或已离开现场。

2．欺诈者前后陈述不一致

骗赔者报案时对出险经过的描述与后来调查时的当面陈述往往不相吻合，前后矛盾，闪烁其词。

3．骗赔者精通索赔要点

骗赔者对车险理赔有较为深入的研究，掌握索赔要点，对保险公司的整个理赔流程较为熟悉。另外在索赔时态度较为苛刻，如经常威胁要投诉等，以转移理赔人员的注意力，同时不愿意保险公司追溯第一现场。

9.3.3　保险各环节欺诈特征

保险各环节欺诈特征，如表 9-1 所示。

表 9-1　保险各环节欺诈特征

风险环节	风险警示特征
投保	曾经动员投保无效，突然提出上门投保的
	所有权不清或曾多次转手的车辆
	老旧车型高额投保的
出险	深夜特别是凌晨，或双休日、重大节日在郊区和三不管地区发案的
	道路交通事故不报交警而报派出所或其他部门的
	车贷险客户发生重大事故、全损事故或全车被盗抢的
	出险时间与起保日或终保日接近的
	临近出险日缴清保费或长时间拖欠保费突然主动缴清的
	一段时间以来未出险车辆突然发生重大事故而仅有车损的
报案	承保标的车与出险车辆牌号、发动机号、车架号及两证不符的
	出险频率较高的“五种人”（报案人、出险时驾驶员、被保险人、行驶证车主和索赔权益人）
	由汽车修理厂代为报案办理索赔手续或由修理厂人员开车出险的等

续表

风险环节	风险警示特征
索赔	事故有关当事人或知情人突然外出或去向不明的
	只同意口头或电话与保险公司联系拒绝形成文字记录的
	出险原因不属于保险责任，与事故照片反映不吻合的
	提供单证有涂改痕迹，笔迹雷同的；提供的材料过于齐全或繁杂的
	印章模糊或异常，发票或相关单据不规范的
查勘	未使用数码相机前的案件事故照片底片曝光的，或照片有异样的
	车损严重，不经拆检无法定损却当日做出全额赔付调解决定的；或在保险公司定损时极易达成一致、也未回勘或复勘的
	车身大面积损坏而损失部位与事故无法直接联系的，费用项目及价格不合理的
	车身变形严重，驾驶员无伤或驾驶员与乘员轻易跳车成功的
	标的车追尾大型车等，标的车重损，而大型车无损且逃离现场的
核赔	理算不准确、搭车理赔的
	未按责免赔、有重复项目、发票单据失效、查勘费的列支不符合规定等
	以往频繁出险的；案情及赔付金额十分相近的；事故当事人、被保险人和相关人关系密切的；索赔人毫无条件接受赔付方案的

9.4 汽车保险欺诈的手段

9.4.1 欺瞒车主——偷梁换柱、以次充好

为图省事，被保险人经常委托维修厂代为向保险公司索赔修理费用，但维修厂接到客户的受损车辆后，用较低档的材料为客户修理，以高档材料的价格向保险公司索赔，这样不同档次的材料费用差价被维修厂“吃掉”，车主在取车时一无所知，以为这样修车很“方便”。殊不知，车辆已经留下了安全隐患。

1. 伪造事故骗保

开两辆车去伪造车祸现场， 把已受损的车开到一个路口， 伪造成追尾事故的现场， 再选择夜晚报警，利用天色黑暗，迅速取得交警出示的事故认定书。

2. 谎报事故骗保

如果来修的汽车挡风玻璃裂了，就把车子开到土路上，然后报案称，一辆运石头的大货车弹起的石头把玻璃砸碎了，骗到派出所的证明，再去保险公司理赔。

3. 制造事故骗保

把送来修的车开出去真撞，要是撞得还不够惨，就直接把车敲坏，甚至用已损坏的配件换下好的配件。

上述事例，在社会上很多不规范的汽修企业里，并不少见。

9.4.2 无中生有，故意制造事故

如果说车险是保险骗赔中比例最高的险种，那么，车主人为制造车祸或某些事故骗取保

险理赔金的做法就是车险骗赔中最常见、最普遍的情况。具体情况有故意撞车、翻车或以车撞墙、撞护栏等地方，或者谎称车已被抢被盗等。即使车主故意制造保险事故的手法再高超，也难免露出一些欺诈的蛛丝马迹，有时能被警觉的公安或理赔人员发现。因为伪造现场的状态不符合事故发生的客观规律，物体的位置及痕迹方向与客观事实往往有一些矛盾。

例如：修理厂方面将正在厂里正常保养或修理的汽车换上已经损坏的旧配件，在修理期间制造假交通事故，甚至故意损坏后向保险公司索要高额保险赔偿金。更有修理厂移花接木更换牌照，这种骗赔现象也时有发生，特别是一些规模不大、地址偏僻、私人经营的小型修理厂更是肆无忌惮。

移花接木，以假乱真常用方法有以下几种。

① 套用保险车辆号牌。当未投保车辆肇事后，将其换上已投保车辆号牌，再向交警部门和保险人报案。第三者人员伤亡事故，往往因保险人不去现场查勘，仅依照事故处理机关的证明及发票赔付，投保人则会串通事故处理机关偷梁换柱，提供伪证。

② 普通伤亡者冒充保险事故伤亡者。此类现象以第三者人员伤亡案件居多。其手法是将伤、亡、病、残的治疗费用，一并记在第三者伤亡者名下，然后持医疗发票向保险人索赔。伤残鉴定时，被鉴定人采取故意伪装，骗取鉴定人的信任，或将被鉴定人移花接木，冒名顶替，致使伤残等级鉴定结果偏高，以骗取更多的保险赔款。

③ 除外责任事故伪造成保险责任内的事故。车险条款规定了多项除外责任，当被保险车辆肇事是因除外责任引起时，投保人会想方设法，不择手段，将其“转化”为保险责任范围内的损失。如无证或酒后驾车人员，由他人顶替报案；未投保自燃险的车辆发生火灾后伪造火灾起因；车辆撞伤家庭成员则虚报为非家庭成员等。

9.4.3　出险在先，投保在后

这类欺诈案件的典型特点是：出险时间与保险起保日或终止日十分接近，且该保的险种一般均保全保足。其实施手段有两种：① 伪造出险日期。通过关系，由有关单位出具假证明；伪造、变造事故证明；单车事故肇事后保留现场，暂不报案，待投保后方按正常程序向保险人报案索赔。保险人即使去现场查勘，若不深入调查了解很难察觉。涉及人员伤亡，则通过涂改病历、发票及医疗证明的日期，以达到欺诈的目的。此种手法较为低劣，易为保险人识破，故高明的欺诈者少采用之。② 伪造保险日期。投保人串通保险签单人员，内外勾结，利用“倒签单”的手法，将起保日期提前，瞒天过海，浑水摸鱼。有的车辆在到期脱保后要求保险人按上年保单终止日续保也属此类。

9.4.4　夸大损失，超额索赔

涉及第三者死亡伤残案件的索赔金额一般较大。一些欺诈者挖空心思，篡改死伤者年龄或通过关系出具虚假的被抚养人年龄、人数及家庭成员的证明，以达到提高索赔金额目的。有的投保人平时不注重保养车辆，待车辆出事后一并修理，通过勾结定损人员或修理厂家，擅自扩大修理范围，将不属于保险事故的修理费用纳入保险损失。

9.4.5 编造事故索赔

事故性质本来属于保险人责任免除范畴，骗赔者谎报案情欺骗保险人。如车辆出险时存在酒后驾驶、无证驾驶等问题，但车主（或其代表）当时不报案，次日再索赔，使保险人无法在第一时间内掌握出险时的真实情况。

9.4.6 一次事故多次索赔

一次事故多次索赔，包括一次事故向一个保险人和多个保险人多次索赔。一次事故出险后反复多次向保险人索赔，骗赔者经常用同一个事故，利用时间差和不同的经办人、不同的地点，多次向保险人索赔。由于许多基层公司“重承保、轻理赔”、“重业务、轻管理”，内部管理混乱，理赔制度不健全，特别在当前车险市场激烈竞争的形势下，为抢夺业务，争取客户，保险人往往委曲求全，对投保人网开一面，仅凭其提供的证明及发票即予赔付。一些欺诈者弄虚作假，伪造事故证明或涂改有关单据复印后不定期地向保险人索赔。同时，一次事故多险索赔的现象也时有发生。如车辆造成货损后，投保人可在车上货物责任险和货物运输险项下同时索赔。因保险人内部横向信息沟通不畅，投保人鱼目混珠，轻而易举向多个保险人同时索赔，主要利用重复保险进行保险欺诈。投保人将其车辆向多个保险人分别订立保险合同，并有意对各保险人隐瞒其重复保险的情况。当保险事故发生后，持各保险人签发的保险单分别索赔，以获取多重赔款。因欺诈者都是蓄谋已久，且各保险人均对投保人有关资料视为绝对机密，故保险人对重复保险的情况很难发现，欺诈的成功率较高。

9.4.7 提供虚假证明索赔

1. 超额投保

投保人以高于车辆实际价值的金额投保，以期在保险事故发生时，获取高于保险车辆实际价值的赔款。如旧车超额投保后将车坠毁或纵火焚烧，故意毁灭车辆，以图诈赔。

2. 虚构事实

投保人伪造有关证明、死亡鉴定书，利用假医疗发票，假诊断证明等向保险人索赔；或将保险车辆私下转卖后谎称被盗，诈取保险赔款。

9.4.8 已获赔偿，重复索赔

双方事故已得到对方的赔偿，或自己无责任但对方无力赔偿的，仍谎称单方事故向保险公司索赔。这种情形在骗赔案中较多，有些是在外地出险，已处理完毕，但回来后又以单方事故的名义向保险人索赔。有些则是因为与第三者方非同一家保险公司投保，且第三者方全责，在按照《道交法》获得赔偿后，重新向投保的保险公司以单方事故名义进行报案，以获得两次以上赔偿。

9.4.9　相互勾结、共同骗赔

有些投保人为了骗取高额的保险赔偿金，不惜勾结修理厂，故意制造单方面责任的交通事故，如将投保车辆故意撞向大型石块、桥栏、大树等固定物，造成车辆严重损坏而向保险公司索赔，这种案例较多集中在夜间或在驾车到外地等较难取证的地方发生。这种故意单方肇事由于没有目击证人，保险公司调查时会有一定的困难，一些投保人（被保险人）从而钻空子骗取赔偿金。以前由投保人（车主）或汽修店操纵的车险骗局， 近年来已逐渐演变成由汽修店、车主、保险公司内部人员三方内外勾结以骗保。许多车主在车辆发生意外事故或故意制造出事故送到汽修店后，委托汽修店向保险公司索赔，而修理厂一面向保险公司报损，索要更换部件和维修的高额费用，另一方面却用较低档的材料为客户修理，从中谋取暴利。保险公司的“内应”多在汽车出险后起作用，有的保险公司理赔人员，只要有交警开具的《交通事故认定书》，就轻易赔偿，有的甚至故意定损不当。保险公司定损员、车主和汽修店之间勾结蒙骗保险公司的情况，控制起来更是困难。

9.5　保险欺诈对策

9.5.1　接保险时详细记录出险情况

从查出来的骗赔案看，保险公司内部接报案程序不规范，漏洞较大，很多案件都是出险后未及时向保险公司报案专线报案。今后要切实加强报案专线接报案工作。建议每个赔案都应按规定向报案专线报案（一般来说，报案当时大部分信息都是真实的，车主或修理厂还来不及想要骗赔），并将该报案登记表存入赔案卷宗，对未及时报案的可以不予理赔。同时，报案登记信息应更全面、仔细。接报案时发现存有疑点的，接案人员应认真做好相关记录工作，必要时予以电话录音。同时提醒查勘人员应注意的情况，查勘人员在进行查勘定损时，必须高度重视，不轻易放过任何疑点。在日常操作过程中，很多案件都是案件处理好后向保险公司索赔时才知道有这个案件发生过。而大部分案件的造假都是在这段时间里发生的。要认真建立报案登记及案件进展情况登记。这不仅有利于防止骗赔案的发生，也有利于公司加强未决赔款的管理工作。

9.5.2　加强各保险公司之间的联系和沟通

各财产保险公司之间缺乏有效的沟通，特别是第三者车损如何定损的问题没有一个较好的协议，很容易被他人钻了空子。目前，各家保险公司之间在理赔上几乎没有什么合作，基本上是自扫门前雪，这无疑给骗赔者提供了可乘之机。一些投保人在一家保险公司屡次骗赔被察觉后，会转而投保到别的保险公司，因为信息不对称，新投保的保险公司无法防备其骗赔行为，等到其因为再次骗赔被发现，损失已经造成。各保险公司应在不泄漏商业秘密的前提下，进行反欺诈合作。保险行业协会应成为各保险公司信息交流的纽带，尽快将各保险公司发生的骗保骗赔材料和存疑的赔案材料收集起来进行必要的处理，建立一个全行业的保险欺诈数据库，以便各保险公司能够信息共享。在投保阶段，可以此来识别投保人是否有过保险欺诈行为，是否与多个保险人签订了欺诈性保险合同；在理赔阶段，可以此来识别同一财产保险事故重复索赔的情况，等等。同时，还要加强与其他国家保险行业的联系，互相交流经验，共同防范跨国保险欺诈。

9.5.3 加强现场查勘，全面深入调查

理赔是保险人处理保险案件的重要程序。查勘定损则是车险理赔的关键。而保险人普遍“轻查勘、重定损”。车辆发生事故后，不去现场查勘，而是让保户直接将车移送至修理厂定损，这样，给欺诈者在时间和空间上就留有充分的作案机会，一些本来能够发现的欺诈案件也不能及时识破。其次，赔付金额过分依赖有关单位的证明：如对事故责任的划分，凭交警队的事故责任认定书；对人员伤残鉴定，依据法医或医院的鉴定书；对于被抚养人的情况，仅凭乡政府或派出所的证明。而在实践中，由于上述单位都不是经济责任的直接承担者，加上种种原因，有些证明会与事实不相吻合，甚至会有很大的出入。保险人如不通过其他途径进行进一步的核实，就很容易为欺诈者所蒙蔽。因此，保险人应加强查勘力度，提高事故第一现场查勘率，全面了解，调查取证，以获取及时准确的信息。对于肇事车辆，一律核实其发动机号以“验明正身”，在计算和审核赔款时，要认真核查各种单据的真实性。对于伤残者的医疗费用、伤残者的伤残等级、伤亡者及被抚养人的年龄及家庭成员的情况，以及车辆转卖、转让及变更用途等情况，认真审核，去伪存真。第三，建立索赔档案，并通过计算机在各保险人之间联网，一致抵制欺诈行为。进行现场查勘是防范保险骗赔最为重要和有效的手段，特别是要努力追溯查勘第一现场。查勘时应将损坏部位与客户陈述进行认真对比，对于不相吻合的情况要一查到底。查勘人员切忌人云亦云，应认真仔细查勘，从各方面、全方位、多角度来审视案情，并建立对查勘人员发现现场假案的奖励制度。加紧完善车险的定损流程，实施一定的防范措施，如先派员定损再开始维修、回收车辆换下来的旧配件，以检验维修厂对车辆修理的真实情况等。

9.5.4 规范代理修理厂

不涉及人员伤亡的很大一部分案件都是由修理厂来代理索赔的。由于修理厂经常跟保险公司打交道，熟悉保险公司的操作流程和规范、值班人员安排，甚至许多修理厂专门研究保险公司的漏洞，想尽办法钻空子。而许多车主不了解保险公司的操作过程，怕麻烦，将索赔权益全权交修理厂，修理厂为自身利益，会夸大损失或吃完保险公司吃车主，易产生多赔、骗赔案件。因此，需要认真研究、规范修理厂代理索赔、代理定损、代理报案等情况，防止车主或保险公司被修理厂利用。同时，对代理案件要做好记录，由修理厂提供被保险人的委托书，并留下当事人（车主）的电话号码，以便及时了解真相。此外，保险公司也要提醒广大车主，在送车辆去维修时，不要只顾图方便、贪便宜，最好是将车送到正规的或品牌较好的专业修理厂，如果是到一些较小型的维修厂，就必须经常过去查看修理进度，小问题最好不要在修理厂过夜，以防有诈；二是车主自己与保险公司直接联系索赔事宜，由保险公司派专人到现场查勘定损，以维护自己的合法权益不受损害；三是不要随意将行车证、驾驶证、身份证的复印件交给他人，以免他人虚报资料进行索赔。

9.5.5 加强理赔款透明公开工作

要加强保险公司与出险车主的联系和沟通。事故发生后，为了保证出险车主的权益，保险公司工作人员必须和出险客户至少联系一次。赔款付出后，理赔人员应积极联系车主赔款是否真的领到手了，领到了多少，特别是只有车损和代理赔的案件。

9.5.6 全面核实职能部门出具的相关证明

不能轻信客户提供的交警、派出所、消防等主管部门的证明，如发现疑点，必须赴出具证明的部门追查存档材料。对于金额较大的单方事故，应通过制定和完善规章制度，明确理赔人员必须追查的材料。

首先，加强与政法部门合作。对汽车保险的欺诈骗赔案件一旦发现，保险公司应严格依法处理，绝不姑息迁就；充分发挥法律法规的作用，对应负行政责任的，应配合有关行政部门予以查办，对构成犯罪的，要积极配合政法部门将犯罪分子绳之以法。其次，加强与司法鉴定部门合作。保险公司应该加强与司法鉴定部门的联系，发挥各自的特长，以期从科学证据上充分揭露汽车保险欺诈犯罪。再次，加强与警方合作。一些可疑的索赔案件可借助警方的刑事侦查优势，达到有效识别汽车保险欺诈案的目的。

车险案件处理程序较为复杂，专业性、技术性强，涉及面广，需要辅之医学、法律、财会等多方面的知识。火灾、盗窃等案件还涉及消防、公安等部门。保险人依靠自身力量，难以胜任以上大量的工作并做出正确的裁断，这就给欺诈者打开了方便之门。因此，保险人应积极主动依靠社会各部门的支持和协助，大力加强与医疗、公检法等部门的联系，密切配合，协同作战，充分发挥各部门的职能和作用，从各个方面开展深入细致的工作堵塞漏洞，共同查假打假。

9.5.7 保险人加强自身建设

各家保险公司都有自己一套行之有效的内控制度，从内部管理角度来说，严格按照规章办事，是有效地预防保险诈骗案件发生的重要措施，具体说来有以下几点。

① 要严格把好承保关，将相当一部分诈骗分子拒于保险门外。

② 正确理解运用“主动、迅速、准确、合理”的理赔方针办理各类赔案，把保险的温暖及时送到保户手中。这样既赢得了社会声誉，又减少了不法分子打诈骗保险主意的机会。据调查，有相当一部分保险诈骗案件是由于工作人员未能及时赶赴现场定损，定损时拖泥带水，给了不法分子可乘之机。

③ 要加强对保险代理人的监督、管理，以减少内外勾结的保险诈骗案件的发生。

④ 要加强保险公司各类单证的管理。保险单是保险合同双方当事人履行义务、享受权利的重要凭证，应视同有价证券进行保管。空白单证如果落到犯罪分子手中，实施犯罪活动，将会给保险公司带来重大的经济损失。加强理赔队伍建设，提高人员素质。目前，打击骗赔的方式主要限于专业理赔队伍，从事现场查勘、质询、调查等工作。理赔人员对是否假赔案的判断只是依据本公司范围内的数据和经验，因此加强理赔队伍建设，经常进行业务培训，提高人员

素质，尤其显得重要。此外也要加大对业务员的管理力度，如不定期进行赔案抽查，一旦发现业务员参与骗赔行为的，予以罚款，严重者还将会被立即解雇，并在行业内进行通报以作警示。

9.5.8 严厉打击保险欺诈，形成社会威慑力

据日本警方保险侦破案资料统计，保险违法欺诈一般都是有计划和有预谋的，往往在投保时就孕育着犯罪动机，待保险合同成立之后不久便实施其犯罪计划。其中少则于投保后不满一个月，50%以上是在半年之内行动。日本保险犯罪主犯有前科的占 67%，且犯罪手段不断推陈出新。保险界、司法界及各级政府部门都要高度重视，严惩欺诈犯罪活动。新闻媒体要及时揭露违法犯罪案件的危害性和本质意图，对典型案例要进行专题评析，以达到教育各界，提高公众辨别能力，扼制欺诈犯罪的目的。社会有关部门还可设立保险违法犯罪举报中心，发动社会公众一起参与打击保险欺诈活动，最终形成社会威慑力；而一旦查实就从严惩处，从而确保保险市场正常的交易秩序，有力保障保险当事人的合法权益，发挥保险的正面效用。

思考题

1. 简述汽车保险欺诈的成因。
2. 讨论汽车保险欺诈的危害。
3. 探讨对汽车保险欺诈的应对措施。
4. 探讨规范汽车保险欺诈的相关法规。

第 10 章　汽车消费贷款及分期保证保险

学习目标

- 了解我国汽车消费贷款概述。
- 掌握汽车消费贷款保证保险。
- 掌握汽车分期付款销售信用保险。
- 熟悉我国汽车保险信贷政策。

导入案例

赵先生的困惑

赵先生的困惑，如图 10-1 所示。

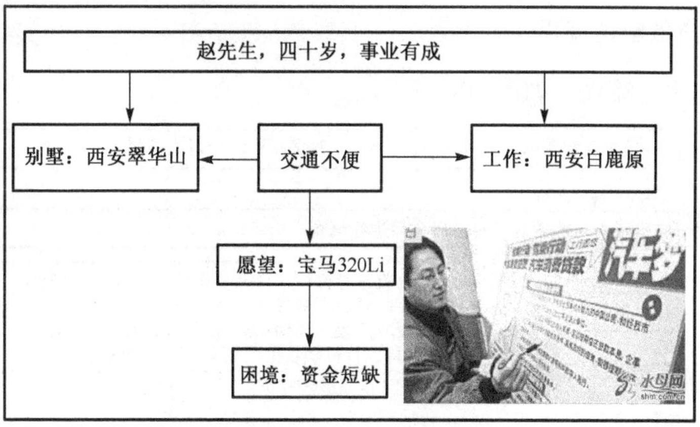

图 10-1　赵先生的困惑

诊断处方：选择汽车消费贷款分期付款的方式来解决资金困境。
解决方案：五年汽车按揭贷款，首期只需付 10 万元，按年息 6%计算，每月需要供款 4200 元。

10.1　汽车消费信贷

10.1.1　汽车消费贷款基本介绍

汽车消费贷款，指银行向申请购买本人名下全新非营运小汽车的借款人发放的，用于支付所购车辆车款的贷款，个人汽车消费贷款须用于购买在经办行当地登记上牌的新车。

10.1.2　汽车消费贷款的申请

1．汽车消费贷款申请条件

申请汽车消费贷款除了必须在银行所认可的特约经销商处购买限定范围内的汽车外，申请汽车消费贷款的购车者还须具备以下条件。① 购车者必须年满 18 周岁，并且是具有完全民事行为能力的中国公民。② 购车者必须有一份较稳定的职业和比较稳定的经济收入或拥有易于变现的资产，这样才能按期偿还贷款本息。这里的易于变现的资产一般指有价证券和金银制品等。③ 在申请贷款期间，购车者在经办银行储蓄专柜的账户内存入低于银行规定的购车首期款。④ 向银行提供银行认可的担保。如果购车者的个人户口不在本地的，还应提供连带责任保证，银行不接受购车者以贷款所购车辆设定的抵押。⑤ 购车者愿意接受银行提出的认为必要的其他条件。

如果申请人是具有法人资格的企、事业单位，则应具备以下条件：① 具有偿还银行贷款的能力；② 在申请贷款期间有不低于银行规定的购车首期款存入银行的会计部门；③ 向银行提供被认可的担保；④ 愿意接受银行提出的其他必要条件。

贷款中所指的特约经销商是指在汽车生产厂家推荐的基础上，由银行各级分行根据经销商的资金实力、市场占有率和信誉度进行初选，然后报到总行，经总行确认后，与各分行签订《汽车消费贷款合作协议书》的汽车经销商。

2．汽车消费贷款申请流程

汽车消费贷款申请流程，如图 10-2 所示。

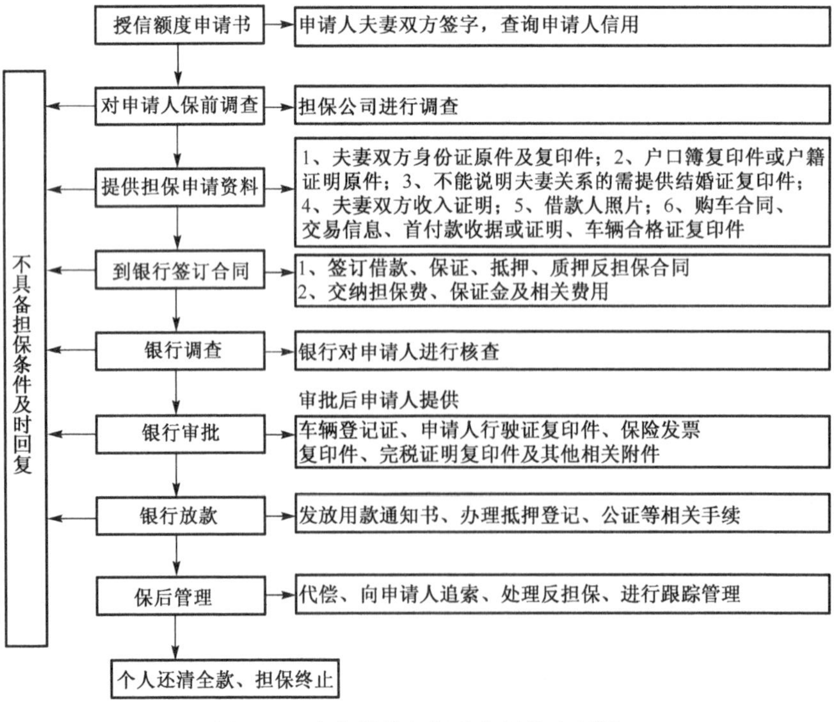

图 10-2　汽车贷款担保业务操作流程图

（1）客户申请

客户向银行提出申请，书面填写申请表，同时提交相关资料。

（2）签订合同

银行对借款人提交的申请资料审核通过后，双方签订借款合同、担保合同，视情况办理相关公证、抵押登记手续等。

（3）发放贷款

经银行审批同意发放的贷款，办妥所有手续后，银行按合同约定以转账方式直接划入汽车经销商的账户。

（4）按期还款

借款人按借款合同约定的还款计划、还款方式偿还贷款本息。

（5）贷款结清

贷款结清包括正常结清和提前结清两种。① 正常结清：在贷款到期日（一次性还本付息类）或贷款最后一期（分期偿还类）结清贷款。② 提前结清：在贷款到期日前，借款人如提前部分或全部结清贷款，须按借款合同约定，提前向银行提出申请，由银行审批后到指定会计柜台进行还款。

贷款结清后，借款人应持本人有效身份证件和银行出具的贷款结清凭证领回由银行收押的法律凭证和有关证明文件，并持贷款结清凭证到原抵押登记部门办理抵押登记注销手续。

10.1.3　申请汽车消费贷款注意的四个细节

1. 免息车贷不免手续费

现在不少汽车金融公司都推出了免息车贷，然而在手续费方面却有着不同的规定，有的收取手续费，有的不收取手续费。如果要购买的车型是免息同时又免手续费的，那么算是比较实惠的，若是需要收取手续费，则必须认真计算衡量。车贷的手续费一般是车款总额的4%～7%之间，并且是在交第一次月供的同时一次性交清手续费，如果手续费过高，那么不妨考虑别的车贷类型。

2. 申请车贷前仔细阅读相关保险条款

贷款购车就意味着在没有付清银行贷款前，车子是抵押给银行的，是属于银行的。银行为了降低风险，一般都会在车贷合同上要求购车者必须购买一些车险作为贷款的条件。这些保险的保费并不一定完全符合购车者的要求，甚至可能过高，所以在申请车贷时必须认真阅读相关保险条款。

3. 零利率贷款购车限制多

不少厂家联合汽车贷款机构推出了零利率贷款购车活动，尤其是某些高档车。但是一般零利率贷款购车有两个限制：一是零利率购车不能享受相关活动的现金优惠，而有时这些现金优惠的额度是挺大的；二是利率贷款购车容易受时间和地域还有经销商的限制，并不是每次都是统一搞活动。如果想要零利率贷款购车，上述两个方面必须综合考虑。

4．认真考虑上浮车款和贷款利率

一般来说，如果是免息贷款的话，那么总车款会有一定比例的上浮，现款购车和贷款购车的价格不可能是一样的。在这种情况下，就要计算上浮的金额有多大，是不是超过了商业贷款购车的利息总额，如果超过了，不妨申请商业车贷，没有超过，则可依申请免息贷款。

10.1.4 我国汽车消费信贷的两种模式

1．直客模式

直客模式是由银行、专业资信调查公司、保险、汽车经销商四方联合。银行直接面对客户，在对客户的信贷进行审核、评定合格后，银行与客户签订信贷协议，客户将在银行设立的汽车消费信贷机构中获得一个车贷的额度，使用该车贷额度就可以到汽车市场上选购自己满意的产品。

2．间客模式

以经销商为主体的间客模式：由银行、保险与经销商三方联手。该模式的特点是由经销商为购车者办理贷款手续，负责对贷款购车者进行资信调查，以经销商自身资产为客户承担连带责任保证，并代银行收缴贷款本息，而购车者可以享受到经销商提供的一站式服务。

在实际操作中，以经销商为主体的间客模式的汽车消费信贷又有两种不同的模式：① 银行不是直接面对消费者，而是把钱贷给信得过的汽车生产企业或汽车经销商，再由该汽车生产企业或经销商贷给消费者；② 银行、保险与经销商三方合作，通过经销商作中介贷款给购车人。

以非银行金融机构为主体的间客模式：该模式由非银行金融机构组织对购车者进行资信调查、担保、审批，并向购车者提供分期付款。这些非银行金融机构通常为汽车生产企业的财务公司或金融公司。

10.1.5 我国汽车消费信贷的贷款类型

1．银行提供的汽车消费担保贷款

汽车消费担保贷款是商业银行与汽车经销商向对购买汽车的借款人发放的用于消费者购买汽车所支付购车款的人民币担保贷款。

（1）汽车抵押贷款

购买汽车的借款人以其所有抵押物（一般限定为房产）作为获得贷款的条件。贷款人与抵押人签订抵押合同后双方必须依照有关法律规定办理抵押物登记。从抵押合同自抵押物登记之日生效起，到借款人还清全部汽车贷款本息时终止前，借款人不得转移对该抵抑物的财产的占有。

（2）汽车按揭贷款

借款人在购买汽车时按规定支付不少于 20%的首付款后，银行将借款人所购汽车的产权转给银行，作为还款的保证，然后由银行贷款为其垫付其余的购车款项。在还清所贷购车款之前该辆汽车的所有权作为债务担保抵押给贷款银行，在还清全部按揭的本息后，银行将该汽车的所有权转回给购车者。

（3）汽车质押贷款

汽车质押贷款是银行允许购车借款者以其本人或第三人的动产作为质押物发放贷款。动产质押是指购车债务人将其本人的动产移交贷款银行，暂时归银行所有，以该移交的动产作为购车贷款的债权担保。当债务人不履行债务时，贷款银行有权依法以该抵押动产折价或拍卖、变卖该动产，获得的价款优先用于还贷。

（4）第三方担保贷款

经销商以其自身较高的商业信誉，为合格的汽车消费贷款申请人提供第二方全程担保，银行对在特约经销商处购买汽车的借款人提供的贷款。

2．分期付款形式的汽车消费信贷

分期付款是分期偿还本金和利息的贷款。分期付款在信贷契约中的三个重要内容为：① 首期支付款；② 契约期限；③ 利息与费用。

分期偿还汽车消费贷款的期限通常在两年至五年之间。

汽车分期付款是购车借款人在支付一定比例的首付款后，由经销商为其垫付余款，借款按月分期偿还所垫付余款的本金和利息。这种方式大多采用担保形式，以保证分期付款资金的安全。

3．分期付款的类型

第一种是汽车的生产企业或汽车的经销商，以自己的资产直接向购车的消费者提供的分期付款，风险由经销商一家承担。

第二种是由银行通过向汽车经销商提供贷款，经销商间接地向借款购车的消费者提供分期付款信贷服务。风险由银行和经销商双方共同负担。

10.1.6　存在的问题

我国汽车消费信贷存在以下问题。

① 缺乏个人信用制度。

② 相关的社会配套机制尚不健全。

③ 商家、生产企业、银行、保险公司、社会咨询调查机构等方面还未建立合理的分工协作关系。

④ 我国老百姓“积累型”的传统消费习惯难以迅速改变。

10.2　汽车消费贷款保证保险

10.2.1　汽车消费贷款保证保险

汽车消费贷款保证保险，指以借款合同所确定的贷款本息为标的，投保人（即借款人）根据被保险人（即为投保人提供贷款的国有商业银行或经中国人民银行批准经营汽车消费贷款业务的其他金融机构）的要求，请求保险人担保自己信用的一种保险。 汽车消费贷款保证保险具体业务流程，如图 10-3 所示。

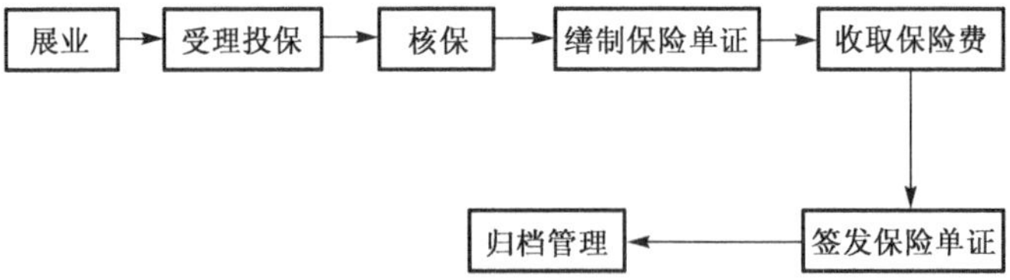

图 10-3　汽车消费贷款保证保险具体业务流程图

10.2.2　保险责任与责任免除

1．保险责任

投保人未能按机动车辆消费贷款合同约定的期限偿还欠款的，视为保险事故发生。

保险事故发生后 3 个月，投保人仍未履行约定的还款义务，保险人按保险合同约定负责偿还投保人所欠款项，但以不超过保险金额为限。

保险合同所称的所欠款项是指机动车辆消费贷款合同中未偿还的贷款本金及未偿还贷款本金在保险事故发生之日至保险事故结案之日期间的合同约定的贷款利息。

被保险人因发生保险合同责任范围内事故所支付的诉讼费用（不含律师费）及保险人事先书面同意支付的其他费用，保险人负责赔偿，但用以投保人所欠款项的 10%为限。

2．责任免除

（1）因战争、军事行为、暴动、政府征用、核爆炸、核辐射或放射性污染、地震等原因导致投保人不按期偿还贷款合同约定的所欠款项，保险人均不赔偿。

（2）有下列情况之一的，无论任何原因导致投保人不按期偿还贷款合同约定的所欠款项，保险人均不负赔偿责任：

① 由于被保险人过错或投保人与被保险人的共同过错导致订立的机动车辆消费贷款合同被依法认定无效或被撤销；

② 贷款期间投保人未将贷款所购机动车辆向合同保险人连续投保机动车辆损失险、第三者责任险、盗抢险、自燃险，且被保险人未代投保人投保上述四个险种；

③ 被保险人未按规定对投保人进行资信调查或未按规定程序进行贷款审批；

④ 投保人与被保险人事先未征得保险人书面同意对所签订的机动车辆消费贷款合同及其附件进行修订。

（3）由于投保人不履行机动车辆消费贷款合同约定的还款义务所造成的逾期利息、罚息、违约金保险人不负责赔偿。

（4）其他不属于保险责任范围的损失和费用，保险人不负责赔偿。

10.2.3　保险期限和保险金额

汽车消费贷款保证保险合同的保险期限与车辆消费贷款合同约定的贷款期限一致。

10.2.4　赔偿处理

被保险人向保险人提出索赔时，应提供与确认保险事故的性质、原因、损失程度等有关的证明和资料。并应向保险人提供以下有效单证：

① 索赔申请书；

② 机动车辆消费贷款保证保险及机动车辆保险的保单正本；

③ 机动车辆消费贷款合同副本；

④ 被保险人签发的《逾期款项催收通知书》；

⑤ 未按期付款损失清单；

⑥ 保险人要求提供的其他相关证明材料。

10.2.5　争议处理

汽车消费贷款保证保险合同适用中华人民共和国法律，保险合同争议解决方式由当事人从下列两种方式中选择一种：

① 因履行本保险合同发生的争议，由当事人协商解决，协商不成的，提交仲裁委员会仲裁（具体仲裁机构名称，必须在保单特别约定中说明）。

② 因履行本保险合同发生的争议，由当事人协商解决，协商不成的，依法向人民法院起诉。

10.2.6　费率规章

保险合同生效后除投保人提前还清贷款外，不得中途退保。提前还清贷款的，按投保人实际贷款的期限所对应的费率档次（如表 10-1 所示）计算本保险合同保费，多收取部分退回投保人。保险费=保险金额×保险费率，保险期限不足整年的，按整年计算。

表 10-1　费率规章

保险期限	1 年	2 年	3 年	4 年	5 年
费率	1%	1.6%	1.9%	2.1%	2.2%

10.3　机动车辆分期付款售车信用保险

10.3.1　机动车辆分期付款售车信用保险概述

① 本保险为机动车辆保险的一种特别约定保险。

② 本保险条款的投保人、被保险人是分期付款的售车人。

③ 本保险条款中提及的担保人指按照被保险人的要求，受分期付款购车人的请求，为分期付款购车人所欠债务承担连带责任者。

④ 本保险实施步骤如图 10-4 所示。

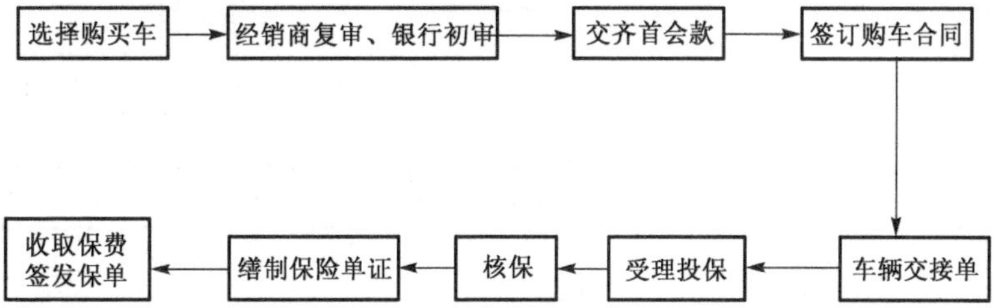

图 10-4　汽车分期付款售车信用保险实施步骤

10.3.2 保险责任

购车人在规定的还款期限到期 3 个月后未履行或仅部分履行规定的还款责任，保险人负责偿还该到期部分的欠款或其差额。

购车人连续两期未偿还到期欠款，保险人代购车人向被保险人清偿第一期欠款后，于第二期还款期限到期 3 个月后向被保险人清偿购车人的所有欠款。

由下列原因造成购车人不按期偿还欠款，导致被保险人的经济损失时，保险人不负责赔偿：

① 战争、军事行动、核爆炸、核辐射或放射性污染；

② 购车人的违法犯罪行为及经济纠纷致使其车辆及其他财产被罚没、查封、扣押、抵债；

③ 所购车辆的质量问题致使购车人拒付或拖欠车款；

④ 车辆价格变动致使购车人拒付或拖欠车款；

⑤ 保险人对购车人资信调查的材料不真实或售车手续不全；

⑥ 保险人在分期付款售车过程中的故意和违法行为。

10.3.3 保险期限和保险金额

本保险的保险期限是从购车人支付规定的首期付款日起，至付清最后一笔欠款日止，或至该分期车合同规定的合同期满日为止，二者以先发生者为准，但最长不超过 3 年。

保险金额为购车人首期付款（不低于售车单价的 30%）后尚欠的购车款额（合资金使用费）。

10.3.4 赔偿处理

① 当发生保险责任范围内事故，被保险人应立即书面通知保险人，如属刑事案件，应同时向公安机关报案。

② 被保险人索赔时应交回抵押车辆，由保险人按本条款规定处分抵押物抵减欠款，抵减欠款不足部分由保险人按本条款赔偿办法予以赔偿。

③ 若被保险人无法收回抵押车辆，应向担保人追偿，若担保人拒绝承担连带责任的，被保险人应提起法律诉讼。

④ 被保险人索赔时，根据出险情况，提供有效证明文件。

⑤ 本条款每车实行 20%的免赔率。

⑥ 被保险人在获得保险赔偿的同时，应将其有关追偿权益书面转让给保险人，并积极主动协助保险人向购车人或担保人追偿欠款。

⑦ 发生保险责任范围内事故后，保险人进入理赔工作流程，如图 10-5 所示。

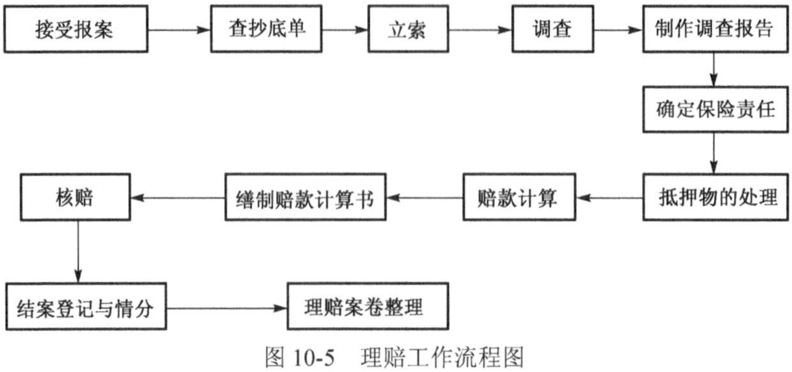

图 10-5 理赔工作流程图

10.3.5　追偿及处分抵押物

保险人支付保险赔款之后，即取代被保险人的地位，行使对购车人的追偿权利，包括接管为被保险人债权而设立的任何抵押物。

保险人有权按下列任一种方式处分抵押物：① 拍卖；② 转让、兑现；③ 其他合理的方式。

抵押物经处分后，按下列顺序分配价款：① 支付处分费和税金；② 清偿被保险人应得款项；③ 清偿保险人应得的所有款项。

对超出保险金额或保险期限的任何欠款，保险人不承担任何赔偿责任。保险人对购车人因未能按期履行主合同引起的罚息和违约金不承担赔偿责任。

发生保险责任事故后，被保险人从通知保险人发生保险责任事故当日起 3 个月内不向保险人提交规定的单证或从保险人书面通知之日起一年内不领取应得的赔款，即作为自愿放弃权益。

保险人赔偿后，若发现是属于被保险人的欺骗等行为造成保险人错赔的，保险人有权追回赔款。本保险一经承保，投保人不得中途退保。保险人和被保险人应本着“实事求是，公平合理”的原则协商解决本条款项下发生的纠纷和争议。如协商不成，可提交工商行政管理部门进行调解、仲裁，或向法院提起诉讼。除事先另有约定外，仲裁或诉讼应在保险人所在地进行。

思考题

1．简述我国汽车贷款的条件。

2．简述汽车分期付款保证保险的含义。

3．讨论我国汽车保险消费信贷的改革。

附录A　保险相关法规

A.1　《刑法》

第一百八十三条　（职务侵占罪）

保险公司的工作人员利用职务上的便利，故意编造未曾发生的保险事故进行虚假理赔，骗取保险金归自己所有的，依照本法第二百七十一条的规定定罪处罚。

（贪污罪）国有保险公司工作人员和国有保险公司委派到非国有保险公司从事公务的人员有前款行为的，依照本法第三百八十二条、第三百八十三条的规定定罪处罚。

第一百八十四条　（公司、企业人员受贿罪）

银行或者其他金融机构的工作人员在金融业务活动中索取他人财物或者非法收受他人财物，为他人谋取利益的，或者违反国家规定，收受各种名义的回扣、手续费，归个人所有的，依照本法第一百六十三条的规定定罪处罚。

（受贿罪）国有金融机构工作人员和国有金融机构委派到非国有金融机构从事公务的人员有前款行为的，依照本法第三百八十五条、第三百八十六条的规定定罪处罚。

第一百九十八条　（保险诈骗罪）

有下列情形之一，进行保险诈骗活动，数额较大的，处五年以下有期徒刑或者拘役，并处一万元以上十万元以下罚金；数额巨大或者有其他严重情节的，处五年以上十年以下有期徒刑，并处二万元以上二十万元以下罚金；数额特别巨大或者有其他特别严重情节的，处十年以上有期徒刑，并处二万元以上十万元以下罚金或者没收财产：

（一）投保人故意虚构保险标的，骗取保险金的；

（二）投保人、被保险人或者受益人对发生的保险事故编造虚假的原因或者夸大损失的程度，骗取保险金的；

（三）投保人、被保险人或者受益人编造未曾发生的保险事故，骗取保险金的；

（四）投保人、被保险人故意造成财产损失的保险事故，骗取保险金的；

（五）投保人、受益人故意造成被保险人死亡、伤残或者疾病，骗取保险金的。

有前款第四项、第五项所列行为，同时构成其他犯罪的，依照数罪并罚的规定处罚。

单位犯第一款罪的，对单位判处罚金，并对其直接负责的主管人员和其他直接责任人员，处五年以下有期徒刑或者拘役；数额巨大或者有其他严重情节的，处五年以上十年以下有期徒刑；数额特别巨大或者有其他特别严重情节的，处十年以上有期徒刑。

保险事故的鉴定人、证明人、财产评估人故意提供虚假的证明文件，为他人诈骗提供条件的，以保险诈骗的共犯论处。

第二百六十六条　（诈骗罪）

诈骗公私财物，数额较大的，处三年以下有期徒刑、拘役或者管制，并处或者单处罚金；数额巨大或者有其他严重情节的，处三年以上十年以下有期徒刑，并处罚金；数额特别巨大或者有其他特别严重情节的，处十年以上有期徒刑或者无期徒刑，并处罚金或者没收财产。本法另有规定的，依照规定。

第二百七十一条（职务侵占罪）

公司、企业或者其他单位的人员，利用职务上的便利，将本单位财物非法占为己有，数额较大的，处五年以下有期徒刑或者拘役；数额巨大的，处五年以下有期徒刑，可以并处没收财产。

国有公司、企业或者其他国有单位中从事公务的人员和国有公司、企业或者其他国有单位委派到非国有公司、企业以及其他单位从事公务的人员有前款行为的，依照本法第三百八十二条、第三百八十三条的规定定罪处罚。

第三百八十二条（贪污罪）

国家工作人员利用职务上的便利，侵吞、窃取、骗取或者以其他手段非法占有公共财物的，是贪污罪。

受国家机关、国有公司、企业、事业单位、人民团体委托管理、经营国有财产的人员，利用职务上的便利，侵吞、窃取、骗取或者以其他手段非法占有国有财物的，以贪污论。

与前两款所列人员勾结，伙同贪污的，以共犯论处。

第三百八十四条（挪用公款罪）

国家工作人员利用职务上的便利，挪用公款归个人使用，进行非法活动的，或者挪用公款数额较大、进行营利活动的，或者挪用公款数额较大、超过三个月未还的，是挪用公款罪，处五年以下有期徒刑或者拘役；情节严重的，处五年以上有期徒刑。挪用公款 数额巨大不退还的，处十年以上有期徒刑或者无期徒刑。

挪用用于救灾、抢险、防汛、优抚、扶贫、移民、救济款物归个人使用的，从重处罚。

A.2 《民法通则》

第五十八条 下列民事行为无效：

（一）无民事行为能力人实施的；

（二）限制民事行为能力人依法不能独立实施的；

（三）一方以欺诈、胁迫的手段或者乘人之危，使对方在违背真实意思的情况下所为的；

（四）恶意串通，损害国家、集体或者第三人利益的；

（五）违反法律或者社会公共利益的；

（六）经济合同违反国家指令性计划的；

（七）以合法形式掩盖非法目的的；

无效的民事行为，从行为开始起就没有法律约束力。

第六十三条 公民、法人可以通过代理人实施民事法律行为。

代理人在代理权限内，以被代理人的名义实施民事法律行为。被代理人对代理人的代理行为，承担民事责任。

依照法律规定或者按照双方当事人约定，应当由本人实施的民事法律行为，不得代理。

第六十六条 没有代理权、超越代理权或者代理权终止后的行为，只有经过被代理人的追认，被代理人才承担民事责任。未经追认的行为，由行为人承担民事责任。本人知道他人以本人名义实施民事行为而不作否认表示的，视为同意。

代理人不履行职责而给被代理人造成损害的，应当承担民事责任。

代理人和第三人串通、损害被代理人的利益的，由代理人和第三人负连带责任。

第三人知道行为人没有代理权、超越代理权或者代理权已终止还与行为人实施民事行为给他人造成损害的，由第三人和行为人负连带责任。

A.3 《合同法》

第四十八条 行为人没有代理权、超越代理权或者代理权终止后以被代理人名义订立的合同，未经被代理人追认，对被代理人不发生效力，由行为人承担责任。

第五十二条 有下列情形之一的，合同无效：

（一）一方以欺诈、胁迫的手段订立合同，损害国家利益；

（二）恶意串通，损害国家、集体或者第三人利益；

（三）以合法形式掩盖非法目的；

（四）损害社会公共利益；

（五）违反法律、行政法规的强制性规定。

第五十八条 合同无效或者被撤销后，因该合同取得的财产，应当予以返还；不能返还或者没有必要返还的，应当折价补偿。有过错的一方应当赔偿对方因此所受到的损失，双方都有过错的，应当各自承担相应的责任。

A.4 《保险法》

第十六条 订立保险合同，保险人就保险标的或者被保险人的有关情况提出询问的，投保人应当如实告知。

投保人故意或者因重大过失未履行前款规定的如实告知义务，足以影响保险人决定是否同意承保或者提高保险费率的，保险人有权解除合同。

前款规定的合同解除权，自保险人知道有解除事由之日起，超过三十日不行使而消灭。自合同成立之日起超过两年的，保险人不得解除合同；发生保险事故的，保险人应当承担赔偿或者给付保险金的责任。

投保人故意不履行如实告知义务的，保险人对于合同解除前发生的保险事故，不承担赔偿或者给付保险金的责任，并不退还保险费。

投保人因重大过失未履行如实告知义务，对保险事故的发生有严重影响的，保险人对于合同解除前发生的保险事故，不承担赔偿或者给付保险金的责任，但应当退还保险费。

保险人在合同订立时已经知道投保人未如实告知的情况的，保险人不得解除合同；发生保险事故的，保险人应当承担赔偿或者给付保险金的责任。

保险事故是指保险合同约定的保险责任范围内的事故。

第十七条 订立保险合同，采用保险人提供的格式条款的，保险人向投保人提供的投保单应当附格式条款，保险人应当向投保人说明合同的内容。

对保险合同中免除保险人责任的条款，保险人在订立合同时应当在投保单、保险单或者其他保险凭证上做出足以引起投保人注意的提示，并对该条款的内容以书面或者口头形式向投保人做出明确说明；未作提示或者明确说明的，该条款不产生效力。

第二十六条 人寿保险以外的其他保险的被保险人或者受益人，向保险人请求赔偿或者给付保险金的诉讼时效期间为二年，自其知道或者应当知道保险事故发生之日起计算。

人寿保险的被保险人或者受益人向保险人请求给付保险金的诉讼时效期间为五年，自其知道或者应当知道保险事故发生之日起计算。

第二十七条 未发生保险事故，被保险人或者受益人谎称发生了保险事故，向保险人提出赔偿或者给付保险金请求的，保险人有权解除合同，并不退还保险费。

投保人、被保险人故意制造保险事故的，保险人有权解除合同，不承担赔偿或者给付保险金的责任；除本法第四十三条规定外，不退还保险费。

保险事故发生后，投保人、被保险人或者受益人以伪造、变造的有关证明、资料或者其他证据，编造虚假的事故原因或者夸大损失程度的，保险人对其虚报的部分不承担赔偿或者给付保险金的责任。

投保人、被保险人或者受益人有前三款规定行为之一，致使保险人支付保险金或者支出费用的，应当退回或者赔偿。

第四十二条 被保险人死亡后，有下列情形之一的，保险金作为被保险人的遗产，由保险人依照《中华人民共和国继承法》的规定履行给付保险金的义务：

（一）没有指定受益人，或者受益人指定不明无法确定的；

（二）受益人先于被保险人死亡，没有其他受益人的；

（三）受益人依法丧失受益权或者放弃受益权，没有其他受益人的。

受益人与被保险人在同一事件中死亡，且不能确定死亡先后顺序的，推定受益人死亡在先。

A.5 《消费者权益保护法》

第八条 消费者享有知悉其购买、使用的商品或者接受的服务的真实情况的权利。

消费者有权根据商品或者服务的不同情况，要求经营者提供商品的价格、产地、生产者、用途、性能、规格、等级、主要成分、生产日期、有效期限、检验合格证明、使用方法说明书、售后服务，或者服务的内容、规格、费用等有关情况。

第十九条 经营者应当向消费者提供有关商品或者服务的真实信息，不得作引人误解的虚假宣传。

经营者对消费者就其提供的商品或者服务的质量和使用方法等问题提出的询问，应当作出真实、明确的答复。商店提供商品应当明码标价。

第二十四条 经营者不得以格式合同、通知、声明、店堂告示等方式做出对消费者不公平、不合理的规定，或者减轻、免除其损害消费者合法权益应当承担的民事责任。

格式合同、通知、声明、店堂告示等含有前款所列内容的，其内容无效。

A.6 《反不正当竞争法》

第八条 经营者不得采用财物或者其他手段进行贿赂以销售或者购买商品。在账外暗中给予对方单位或者个人回扣的，以行贿论处；对方单位或者个人在账外暗中收受回扣的，以受贿论处。

经营者销售或者购买商品，可以以明示方式给对方折扣，可以给中间人佣金。经营者给对方折扣、给中间人佣金的，必须如实入账。接受折扣、佣金的经营者必须如实入账。

第九条 经营者不得利用广告或者其他方法，对商品的质量、制作成分、性能、用途、生产者、有效期限、产地等作引人误解的虚假宣传。广告的经营者不得在明知或者应知的情况下，代理、设计、制作、发布虚假广告。

第十三条 经营者不得从事下列有奖销售：

（一）采用谎称有奖或者故意让内定人员中奖的欺骗方式进行有奖销售；

（二）利用有奖销售的手段推销质次价高的商品；

（三）抽奖式的有奖销售，最高奖的金额超过五千元。

第十四条 经营者不得捏造、散布虚伪事实，损害竞争对手的商业信誉、商品声誉。

第十五条 投标者不得串通投标，抬高标价或者压低标价。

投标者和招标者不得相互勾结，以排挤竞争对手的公平竞争。

A.7 《广告法》

第四条 广告不得含有虚假的内容，不得欺骗和误导消费者。

第九条 广告中对商品的性能、产地、用途、质量、价格、生产者、有效期限、允诺或者对服务的内容、形式、质量、价格、允诺有表示的，应当清楚、明白。

广告中表明推销商品、提供服务附带赠送礼品的，应当标明赠送的品种和数量。

第十条 广告使用数据、统计资料、调查结果、文摘、引用语，应当真实、准确，并表明出处。

广告不得贬低其他生产经营者的商品或者服务。

第三十七条 违反本法规定，利用广告对商品或者服务作虚假宣传的，由广告监督管理机关责令广告主停止发布、并以等额广告费用在相应范围内公开更正消除影响，并处广告费用一倍以上五倍以下的罚款；对负有责任的广告经营者、广告发布者没收广告费用，并处广告费用一倍以上五倍以下的罚款；情节严重的，依法停止其广告业务。构成犯罪的，依法追究刑事责任。

第三十八条 违反本法规定，发布虚假广告，欺骗和误导消费者，使购买商品或者接受服务的消费者的合法权益受到损害的，由广告主依法承担民事责任；广告经营者、广告发布者明知或者应知广告虚假仍设计、制作、发布的，应当依法承担连带责任。

广告经营者、广告发布者不能提供广告主的真实名称、地址的，应当承担全部民事责任。

社会团体或者其他组织，在虚假广告中向消费者推荐商品或者服务，使消费者的合法权益受到损害的，应当依法承担连带责任。

A.8 《保险公司管理规定》

第五十六条 保险公司不得委托未经中国保监会认可的保险代理人为其展业；不得接受未经中国保监会认可的保险经纪人介绍的保险业务；不得向任何非法中介机构支付保险手续费、保险佣金或类似的费用。

第五十八条 保险公司不得伪造、散布虚假事实，损害其他保险公司的信誉、声誉。

第六十二条 保险公司的保险业务宣传资料应当全面、客观、完整、真实。保险公司不得利用广告宣传或其他方式，对其保险条款内容、服务质量等作引人误解的虚假宣传。

第六十三条 保险公司的保险业务宣传资料应当载有保险公司的名称、咨询投诉电话及地址。保险公司的保险业务宣传资料不得预测公司的盈利或红利以及保单分红、利差返还等不确定的保单利益；对保险产品的宣传不得夸大或变相夸大保险责任。

第六十四条 保险公司对保险合同中的除外责任条款，退保、退费条款应当采取合理的方式特别提示。

保险公司不得将其保险条款、保险费率与其他保险公司或金融机构的类似保险条款、保险费率或利率进行部分或片面的比较。

第六十五条 保险公司应当对其保险代理人的展业行为进行监督管理，发现保险代理人有违法、违规行为，应立即予以制止或纠正。

附录B　机动车交通事故责任强制保险条例

第一章　总　　则

第一条 为了保障机动车道路交通事故受害人依法得到赔偿，促进道路交通安全，根据《中华人民共和国道路交通安全法》、《中华人民共和国保险法》，制定本条例。

第二条 在中华人民共和国境内道路上行驶的机动车的所有人或者管理人，应当依照《中华人民共和国道路交通安全法》的规定投保机动车交通事故责任强制保险。

机动车交通事故责任强制保险的投保、赔偿和监督管理，适用本条例。

第三条 本条例所称机动车交通事故责任强制保险，是指由保险公司对被保险机动车发生道路交通事故造成本车人员、被保险人以外的受害人的人身伤亡、财产损失，在责任限额内予以赔偿的强制性责任保险。

第四条 国务院保险监督管理机构（以下称保监会）依法对保险公司的机动车交通事故责任强制保险业务实施监督管理。

公安机关交通管理部门、农业（农业机械）主管部门（以下统称机动车管理部门）应当依法对机动车参加机动车交通事故责任强制保险的情况实施监督检查。对未参加机动车交通事故责任强制保险的机动车，机动车管理部门不得予以登记，机动车安全技术检验机构不得予以检验。

公安机关交通管理部门及其交通警察在调查处理道路交通安全违法行为和道路交通事故时，应当依法检查机动车交通事故责任强制保险的保险标志。

第二章　投　　保

第五条 中资保险公司（以下称保险公司）经保监会批准，可以从事机动车交通事故责任强制保险业务。

为了保证机动车交通事故责任强制保险制度的实行，保监会有权要求保险公司从事机动车交通事故责任强制保险业务。

未经保监会批准，任何单位或者个人不得从事机动车交通事故责任强制保险业务。

第六条 机动车交通事故责任强制保险实行统一的保险条款和基础保险费率。保监会按照机动车交通事故责任强制保险业务总体上不盈利不亏损的原则审批保险费率。

保监会在审批保险费率时，可以聘请有关专业机构进行评估，可以举行听证会听取公众意见。

第七条 保险公司的机动车交通事故责任强制保险业务，应当与其他保险业务分开管理，单独核算。

保监会应当每年对保险公司的机动车交通事故责任强制保险业务情况进行核查，并向社会公布；根据保险公司机动车交通事故责任强制保险业务的总体盈利或者亏损情况，可以要求或者允许保险公司相应调整保险费率。

调整保险费率的幅度较大的，保监会应当进行听证。

第八条 被保险机动车没有发生道路交通安全违法行为和道路交通事故的，保险公司应当在下一年度降低其保险费率。在此后的年度内，被保险机动车仍然没有发生道路交通安全违法行为和道路交通事故的，保险公司应当继续降低其保险费率，直至最低标准。被保险机动车发生道路交通安全违法行为或者道路交通事故的，保险公司应当在下一年度提高其保险费率。多次发生道路交通安全违法行为、道路交通事故，或者发生重大道路交通事故的，保险公司应当加大提高其保险费率的幅度。在道路交通事故中被保险人没有过错的，不提高其保险费率。降低或者提高保险费率的标准，由保监会会同国务院公安部门制定。

第九条 保监会、国务院公安部门、国务院农业主管部门以及其他有关部门应当逐步建立有关机动车交通事故责任强制保险、道路交通安全违法行为和道路交通事故的信息共享机制。

第十条 投保人在投保时应当选择具备从事机动车交通事故责任强制保险业务资格的保险公司，被选择的保险公司不得拒绝或者拖延承保。

保监会应当将具备从事机动车交通事故责任强制保险业务资格的保险公司向社会公示。

第十一条 投保人投保时，应当向保险公司如实告知重要事项。

重要事项包括机动车的种类、厂牌型号、识别代码、牌照号码、使用性质和机动车所有人或者管理人的姓名（名称）、性别、年龄、住所、身份证或者驾驶证号码（组织机构代码）、续保前该机动车发生事故的情况以及保监会规定的其他事项。

第十二条 签订机动车交通事故责任强制保险合同时，投保人应当一次支付全部保险费；保险公司应当向投保人签发保险单、保险标志。保险单、保险标志应当注明保险单号码、车牌号码、保险期限、保险公司的名称、地址和理赔电话号码。

被保险人应当在被保险机动车上放置保险标志。

保险标志式样全国统一。保险单、保险标志由保监会监制。任何单位或者个人不得伪造、变造或者使用伪造、变造的保险单、保险标志。

第十三条 签订机动车交通事故责任强制保险合同时，投保人不得在保险条款和保险费率之外，向保险公司提出附加其他条件的要求。

签订机动车交通事故责任强制保险合同时，保险公司不得强制投保人订立商业保险合同以及提出附加其他条件的要求。

第十四条 保险公司不得解除机动车交通事故责任强制保险合同；但是，投保人对重要事项未履行如实告知义务的除外。

投保人对重要事项未履行如实告知义务，保险公司解除合同前，应当书面通知投保人，投保人应当自收到通知之日起5日内履行如实告知义务；投保人在上述期限内履行如实告知义务的，保险公司不得解除合同。

第十五条 保险公司解除机动车交通事故责任强制保险合同的，应当收回保险单和保险标志，并书面通知机动车管理部门。

第十六条 投保人不得解除机动车交通事故责任强制保险合同，但有下列情形之一的除外：

（一）被保险机动车被依法注销登记的；

（二）被保险机动车办理停驶的；

（三）被保险机动车经公安机关证实丢失的。

第十七条 机动车交通事故责任强制保险合同解除前，保险公司应当按照合同承担保险责任。

合同解除时，保险公司可以收取自保险责任开始之日起至合同解除之日止的保险费，剩余部分的保险费退还投保人。

第十八条 被保险机动车所有权转移的，应当办理机动车交通事故责任强制保险合同变更手续。

第十九条 机动车交通事故责任强制保险合同期满，投保人应当及时续保，并提供上一年度的保险单。

第二十条 机动车交通事故责任强制保险的保险期间为1年，但有下列情形之一的，投保人可以投保短期机动车交通事故责任强制保险：

（一）境外机动车临时入境的；

（二）机动车临时上道路行驶的；

（三）机动车距规定的报废期限不足1年的；

（四）保监会规定的其他情形。

第三章　赔　　偿

第二十一条 被保险机动车发生道路交通事故造成本车人员、被保险人以外的受害人人身伤亡、财产损失的，由保险公司依法在机动车交通事故责任强制保险责任限额范围内予以赔偿。

道路交通事故的损失是由受害人故意造成的，保险公司不予赔偿。

第二十二条 有下列情形之一的，保险公司在机动车交通事故责任强制保险责任限额范围内垫付抢救费用，并有权向致害人追偿：

（一）驾驶人未取得驾驶资格或者醉酒的；

（二）被保险机动车被盗抢期间肇事的；

（三）被保险人故意制造道路交通事故的。

有前款所列情形之一，发生道路交通事故的，造成受害人的财产损失，保险公司不承担赔偿责任。

第二十三条 机动车交通事故责任强制保险在全国范围内实行统一的责任限额。责任限额分为死亡伤残赔偿限额、医疗费用赔偿限额、财产损失赔偿限额以及被保险人在道路交通事故中无责任的赔偿限额。

机动车交通事故责任强制保险责任限额由保监会会同国务院公安部门、国务院卫生主管部门、国务院农业主管部门规定。

第二十四条 国家设立道路交通事故社会救助基金（以下简称救助基金）。有下列情形之一时，道路交通事故中受害人人身伤亡的丧葬费用、部分或者全部抢救费用，由救助基金先行垫付，救助基金管理机构有权向道路交通事故责任人追偿：

（一）抢救费用超过机动车交通事故责任强制保险责任限额的；

（二）肇事机动车未参加机动车交通事故责任强制保险的；

（三）机动车肇事后逃逸的。

第二十五条 救助基金的来源包括：

（一）按照机动车交通事故责任强制保险的保险费的一定比例提取的资金；

（二）对未按照规定投保机动车交通事故责任强制保险的机动车的所有人、管理人的罚款；

（三）救助基金管理机构依法向道路交通事故责任人追偿的资金；

（四）救助基金孳息；

（五）其他资金。

第二十六条 救助基金的具体管理办法，由国务院财政部门会同保监会、国务院公安部门、国务院卫生主管部门、国务院农业主管部门制定试行。

第二十七条 被保险机动车发生道路交通事故，被保险人或者受害人通知保险公司的，保险公司应当立即给予答复，告知被保险人或者受害人具体的赔偿程序等有关事项。

第二十八条 被保险机动车发生道路交通事故的，由被保险人向保险公司申请赔偿保险金。保险公司应当自收到赔偿申请之日起 1 日内，书面告知被保险人需要向保险公司提供的与赔偿有关的证明和资料。

第二十九条 保险公司应当自收到被保险人提供的证明和资料之日起 5 日内，对是否属于保险责任做出核定，并将结果通知被保险人；对不属于保险责任的，应当书面说明理由；对属于保险责任的，在与被保险人达成赔偿保险金的协议后 10 日内，赔偿保险金。

第三十条 被保险人与保险公司对赔偿有争议的，可以依法申请仲裁或者向人民法院提起诉讼。

第三十一条 保险公司可以向被保险人赔偿保险金，也可以直接向受害人赔偿保险金。但是，因抢救受伤人员需要保险公司支付或者垫付抢救费用的，保险公司在接到公安机关交通管理部门通知后，经核对应当及时向医疗机构支付或者垫付抢救费用。

因抢救受伤人员需要救助基金管理机构垫付抢救费用的，救助基金管理机构在接到公安机关交通管理部门通知后，经核对应当及时向医疗机构垫付抢救费用。

第三十二条 医疗机构应当参照国务院卫生主管部门组织制定的有关临床诊疗指南，抢救、治疗道路交通事故中的受伤人员。

第三十三条 保险公司赔偿保险金或者垫付抢救费用，救助基金管理机构垫付抢救费用，需要向有关部门、医疗机构核实有关情况的，有关部门、医疗机构应当予以配合。

第三十四条 保险公司、救助基金管理机构的工作人员对当事人的个人隐私应当保密。

第三十五条 道路交通事故损害赔偿项目和标准依照有关法律的规定执行。

第四章 罚 则

第三十六条 未经保监会批准，非法从事机动车交通事故责任强制保险业务的，由保监会予以取缔；构成犯罪的，依法追究刑事责任；尚不构成犯罪的，由保监会没收违法所得，违法所得 20 万元以上的，并处违法所得 1 倍以上 5 倍以下罚款；没有违法所得或者违法所得不足 20 万元的，处 20 万元以上 100 万元以下罚款。

第三十七条 保险公司未经保监会批准从事机动车交通事故责任强制保险业务的，由保监会责令改正，责令退还收取的保险费，没收违法所得，违法所得 10 万元以上的，并处违法所得 1 倍以上 5 倍以下罚款；没有违法所得或者违法所得不足 10 万元的，处 10 万元以上 50 万元以下罚款；逾期不改正或者造成严重后果的，责令停业整顿或者吊销经营保险业务许可证。

第三十八条 保险公司违反本条例规定，有下列行为之一的，由保监会责令改正，处 5

万元以上 30 万元以下罚款；情节严重的，可以限制业务范围、责令停止接受新业务或者吊销经营保险业务许可证：

（一）拒绝或者拖延承保机动车交通事故责任强制保险的；

（二）未按照统一的保险条款和基础保险费率从事机动车交通事故责任强制保险业务的；

（三）未将机动车交通事故责任强制保险业务和其他保险业务分开管理，单独核算的；

（四）强制投保人订立商业保险合同的；

（五）违反规定解除机动车交通事故责任强制保险合同的；

（六）拒不履行约定的赔偿保险金义务的；

（七）未按照规定及时支付或者垫付抢救费用的。

第三十九条 机动车所有人、管理人未按照规定投保机动车交通事故责任强制保险的，由公安机关交通管理部门扣留机动车，通知机动车所有人、管理人依照规定投保，处依照规定投保最低责任限额应缴纳的保险费的 2 倍罚款。

机动车所有人、管理人依照规定补办机动车交通事故责任强制保险的，应当及时退还机动车。

第四十条 上道路行驶的机动车未放置保险标志的，公安机关交通管理部门应当扣留机动车，通知当事人提供保险标志或者补办相应手续，可以处警告或者 20 元以上 200 元以下罚款。

当事人提供保险标志或者补办相应手续的，应当及时退还机动车。

第四十一条 伪造、变造或者使用伪造、变造的保险标志，或者使用其他机动车的保险标志，由公安机关交通管理部门予以收缴，扣留该机动车，处 200 元以上 2000 元以下罚款；构成犯罪的，依法追究刑事责任。

当事人提供相应的合法证明或者补办相应手续的，应当及时退还机动车。

第五章　附　　则

第四十二条 本条例下列用语的含义：

（一）投保人，是指与保险公司订立机动车交通事故责任强制保险合同，并按照合同负有支付保险费义务的机动车的所有人、管理人。

（二）被保险人，是指投保人及其允许的合法驾驶人。

（三）抢救费用，是指机动车发生道路交通事故导致人员受伤时，医疗机构参照国务院卫生主管部门组织制定的有关临床诊疗指南，对生命体征不平稳和虽然生命体征平稳但如果不采取处理措施会产生生命危险，或者导致残疾、器官功能障碍，或者导致病程明显延长的受伤人员，采取必要的处理措施所发生的医疗费用。

第四十三条 机动车在道路以外的地方通行时发生事故，造成人身伤亡、财产损失的赔偿，比照适用本条例。

第四十四条 中国人民解放军和中国人民武装警察部队在编机动车参加机动车交通事故责任强制保险的办法，由中国人民解放军和中国人民武装警察部队另行规定。

第四十五条 机动车所有人、管理人自本条例施行之日起 3 个月内投保机动车交通事故责任强制保险；本条例施行前已经投保商业性机动车第三者责任保险的，保险期满，应当投保机动车交通事故责任强制保险。

第四十六条 本条例自 2006 年 7 月 1 日起施行。

参 考 文 献

[1] 杨学坤.机动车辆保险与理赔.吉林：吉林人民出版社，2002.

[2] 付铁军，杨学坤.汽车保险与理赔（第 3 版）.北京：北京理工大学出版社，2012.

[3] 李景芝，赵长利.汽车保险理赔.北京：机械工业出版社，2005.

[4] 梁国财，杨金成.事故车辆定损技术基础.陕西：陕西科学技术出版社，2006.

[5] 董恩国.汽车保险与理赔.北京：北京理工大学出版社，2008.

[6] 熊福生，姚壬元.保险学.北京：经济管理出版社，2010.

[7] 中国人民保险公司.机动车辆保险业务手册.

[8] 中国人保财险公司.保险公司网站.

反侵权盗版声明

举报电话：（010）88254396；（010）88258888

传　　真：（010）88254397

E-mail:　　dbqq@phei.com.cn

通信地址：北京市万寿路 173 信箱

　　　　　电子工业出版社总编办公室

邮　　编：100036